本书出版得到“河北省教育厅人文社会科学重大课题攻关项目”（ZD201508）基金、河北经贸大学学术著作出版基金资助

多元化养老方式背景下家庭养老的衰退与承续

张占平　吕洁　著

DUOYUANHUA YANGLAO FANGSHI BEIJINGXIA
JIATING YANGLAO DE SHUAITUI YU CHEGNXU

中国社会科学出版社

图书在版编目（CIP）数据

多元化养老方式背景下家庭养老的衰退与承续／张占平，吕洁著．
—北京：中国社会科学出版社，2020.1

ISBN 978－7－5203－5783－8

Ⅰ.①多…　Ⅱ.①张…②吕…　Ⅲ.①养老—家庭问题—研究—中国
Ⅳ.①D669.6

中国版本图书馆 CIP 数据核字（2019）第 286337 号

出 版 人　赵剑英
责任编辑　朱华彬
责任校对　张爱华
责任印制　张雪娇

出　　版　中国社会科学出版社
社　　址　北京鼓楼西大街甲 158 号
邮　　编　100720
网　　址　http://www.csspw.cn
发 行 部　010－84083685
门 市 部　010－84029450
经　　销　新华书店及其他书店

印　　刷　北京君升印刷有限公司
装　　订　廊坊市广阳区广增装订厂
版　　次　2020 年 1 月第 1 版
印　　次　2020 年 1 月第 1 次印刷

开　　本　710×1000　1/16
印　　张　17
插　　页　2
字　　数　260 千字
定　　价　99.00 元

目　　录

前　言

2018 年末，我国 60 岁及以上老年人口为 2 亿 4949 万人，占总人口的 17.9%；和 2017 年相比，60 岁及以上人口增加了 859 万人，其占总人口的百分比增长了 0.6%。根据《2018 年中国卫生健康事业发展统计公报》公布的数据，我国居民人均预期寿命已由 2017 年的 76.7 岁提高到 2018 年的 77 岁。在人口逐渐老龄化、高龄化的发展趋势下，家庭的人口结构却呈现出小型化、核心化的特征，在巨大的养老服务需求和日渐萎缩的家庭人口之间形成了巨大的张力，也给传统的家庭养老带来前所未有的挑战。

在这样的背景下，一方面，考虑到我国家庭规模日益趋向小型化，子女日渐无法承担长期照护老年人的需求，人们普遍认识到我国养老模式正在而且必须从传统的家庭和子女养老向养老服务社会化过渡。2016 年 5 月 27 日，习近平总书记在中共中央政治局第三十二次集体学习时强调，要“构建以居家为基础、社区为依托、机构为补充、医养相结合的养老服务体系”。十二届全国人大四次会议通过的“十三五”规划纲要中，明确提出建立多层次养老服务体系。

另一方面，社会化的养老方式并不能解决所有的养老问题，老年人所需要的精神慰藉更多的是在家庭及家庭成员之间的互动中实现的。尤其是在我国的农村地区，在社会化的养老方式尚未发挥切实有效的保障作用之前，家庭养老必须给予足够的重视。家庭养老作为我国传统社会主流的养老方式，不仅为老年人提供经济支持、生活照料和精神慰藉，也是承载着中国人代际关系和伦理纲常的一种文化符号和情感寄托。虽然家庭养老所赖以存在的经济、社会和文化背景都发生了变化，但是家庭对老年人应有的关照不应被丢弃，家庭作为一项重要的养老资源不应被忽视，建议国家在制度建设、舆论氛围上给予家庭养老更多的支持，通过推动家庭养老规范化和法律化、构建向善的养老文化、不断完善农村居家养老服务、增强老人的自我养老能力、动员非营利性社会组织参与农村养老等途径实现农村家庭养老的可持续性。

本书关注的问题包括三个方面：

第一，家庭养老的内涵。即从根本上阐释家庭养老的主体、内容和基础，作为一种占主导地位的养老方式，家庭养老在我国 存续了几千年，家庭养老的伦理建构及实施不仅构成了家庭代际关系的重要内容，还成为社会中人们必须要遵守的一种行为规范和标准。

第二，当前一段时期，在我国乡城间人口流动不断加速、家庭结构趋于核心化、个体主义思想盛行以及人口不断老龄化、高龄化的背景下，家庭的养老功能也在不断的弱化，难以满足老年人多元化的养老需求，因此，国家鼓励和引导社会化、市场化的养老方式并出台了一系列政策和实施方案。这是否意味着家庭养老的终结，家庭养老是否要被社会养老所取代？

第三，在我国“十三五”规划纲要中所提出的“建立以居家为基础、社区为依托、机构为补充的多层次养老服务体系”中，我们怎么理解家庭养老在其中所扮演的角色及其所处的位置。这其中既包含了对家庭养老模式及方式之间的分析，也包含了对不同养老模式之间的比较。

本书采用理论研究和实证分析相结合的方法，并注重应用对策的研究。全书共有九章。

第一章“绪论”。该章对家庭养老的基本概念、内容及理论基础进行了简要介绍和评述。

第二章“国内外研究综述”。学术界对家庭养老的研究由来已久，取得了丰硕的成果，该章对家庭养老及相关研究进行了系统的梳理和归纳，为本书的写作提供了理论视角和依据。

第三章“家庭养老的内涵与基础”。家庭养老的产生及存续有其经济、政治及文化方面的原因，并不仅仅是代际关系的一种表现方式，对家庭养老内涵、基础的分析有利于我们从根本上明确家庭养老的运行机制。

第四章“家庭结构变化与家庭养老的困境”。主要是从家庭人口年龄结构及代际关系变化两个方面分析了其对家庭养老的影响。

第五章“发挥居家养老的基础性作用”。居家养老已成为我国多层次养老体系中居基础性地位的一种养老方式，居家养老不同于家庭养老，但又以家庭为核心，既保留了传统的家庭养老的格局，又体现了传统模式向现代模式的一种转变。

第六章“促进医疗卫生与养老服务的结合”。强调在对老年人提供生活照料服务的同时，将满足老年人健康与医疗服务的需求放在同等主要的位置，旨在实现养老资源与医疗资源的融合。

第七章“我国长期护理保险政策分析与优化”。长期护理保险主要是针对高龄老人和失能老人的一项制度设计，该制度目前在我国尚处于试点阶段，在试行过程中也暴露出不少问题，通过对试点地区政策的分析与比较，提出了优化我国长期护理保险政策的对策和建议。

第八章“‘互联网+’背景下的智慧养老”。智慧养老是一种以互联网、云计算、智能科技为载体的新型养老模式，能够显著提升老年人的获得感，具有便捷性、融合性等特征。

第九章“继续发挥家庭养老在农村养老保障中体系中的主导作用”。我国城市与农村在现代化程度、经济发展、养老服务供给等方面存在着较大的差异，农村的养老保障在当前时期应以家庭保障为主。

本书由张占平、吕洁、桂莉、李冰4人合作完成。张占平负责拟定全书的写作提纲，组织开展课题研究及实证调查，撰写了第一章、第二章，并对全书进行了修订。吕洁撰写了第三章、第四章、第五章、第六章、第九章。桂莉撰写了第七章。李冰撰写了第八章。

本书虽经数次修改和校正，但仍存在诸多不足之处，敬请读者批评指正。

2019年12月

第一章

绪　论

第一节　研究背景及意义

一　研究背景

作为世界上人口最多的发展中国家，我国在人均收入还不高的情况下就已经迈入了老龄化社会。根据我国第六次人口普查数据，60 岁及以上人口占总人口的 13.26%，比 2000 年人口普查上升了 2.93 个百分点，其中 65 岁及以上人口占总人口的 8.87%，比 2000 年人口普查上升了 1.91 个百分点，二者都已经高于“老龄化社会”的国际标准。更为严峻的是，根据联合国人口署的预测，我国人口老龄化问题在 2015 年后将日趋严重：2015 年，中国 60 岁以上人口为 2.22 亿人，占总人口的 16.07%；截至 2017 年底，中国 60 岁及以上老年人口为 2.41 亿人，占总人口的 17.3%；预计到 2050 年前后，中国老年人口数将达到峰值 4.87 亿，占总人口的 34.9%。在人口老龄化的大背景下，如何实现“老有所养”已经成为政府和学术界共同关心的焦点问题。

（一）人口呈老龄化、高龄化发展趋势

1. 人口老龄化是贯穿我国 21 世纪的基本国情

国际上通常认为一个国家 60 岁及以上人口超过总人口的 10% 或 65 岁及以上人口超过总人口的 7% 则进入了人口老龄化社会。我国自 1999 年底步入人口老龄化社会。21 世纪以来，人口老龄化快速发展，从而引起了社会结构的变化，人口老龄化引起的社会矛盾、产生的社会问题逐渐为社会各界所重视。到2015年底，我国60周岁以上老年人口达2.22亿人，约占总人口的16.1%，其中65岁以上老年人口1.44亿人，约占总人口的10.5%。中国是目前世界上人口最多的国家，人口基数大，老龄化速度快。据预测，到2025年，我国老年人口将达到3亿；2033年将突破4亿；到2053年，老年人口规模将达到峰值4.87亿，占比达到34.9%。[①] 老龄化持续发展，将成为贯穿我国21世纪的基本国情，2018年修正的《中华人民共和国老年人权益保障法》明确规定："积极应对人口老龄化是国家的一项长期战略任务。"

在中国人口老龄化进入快速发展阶段的同时，还伴随着人口高龄化的快速推进，截至2014年底，中国80岁及以上的高龄人口已接近2400万人，占整个老龄人口的11%。此外，不容忽视的是中国空巢老人问题更加突出，随着农村进城务工人数的增加，农村空巢老人比例已接近半数。

2. 党和国家高度重视老龄工作

早在2000年，中共中央国务院就颁布下发了《关于加强老龄工作的决定》。2015年10月，习近平总书记就加强老龄工作做出重要指示：有效应对我国人口老龄化，事关国家发展全局，事关亿万百姓福祉。要立足当前、着眼长远，加强顶层设计，完善生育、就业、养老等重大政策和制度，做到及时应对、科学应对、综合应对。此事要提上重要议事日程，"十三五"期间要抓好部署、落实。党的十八届五中全会和"十三五"规划纲要都明确要求"积极开展应对人口老龄化行动"。2016年5月，习近平总书记在中央政治局第三十二次集体学习时发表重要讲话强调，坚持党委领导、政府主导、社会参与、全民行动，推动老龄事业全面协调可持续发展。中央颁布的决定和习近平总书记的重要指示精神讲话，为有效应对人口老龄化指明了方向。

3. "十三五"时期是我国应对人口老龄化的重要战略机遇期

十多年来，我国人口老龄化虽然发展很快，给经济社会带来诸多挑

① 《"十三五"时期我国将着力补齐农村老龄事业发展短板》，2016年3月29日，新华网（http：//news. xinhuanet. com/politics/2016-03/29/c_ 1118480164. htm）。

战，但与发达国家相比，未来10年特别是“十三五”时期，我国劳动年龄人口仍较为充足，社会抚养负担较轻，同时，经济保持在合理运行区间，结构调整取得积极进展，这也为开展应对人口老龄化行动提供了难得的机遇。我国必须抓住机遇，增强紧迫感，加强顶层设计，健全工作机制，从人口战略、生育政策、社保体系、养老服务、人才培养、环境支持、社会参与等多方面进行系统研究，提出应对措施，积极付诸行动，为应对深度老龄化的到来赢得战略先机。

“十二五”期间特别是党的十八届五中全会以来，我国老龄工作进入主动作为新时期。全社会积极应对人口老龄化意识显著增强、行动逐渐展开，各级党委、政府及有关部门把老龄工作摆上了重要议事日程，出台了一系列法规规章和规范性文件。据不完全统计，2013年以来，仅中央层面印发的有关促进养老服务业发展的政策文件就达50多份。各地从实际出发，积极实践、勇于探索，积累了不少经验，取得了显著成效，比如北京市全面推进居家养老服务，宁夏回族自治区和青岛、长春、南通市积极开展长期护理保险探索，等等。总体上看，覆盖城乡的养老保障体系初步形成，养老服务业得到较快发展，老年人社会参与受到重视。

但我国人口老龄化所具有的规模大、来势猛、城乡倒置、未富先老、区域不均衡、不健康老人多，家庭小型化导致其养老功能弱化等特征，决定了我国应对人口老龄化难度大，任务重。目前，我国老龄事业发展还存在顶层设计不够系统，社会化服务差距较大，对失能、高龄老年人的长期照护保障制度尚未形成，养老服务人才严重短缺，社会力量参与老龄事业仍存在动力不足、困难较多等问题。应对人口老龄化时间紧迫，任重道远。

（二）谁来养老

“老”是一个人成长过程中不可避免的阶段，老龄化是一个社会现代化发展过程中必然会面临的现象。“社区养老”“居家养老”“家庭养老”“以房养老”等一系列养老方式的出现充分展示着“谁来养老”已成为全社会关注的热点问题。老年人口的不断增加不仅意味着养老支出的增加，还意味着家庭结构和居住安排的变化。父母与子女同住（既包括父母和子女住在同一个住所，也包含着父母和子女住所邻近的情形）的传统家庭养老模式正遭受巨大的冲击。我国农村人口老龄化的程度高于城市，但农村的经济发展水平与公共服务设施建设远不如城市，主要表现为城市拥有更多的社会支持，如“社区养老机构”“养老院”“日间照料中心”“居家养老服务”等养老机构与政策，而农村地区的社会保障制度不健全，支持能力较弱，低额的养老金难以维持最基本的生活需要。随着大量青年劳动力进城务工、生活甚至定居，农村地区出现“人口空心化”现象，其所导致的直接后果是照料老人人员的减少与缺失。目前，我国农村地区最主要的养老方式仍是家庭养老，而家庭养老也是我国传统的养老方式。《礼记·礼运》中提出了“人不独亲其亲，不独子其子，使老有所终，壮有所用，幼有所长，鳏寡孤独废疾者皆有所养”的大同理念。韩非子也提出“臣事君，子事父，妻事夫。三者顺则天下治，三者逆则天下乱”的理念。被列为十三经之一的《孝经》中曾讲到对待父母要做到：“居则致其敬，养则致其乐，病则致其忧，丧则致其哀，祭则致其严”。可见，孝敬老人是中华民族的优良传统，“孝”文化更是传统文化的核心内容。此后，随着儒家思想的广泛传播，“孝敬父母”“以老为尊”的观念得到社会的普遍认同和遵守。因此，在家中由子女照料安享晚年仍是目前农村大多数老人的主要选择。也有学者指出，农村养老应以家庭保障、土地保障以及社会保障相结合，但农村地区人口结构不合理、土地保障功能弱化以及社会支持较少等问题，使得农村地区的养老问题较城市更为严峻，而土地流转更是在一定程度上增加了农民的社会保障风险。①

那么如何妥善合理地解决农村地区的养老问题业已成为学界乃至全社会共同关注的一个重大问题。近年来，学者对农村家庭养老的关注日益增多，主要从社会学、经济学两个维度对农村家庭养老进行了研究，研究焦点主要集中在农村家庭养老功能弱化、孝文化没落、代际关系变化对农村家庭养老的影响等方面。本书以家庭养老的功能及传承为基础，探讨如何在农村社会保障制度及社会福利没有足够发达的情况下巩固家

---

① 李毅、罗建平、牛星：《复合生态系统视角下土地流转风险管理》，《农村经济》2014 年第 1 期。

庭养老模式的作用，并为其注入新的活力使其能够适应新的社会环境。

二 家庭养老及其他养老方式比较

(一) 家庭养老、社会养老与自我养老

所谓养老模式实际上属于养老方式类型化的问题。虽然对于不同的老年人以何种方式养老存在着较大的个性化差异，但是在社会制度规范下的人类社会生活，又表现出相当程度的趋同性和均质性，在养老问题上亦是如此。对多种多样的养老方式进行概括，提炼出所谓的养老模式，固然有助于规模化的商业开发，但需要注意的是，即使处于同一种养老模式，不同的养老主体仍然保持着较大的个体差异，并以不同的方式对同一种养老模式做出调适。

关于中国养老模式的分类，有的学者认为，应以“养老资源的提供者”作为分类的标准;[①] 有的学者认为应以“老年人日常生活的场所或其居住方式”的不同进行分类。[②] 这些分类方法都蕴含着对中国式养老本质特性的不同理解。在此，我们以“养老资源的提供者”为依据将养老模式分为家庭养老、社会养老和自我养老三种模式。

1. 家庭养老

家庭养老是指以血缘为纽带，由家庭或家族成员对老人提供衣、食、住、行及送终等一系列生活安排的养老方式。其思想基础是崇尚“孝道”的传统民俗文化，体现了一种社会行为方式和社会文化模式。

家庭养老的概念相对宽泛，在不同的历史时期有不同的含义，有的强调供养资源，有的强调供养者，有的强调代际关系，有的强调供养的地点。从资源转移的角度来看，家庭养老是家庭成员内部资源的积累和转移，即父母年轻时从事生产活动，抚养子女，父母年老时由家庭成员提供经济支持、生活照料和精神慰藉的养老方式。区别于社会养老，家庭养老主要强调以家庭为单位的供养。从养老所在位置的角度来看，家

---

① 穆光宗:《中国传统养老方式的变革和展望》,《中国人民大学学报》2000 年第 5 期。

② 高晓路、颜秉秋、季钰:《北京市城市居民的养老模式选择及其合理性分析》,《地理科学进展》2012 年第 10 期。

庭养老泛指老年人在家养老，区别于养老机构养老与护理机构养老。这个角度主要从老年人养老所在的位置出发，对资源的使用没有严格界定，如社区的老年人服务中心所提供的服务，可以认为是对老年人在家中养老的支持和补充。

按照老人的居住地差异，家庭养老模式又可以分为三种。第一种，父母与未婚子女或已婚子女共同生活，如子女都已成家，父母则固定居住在某一子女家中，其他子女分担赡养费或相关费用。第二种，老年人“吃转转饭”。这其中又分为三种形式：一是“游离式共居”，以某一段时间为单位，父母轮流吃、住在各子女家中；二是父母单独居住，轮流到各家吃饭；三是父母固定居住在某个子女家中，轮流到各家吃饭。前两种形式在农村比较普遍。第三种，父母单独居住，由各子女提供生活资料和生活费用，这种方式在城市比较常见。

家庭养老一直是学术界研究的重要议题之一。当前学术界对家庭养老达成的主流看法主要是：第一，工业文明的直接冲击让传统家庭养老向社会养老转变，中国的城市已经基本实现了这种转变。① 第二，由于农业经济和自给自足的自然经济形式，农村生产力水平低，没有储备养老的剩余，政府公共资源分配城乡不均，没有社会保障可以依赖等因素影响，在农村社会养老制度完善之前，中国农村目前主要依靠家庭养老。②第三，由于改革开放以来经济的快速发展，社会的加速转型，文化的不断变迁，家庭规模、结构和功能变化，流动人口增加，人们思想价值观念变化等影响，当前中国农村家庭养老面临较大的冲击，正是这种冲击束缚了家庭养老功能的进一步发挥。③

如何维护与发扬中国传统家庭养老，孝的教化被认为是最有效的手段。孝与家庭养老的关系主要表现为以下三个方面：第一，孝是维系家庭养老的存在基础。“孝文化是我国传统家庭养老方式的思想与文化依托”。第二，孝观念淡薄是家庭养老破裂的原因。姚远认为，“文化依托

---

① 穆光宗：《中国传统养老方式的变革和展望》，《中国人民大学学报》2000 年第 5 期。

② 宋健：《中国农村人口的收入和养老》，中国人民大学出版社 2006 年版，第 94—103 页。

③ 邓大松、刘昌平：《新农村社会保障体系研究》，人民出版社 2007 年版，第 83—92 页。

是保持中国家庭养老功能的重要因素”。离开了文化的导向、监控和强化作用，家庭养老就难以维系。我国农村所出现的厌老、弃老和不养老的现象，从根本上说并不能完全归之于经济因素，还应从思想建设、道德建设和孝亲敬老文化建设方面进行思考。第三，孝的教化是当前及今后维系家庭养老的出路。保留传统孝道精华、去粗取精，建立与当代社会主义文化价值观相适应的孝道观是维系家庭养老的唯一出路。①

总之，家庭养老在提供经济供养、生活照料和精神支持等方面具有独特的优势，对于减轻政府负担、增进人们的幸福感和维护社会的发展稳定具有重要的意义。同时，目前农村养老的制度安排不健全也使农村养老渐趋真空地带，从而威胁农村老人的生存和社会的和谐稳定。② 因此，在当前我国农村普遍还不富裕、农村社会保障还不健全的情况下，家庭养老是不可或缺的养老方式。

2. 社会养老

一般是指由国家、社会或集体提供资源与照料，通过集中或分散方式为老年人提供供养的养老方式，其表现形式主要为各类养老机构、养老院、老年公寓等。社会养老是我国社会养老保障制度的一部分，即当老年人丧失劳动能力时，由国家和社会提供物质帮助，保障老年人晚年基本生活需要。

大多数国家都建立了强制性的养老计划，以抵御风险，预防个人理性的储蓄不足及个人对风险的低估。这些养老计划形式多样，且愈来愈复杂，无论是以德国为代表的保险型的养老计划，还是以英国为代表的国民年金式福利型养老计划，或者以新加坡为代表的强制储蓄式养老计划，从基金的最终来源看，都是个人资产的平滑。而社会养老也并非解决养老问题的万全之策，由于现代政府职能的扩张，社会保障计划的扩大，福利待遇的刚性增长，政府财政赤字也逐渐增长，养老越来越成为一些国家巨大的财政包袱，导致政府运行低效，经济发展停滞不前。中国老年人基数大，人口控制政策导致未富先老，社会养老的政府负担更

---

① 肖忠群：《孝与中国文化》，人民出版社2001年版，第368—382页。

② 韦加庆：《新时期农村家庭养老的可持续性思考》，《江淮论坛》2015年第5期。

加突出，尤其在农村，生产力水平低，依赖个人缴费的社会养老保险制度运行中存在参保档次偏低、基金规模较小等诸多问题，因此，家庭养老仍是当前农村养老的主要模式。但现阶段农村家庭人口规模缩小、农民工大量进城、土地保障功能日益弱化等，亦使家庭承担养老的能力降低，如何进一步激励家庭养老成为解决农村养老问题的迫切要求。

3. 自我养老

关于自我养老，目前学术界尚未形成统一的观点，学者们从不同角度给出了不同的解释：一是经济支撑论。穆光宗等认为自我养老是指不依靠他人和养老金，只依靠自己的储蓄、劳作等或者是以自立养老为主、外力养老为辅的养老方式。① 二是自我积累论。陈赛权认为自我养老是一种自我积累，具体是指人们年轻时开始积累养老的物质资源、健康资源、生活照料及精神慰藉资源，以尽可能不造成家庭、社会和国家的负担的一种养老方式。② 三是需求层次论。杜守东认为自我养老是指当老人难以从家庭养老和社会养老获得足够的需求时，通过直接或间接参与推动社会发展的活动来满足自我需求的养老模式。③

传统农耕社会向现代工业社会转变过程中，传统家庭养老模式受到冲击：子代对亲代的养老成本越来越高，获利越来越小，以致影响到子代的生存机会与能力。传统农耕社会条件下的互惠模式受到严重挑战。

子代养老的获利性下降必然导致家庭养老走向衰落。现代社会为家庭养老走向老年人自我养老提供了条件：一是现代社会个人收入急剧增加，个人可以为自己的养老储备生活资料；二是可供选择的各类养老资产逐渐丰富。个人可以将其年轻时的收入转化为物质资产如土地与房屋，各类金融资产如储蓄、购买债券、购买股票、购买保险，待到年老时，再将资产转化为收入以满足个人的养老需求。

个人收入的提高，养老资产的愈加丰富，使传统的家庭养老逐渐向个人养老转变，然而现代市场社会分工与专业化愈来愈细，人与人之间

① 穆光宗、姚远：《探索中国特色的综合解决老龄问题的未来之路——“全国家庭养老与社会化养老服务研讨会”纪要》，《人口与经济》1999 年第 2 期。

② 陈赛权：《养老资源自我积累制初探》，《人口学刊》1999 年第 5 期。

③ 杜守东：《自立养老：不可或缺的养老资源》，《齐鲁学刊》2002 年第 6 期。

的依赖性越来越强，个人面临的风险也愈来愈多。由于风险的存在，总有部分人因种种原因年轻时收入不高，无法为养老储备足够的资产。对于无法自己养老的群体，社会养老成为必需。

在当前农村青壮年劳动力普遍外出打工甚至移居城市的背景下，自我养老对于农村老人具有非常重要的现实意义。虽然学界对于自我养老的可行性尚存在争议，但是自我养老的重要性不容忽视，因为在家庭养老弱化和社会养老缺失的现实背景下，作为农村老人的无奈选择的自我养老，却是对农村社会养老的一种有效替代，确保了农村社会的稳定和健康。

（二）几种养老模式之间的内在关系

2016 年 5 月 27 日，习近平总书记在中共中央政治局第三十二次集体学习时强调，要“构建以居家为基础、社区为依托、机构为补充、医养结合的养老服务体系”。十二届全国人大四次会议通过的“十三五”规划纲要中，明确提出建立多层次养老服务体系，巩固和加强居家养老服务的基础地位。

需要注意的是，这些文件更多地是强调养老资源的综合性和互补性，而不是要对现实中的各种养老方式从制度设计上进行区分。事实上，不仅不同的养老方式存在着内在的关联性，而且就不同的老年个体而言，在养老的不同阶段，也存在着某一阶段偏重其中某一养老方式，而在另一阶段又更多依赖另一种养老方式，以及部分老年人同时依赖不同的养老方式的情况。当然，单纯依赖其中一种养老方式的老年人数量也不少。在我国农村地区，由于社会化养老设施建设落后，绝大多数老年人的养老主要还是在家庭场域内完成，只不过在临终阶段，往返于家庭和医疗机构之间，其养老方式与其他年龄阶段的村民的日常生活方式并无过多的差异。

中国农村目前，以及今后相当长的时间内，家庭养老仍将是养老的主导模式，也只有在家庭内，养老作为老年人日常生活的一种方式，其最基本的特性，即日常性，才能获得圆满实现。由此得出，其他各种养老模式，都应视为在延续老年人日常生活方式的基础上为满足老年人不同阶段的需求所做的倾斜性安排。但是，无论做哪种倾斜性安排，无论采取哪种养老方式，都应将家庭养老的基本元素考虑进来，而不是建立一种完全脱离家庭养老基本内涵的新模式。在家庭养老及其他养老模式之间存在着很强的连续性，这也是老年人生活的连续性规律所要求的。之所以这么说，并不是认为，应把老年人固着在家庭作为唯一的养老出路，而是借此强调，国家在提倡各种养老模式，构建多层次养老服务体系时，需要把家庭养老的核心内涵融入其他各种养老模式的开发之中。①

三 研究意义

中国已进入老龄化社会，农村老龄化程度高于城市使得农村的养老问题更为突出。家庭养老仍是农村地区占主导地位的养老方式，而亲代抚养子代、子代赡养亲代的传统赡养观念遭遇人口结构、价值观念、伦理观念等巨变，使得传统的家庭养老观念无法或难以解释当下的家庭养老现状。但不可否认的是农村地区以家庭养老为主、社会养老为辅的养老方式在未来较长一段时间将会持续下去。因此，在现代化、城镇化、人口结构变化以及乡村价值观、养老文化变迁的过程中，了解当下农村家庭的代际关系，深入探讨农村家庭养老的实现过程，对家庭养老文化进行重塑使其符合现代社会文化价值观的发展形势，建构农村多层次社会保障体系，为家庭养老的可持续提供有效的社会支持具有积极意义。

第二节 研究的理论基础

一 福利经济学理论

福利经济学是社会保障制度的重要理论基础，主要研究社会保障和经济福利问题，形成于20世纪初的英国，后在美国、瑞典、法国等国家得到传播，分为旧福利经济学和新福利经济学两个阶段。

旧福利经济学的代表人物是英国经济学家庇古，他在1920年出版的

① 卢德平：《略论中国的养老模式》，《中国农业大学学报》（社会科学版）2014年第12期。

巨著《福利经济学》，标志着福利经济学的正式诞生，因而他也被称为“福利经济学之父”。他以马歇尔等人的一般经济理论为基础，以完全竞争为前提，系统地阐述了福利概念及其政策应用，建立了福利经济学的理论体系。① 庇古把福利分为广义的福利即“社会福利”和狭义的福利即“经济福利”两类。广义的福利包括由于对财物的占有而产生的满足，或由于其他原因而产生的满足，涉及“自由”“家庭幸福”“精神愉快”“友谊”“正义”等内容，难以衡量。而经济学研究的是可以用货币计量的那部分社会福利即经济福利，虽然只是总福利的一部分，但却具有决定性影响。他采用国民收入的大小和国民收入在社会成员中的分配情况这两个标准来检验社会福利，认为凡是能增加国民收入总量而不减少穷人的绝对份额，或者增加穷人的绝对份额而不影响国民收入的总量的情况，都意味着社会福利的增进。根据边际效用递减理论，庇古认为增加国民收入总量有两个途径：一是实现资源最优配置，使生产资料在各个生产部门中的分配达到最佳状态；二是收入均等化，即政府通过一些措施把富人的部分收入转移给穷人。转移措施有自愿和强制两种。自愿转移是通过私人的慈善福利；强制措施则是国家通过向富人征税，补贴给穷人以改进社会福利，补贴的办法就是建立各种社会服务设施，以及包括养老金在内的社会保障制度等。庇古的福利改进理论，确立了福利国家型社会保险理论的基础，对西方福利国家的福利政策制定具有相当的影响。

20 世纪 50 年代，在批评和吸收庇古旧福利经济学的基础上，形成了新福利经济学，即现代西方福利经济学。新福利经济学从方法论上运用了“序数效用论”“无差异曲线”“消费可能曲线”等分析方法，在微观经济领域对福利问题进行了一系列讨论，丰富和完善了庇古的福利经济理论。② 新福利经济学的代表人物之一帕累托把边际效用序数原理引入新福利经济学中，提出了社会经济福利最大化的新标准，即帕累托最优或帕累托最适度概念。帕累托最优理论认为，在下面两种情形下调整资源

---

① 李珍：《社会保障理论》，中国劳动社会保障出版社 2001 年版，第 67 页。

② 同上书，第 68 页。

的配置可以增进社会福利：一是使得每个社会成员的境况变好；二是在没有使任何一个社会成员的境况变坏的前提下，使至少一个社会成员的境况变好。但帕累托最优的标准在现实生活中很难达到，于是，卡尔多和希克斯等人提出通过“假象的补偿原理”使受益者的所得大于受损者的所失，实现帕累托最优化所必需的一系列边际条件，从总体上增加社会福利。伯格森、萨缪尔森等人却认为补偿原理并不科学，而应该把社会福利最大化放在最适度条件的选择上，从而提出“社会福利函数”理论，认为社会福利和影响社会福利的各种因素之间存在一定的函数关系，这些影响因素可能有各种不同的配合。在一定的收入分配条件下，社会福利的最大化就在于对各种不同配合的选择，帕累托的生产和交换的最优条件仅是社会福利最大化的必要条件而不是充分条件，要达到最大福利，就必须满足充分条件，保证个人的自由选择，进行合理的收入分配。之后的一些福利经济学家更加突出福利的主观性和“福利的相对性”，认为合理的收入分配，绝不等于收入的均等化，因为对不同偏好的个人来说，存在着不同的自由选择，平均的收入并不能保证他们的个人福利都能增进，同时由于人的欲望是无止境的，因而福利永远都不能得到满足，任何社会变革都不能增进社会福利。福利经济学的福利理论首次从经济学研究的立场上为社会保障制度的建立提供了政策依据，并经过不断地演变与发展，被各国广泛采用，对西方国家社会保障制度的建立和发展起到了一定的推动作用。

二 西方政治经济学理论

关于养老保障的西方政治经济学理论着重研究养老金制度的变迁，强调非经济因素，尤其是政治因素在变迁过程中的作用。它既分析公共养老金制度的起因，又以社会公平的标准来评价其制度的社会性绩效，并且多是站在评判的立场上分析既有的国家福利制度，但却未提出系统的政策主张。20 世纪 80 年代以前是西方政治经济学说主导养老金制度的时代。[①] 养老保障的西方政治经济学说由于学派不同，又可分为社会民主

① 李绍光：《养老金制度与资本市场》，中国发展出版社 1998 年版，第 9 页。

论、新马克思主义论、工业主义论、新多元主义论、国家中心论等几种。[①]

（一）对养老金制度起源的解释

社会民主论将政府在公共养老金计划和其他社会福利计划上的支出归因于劳动者和资本家之间的斗争，认为正是社会民主力量的斗争，才导致了社会福利的增加，包括养老金制度的改进，强调有组织的劳工和左翼政党在决定工人阶级影响力中的作用。所以，各个国家养老金待遇的高低常常被归因于各国社会民主力量和工会力量的大小不同。

新马克思主义论则认为劳资斗争只是公共养老金制度的起因之一，更重要的原因在于公共养老金制度具有缓解改变收入分配所带来的压力的作用，另外，它也是市场力量和世界经济强制作用的结果。同时，新马克思主义论还强调养老金制度具有重要的社会控制作用，指出国家在养老金和其他社会保险计划上的支出是控制劳工的一种机制而不是劳工获得的胜利。迪恩甚至更加明确地宣称，“贫穷和社会保障像马和马鞍一样不能分离，把它们连在一起的就是社会控制”[②]。

新工业主义论认为工业化和经济发展水平是公共养老金制度的决定性因素，一个国家的工业化程度越高，用于支付公共养老金的国民产出就会越多；一个国家的公共养老金政策与其人口结构和经济发展水平高度相关。由于工业化带来的科学技术的进步和教育水平的提高，人口中老年人的比例大幅增长，养老金的需求也在增长，只有经济增长才能满足这种需求。正是对经济增长的强调使得新工业主义论在解释“二战”以后福利国家的发展上得到了大量应用。

在新多元主义理论中，社会政策被认为是各种利益集团竞争的结果，这些集团在某一特定问题上对结论具有影响力。新多元主义论强调利益集团在一个具体的公共养老金制度的形成过程中的作用。例如在“二战”以后，由于中产阶级力量壮大，养老金制度转而向着提高白领阶层和中

---

① ［美］约翰·B. 威廉姆森、弗雷德·C. 帕姆佩尔：《养老保险比较分析》，马胜杰等译，法律出版社2002年版，第4—22页。

② 李绍光：《养老金制度与资本市场》，中国发展出版社1998年版，第13页。

产阶级福利的方向发展。新多元主义论有两种不同的观点，一是它断言多重组织是福利国家经济增长的核心；二是养老金政策从本质上而言是政治问题，民主政治竞争特别能推进集团利益。

国家中心论强调的是一个国家在其管理体制上的结构性要素特别是社团制国家结构对养老金和社会福利政策的影响。民主社团制使得高度集中的工会组织、雇主组织和政府体系的高层官员能够较快地就有关的社会经济政策达成一致；而专权社团制则是通过保持国家对工人的控制来缓解工人和资本家之间的冲突。因此，养老金制度正是基于对消除独立的工会或社会主义团体的政治影响的需要而建立的，瑞典和巴西的公共养老金制度的发展就分别代表了这两种情况。

此外，艾斯平－安德森提出了“非商品化”的观点，[①] 认为包括公共养老金制度在内的社会保障制度的形成，是贯穿于资本主义社会历史发展过程的“非商品化”运动的结果。他具体分析了在自由、保守和社会民主三种类型的资本主义福利制度中，其“非商品化”程度是各不相同的。斯堪的纳维亚各国和荷兰的这类“社会民主主义”福利模式，“非商品化”程度最高，相应地建立起了一套完整的高度福利性的社会保障制度；而美国、澳大利亚等“自由主义”国家的福利支出则较低。

（二）关于公共养老金制度的政策主张

在养老金制度的绩效评价上，西方政治经济学理论更倾向于从社会公平的视角进行分析。他们认为“二战”后发展起来的、以现收现付制为基本结构的福利制度，在收入分配的公平性上存在许多问题，应进行以增强分配与再分配的公平性为目的的程度有限的改革，即在现收现付制的框架内进行内部结构上的调整，以此来适应人口老龄化的趋势反对基金制取向的改革，认为成本太高，负担太重，而是主张有限度地引入部分积累制他们也不主张削弱公共养老金计划在整个养老金体系中的作用，反对养老金制度的私有化，认为需要对国家管理的公共养老金计划的某些方面进行改革，以便使再分配能够更加公

① ［丹麦］考斯塔·艾斯平－安德森：《福利资本主义的三个世界》，郑秉文译，法律出版社2003年版，第58页。

平。总的来说，西方政治经济学理论强调社会公平与正义，关注重点是政府政策的有效性，并将社会保障政策作为社会福利政策的重要组成部分。[①]

在实践中，国际劳工组织关于养老金制度改革的政策主张集中体现了西方政治经济学说的观点，特别是提出的四个改革养老金制度的基本原则均强调收入再分配的社会公平性。

三　新古典主义理论

新古典主义理论是在新古典主义的理论框架内，运用严格的新古典主义的方法，对各种养老金制度安排的经济绩效进行研究。它注重养老金制度的效率，即对经济增长的影响，并分析不同的养老金制度安排对退休收入的来源、劳动力行为、个人储蓄和国民储蓄、金融市场以及财政预算等经济变量的影响。主要研究工作的一代人与退休者之间财富转移的方式和规模，大约从20世纪80年代末、90年代初开始，新古典主义理论在养老金研究领域逐渐占据主导地位，在指导养老金制度的改革上发挥了重要作用。

（一）生命周期假说与代际交叠模型

奠定新古典养老金经济学理论基础是生命周期假说和代际交叠模型。生命周期假说是由美国经济学家莫迪利亚尼等人创立，其主要观点是：理性的消费者欲使其一生中的消费总效用达到最大，根据边际效用递减规律，他必须依据一生中的全部预期收入来安排他的消费支出，“选择一个合理稳定的、接近于他所预期的毕生平均消费率进行消费”[②]，这样，消费者在其任何年龄段上的消费支出与即期收入完全无关，而是取决于其一生的全部收入。由于人们在工作期间收入大于消费，形成正储蓄；退休后没有劳动收入，只能用以前的储蓄进行消费，这就是反储蓄，进而使跨时消费得到一定程度的平滑。所以，个人储蓄在工作期间呈上升态势，在退休期间却是一个逐步减小的过程。在生命结束时，工作期间

① 李绍光：《养老金制度与资本市场》，中国发展出版社1998年版，第17—20页。

② ［美］莫迪利亚尼：《莫迪利亚尼文选》，林少宫译，商务印书馆1993年版，第360页。

的正储蓄与退休期的反储蓄相等，一定的收入与消费相等。人们的这种消费行为导致了个人储蓄和财产在其生命周期内的驼形分布。生命周期假说涉及了年轻人的储蓄和老年人的消费问题，正如莫迪利亚尼本人所指出的——“生命周期假说是以人们的相当高度的合理行为和自我控制，能为退休的消费需要做好准备为前提的”，这就为养老金制度的建立提供了理论依据。

但生命周期模型只是把一代人的寿命分为两个时期，并不涉及两代人之间的关系，而由阿莱、萨缪尔森和戴蒙德等人创立的代际交叠模型则突破了生命周期假说不涉及两代人之间关系的局限，比生命周期假说更进了一步，以至于生命周期假说后来被人们看作是代际交叠模型的一个特例。代际交叠模型的出发点是假定任何时期都有不同代人活着，每一代人在其生命的不同时期都可以和不同代人进行交易。其基本形式是一个跨时代的一般均衡模型，并把代际之间的消费和储蓄关系也列入考虑范围，这样储蓄和消费就不再是仅仅涉及家庭的个人行为，而成为涉及整个社会现在和未来的社会行为。在该模型中，市场经济是由个人和企业组成，个人的生命分为年轻和老年两个时期，第一时期消费和储蓄，第二时期则消费掉全部财产，取得一生效用的最大化。企业的行为是竞争性的，它雇用劳动直到劳动的边际产量等于工资，租用资本直到资本的边际产量等于租用价格。当工资和资本的租用价格恰好合适，使企业愿意使用劳动和资本的可用量时，要素市场获得均衡；同时，由于净投资等于年轻人的储蓄与老年人的动用储蓄之和，商品市场也达到均衡。但是，均衡状态不一定是唯一或稳定的，如果存在一个同等关心当前和后代效用的中央计划者，则经济处于“黄金律”稳定状态，此时人均消费水平为最大。可见，代际交叠模型试图分析个人在生命周期内储蓄的总影响，以及资本存量的确定和政府政策对资本存量的影响，阐明一般均衡条件以及个人在工作期储蓄与退休期消费的关系和各代人的储蓄与福利的关系。其最终目的是要分析社会财富和消费的最优安排，强调政府干预对提高各代人福利的重要性。显然，代际交叠模型理论为现代社会保障制度的建立奠定了理论基础，并较好地证明了包括养老保险在内的社会保险产生和存在的必要性。

（二）市场失灵

新古典主义学说主要是围绕国家与市场的关系来探讨公共养老金制度的起源，大致上包括信息不完全与交易成本论、父爱主义论、再分配论和公共产品选择理论等。

信息不完全与交易成本论认为，当不可分散风险、逆选择、道德风险、私人市场的高交易成本等因素可能导致资源不能得到有效配置，不能实现收入的公平分配和经济的高效率时，就需要依靠市场之外的力量施加影响才能弥补市场调节的不足，达成资源配置的高效目标，实现帕累托最优状态。这为政府适度干预经济提供了理论依据和实践指导。一是市场规律对公共产品的调节作用微乎其微，公共产品属于公众共享的产品，其利益体现为社会整体利益而非某些人群的个人利益和私人财产权利，具有非拒绝性、非排他性、非竞争性、非计算性、非价格性、外部经济性和“搭便车”现象以及生产中的规模性和自然垄断性，因此，公共产品的提供和分配，在多数场合下不可能由个别人做出决策，也不会按通行的市场原则决策。[①] 社会保障是一种特殊的公共产品，部分地具有公共产品的特征。在社会保障领域，应通过建立强制性的不能完全由市场安排的社会保险和严格社会保险支付制度，填补不能由市场提供全民适当保障的缺陷，在更大的范围内分配社会保险资源，完成帕累托改进，使社会保险资源利用效益最大化，增进全民福利。二是不完全信息或信息不对称，也使市场“看不见的手”的作用受到限制，这在保险领域表现得尤为明显。经济学家雷·里斯认为，保险是通过签订保险契约、缴纳保险费，实现当约定的不确定事件发生时获得确定补偿的行为，是一种可带来好处但不增加实际财产的一种经济行为，是一种改善经济福利状况的纯交换过程。逆选择、道德风险、侥幸心理、滥用保险资源、交易成本高是保险市场失灵的具体表现。特别是商业保险市场不可能为每一个人提供适当的保险，想要获得保险保障，就必须具备能够缴纳保险费的能力，而这对于那些没有收入剩余或剩余很少的人来讲，参加保险是不现实的，因为商业保险公司从自身利益出发不可能无条件地为广

---

① 邓大松：《中国社会保障若干重大问题研究》，海天出版社2000年版，第15页。

大低收入者提供保险保障。因此，市场失灵被认为是新古典学派对公共养老金制度起源的一个最主要的解释。

父爱主义论者认为个人在年轻时可能因为“短视”造成储蓄不足或“理性”的储蓄不足，不能够支持他们年老时的最低消费，那么政府出于父爱主义，将强制个人在年轻时进行适当的储蓄以维持其在年老时的消费。持这种观点的人通常支持国家向个人提供最低收入计划。

再分配理论认为公共养老保险体系具有收入再分配功能，可确保整个社会的福利最大化，是解决老年贫困问题的最优方案。但这种观点不能合理解释养老保险体系所造成的诱致退休效应以及它和其他减少贫困的政府福利项目之间存在的许多明显不同点。

公共产品选择理论认为国家公共养老金制度的建立，是一个少数服从多数的公共选择过程。这种理论较好地解释了公共养老金制度的最大受益者不是穷人，也不是富人，而是中产阶级，并且没有处理好公平再分配问题。因为，中产阶级是社会的多数，公共选择就是他们的选择时，一定是对他们有利的。

（三）政策主张

新古典养老金经济学是围绕着各种不同的养老金制度安排和一些经济变量，主要是宏观经济变量之间的相互影响而展开的。主要内容包括养老金制度安排或计划的融资及退休收入的供给、劳动力市场及行为、个人储蓄及国民储蓄、资本市场和财政及税收的关系。

新古典主义学说认为，随着人口老龄化速度的不断加快，以现收现付为主、以税收为筹资手段的公共养老金计划已越来越难以满足实际的养老需求，不是无法有效防止老年人口的贫困，便是造成很大的财政负担，并抑制了国民储蓄，故而妨碍了长期的经济增长。因此，有必要对“二战”以后形成的这种养老金制度进行根本性改革。改革的重点首先是采取基金制模式，并对养老基金进行私人化管理，同时还应建立多层次的养老金体系。其实质一是要通过消减养老金计划的税收融资和实行养老金计划的私人管理，把国家在养老保障制度中的直接干预减少到最小；二是扩大竞争性的市场机制在这一领域的作用，试图以基金制的形式来提高养老金计划对资本积累和经济组织的支持。因此，与西方政治经济学说相比，新古典主义学说更加注重养老金计划对于经济增长的效率。这顺应了发达国家意图摆脱越来越重的财政负担的需要，同时，对发展中国家的养老金制度改革也产生了很大的影响力，因而自20世纪80年代以来其逐步占据了主导地位。但是，新古典主义学说还未明确回答这样一个非常重要的问题：若推行基金制模式，那么在一个新古典的框架内，如何协调一个受到政府严格管制的私人养老金市场和一个新古典的不受政府管制的资本市场的内在关系。

四　马克思、列宁的社会保障思想

马克思对社会保障理论的论述是以社会再生产为理论起点的。马克思从两个方面对社会再生产理论进行了论述，并在这些理论观点中阐发了关于社会保障的重要思想。马克思认为社会再生产的重要内容是物质资料的再生产，而劳动力的再生产则是社会再生产的必要条件。[①] 马克思对社会劳动者的生产生活状况非常关注，他从劳动力再生产的角度展开对社会保障制度的论述，认为社会保障基金是社会再生产得以正常运行的基本条件之一。马克思指出，在商品经济状态中，劳动力再生产的消费过程通过两种方式实现，一是交换方式，即个人在市场上通过提供资本或劳动而获得社会消费品；二是由国家直接提供，即国家通过社会保障制度安排对个人提供生活消费品。马克思进而指出在传统社会这种劳动力的再生产基本上是在家庭内部得以实现的，在工业革命后的机器大生产时代家庭的保障功能逐渐削弱，工业化大生产给工人带来的诸如工伤、失业、疾病等风险日益增多，这就需要由国家主导的社会化保障制度来应对这些风险，由此实现劳动力的再生产以促进整个社会经济的全面协调发展。[②]马克思在《资本论》中论述了建立社会保障基金的必要性："在不变资本的再生产过程中，从物质方面来看，总是处在各种会使他遭

① 任保平：《马克思主义的社会保障经济理论及其现实性》，《当代经济研究》1999年第4期。

② 《马克思恩格斯选集》（第三卷），人民出版社1995年版，第9—11页。

到损失的意外和危险中。因此，利润的一部分，即剩余价值的一部分，必须充当社会保障基金。”① 这部分基金“甚至在资本主义生产方式消灭以后也是必须继续存在的一部分”②。马克思又从劳动力再生产的角度论证，不仅要对劳动者个人进行保障，包括生产过程中的劳动保险、医疗保险，生产间断过程中的失业保险，劳动力丧失后的自我养老保障等，还要对非直接劳动者进行保障，包括社会为无劳动能力者提供社会救济、优抚，为其他社会成员提供养老保障、医疗保障等。“再生产”说阐明了社会保障是社会再生产不可或缺的重要环节，是社会经济得以顺利运行的“调节器”。这就进一步提高了社会保障的“地位”，增强了社会保障的理论价值和实践意义。

在《哥达纲领批判》中，针对拉萨尔的“劳动所得应当不折不扣和按照平等权利属于社会一切成员”的观点，马克思指出：“如果我们把‘劳动所得’这个用语首先理解为劳动的产品，那么集体的劳动所得就是社会总产品。现在从它里面应当扣除：第一，用来补偿消耗掉的生产资料的部分。第二，用来扩大生产的追加部分。第三，用来应付不幸事故、自然灾害等的后备基金或保险基金。”“从‘不折不扣的劳动所得’中扣除这些部分，在经济上是必要的，至于扣除多少，应当根据现有的物资和力量来确定，部分地应当根据概率计算来确定，但是这些扣除无论如何根据公平原则是无法计算的。”③ 显然，这三项扣除是作为维持简单再生产和扩大再生产部分的扣除。“剩下的总产品中的另一部分是用来作为消费资料的。在把这部分进行个人分配之前，还得从里面扣除：第一，同生产没有直接关系的一般管理费用。第二，用来满足共同需要的部分，如学校、保健措施等。第三，为丧失劳动能力的人设立的基金，总之，就是现在属于所谓官办济贫事业的部分”，而这三项扣除正是维持劳动力再生产所必需的，其中第三项扣除相当于社会保障基金，它的建立一方面是为了满足社会成员的公共福利，另一方面也是为了给丧失劳动能力

① ［德］马克思：《资本论》，郭大力、王亚楠译，上海三联出版社 2009 年版，第990 页。
② 同上书，第 787 页。
③ 同上书，第 302 页。

的人或贫困者提供援助和救济，使他们能够维持基本生活水平。因此，“扣除”说从社会产品分配的角度高度概括了社会保障的性质，一直以来被认为是马克思对建立某种社会保险制度的纲领性论述，成为社会保障实践的重要理论依据。

列宁也强调，在资本主义社会中国家有责任对劳动者提供社会保障措施，提出了与“共担风险”原则相区别的国家负责制理论。列宁认为以雇佣工人的工资形式取得的那部分自己创造的财富非常之少，刚刚能满足最迫切的生活需要，因此，无产者根本不能从工资中拿出一些钱储蓄，以备在伤残、疾病、年老等丧失劳动能力时，以及在与资本主义生产方式紧密联系的失业出现时的需要。在这个基础上，列宁提出社会保险的几项重要原则：“最好的工人保险形式是国家保险，这些保险是根据下列原则建立的：（一）工人在下列一切场合（包括伤残、疾病、年老、残疾；女工还有怀孕和生育；养育者死后所遗寡妇和孤儿的抚恤）丧失劳动能力，或因失业失掉工资时国家保险都给工人以保障；（二）保险要包括一切雇佣劳动及其家属；（三）对一切保险者都要按照补助全部工资的原则给予补助，同时一切保险费都由企业主和国家负担；（四）各种保险都由统一的保险组织办理，这种组织应按区域或被保险者完全自理的原则建立。”① 显然，列宁强调国家是社会保障实施和组织管理的责任主体，举办社会保障是国家义不容辞的责任，任何个人或团体都难以而且无法替代，只有政府才能实现社会保险的社会化、统一性、公平性和有效性。

马克思关于社会再生产和社会总产品扣除的论述、列宁关于国家保险的理论，为计划经济体制下建立国家保障制度确立了重要的理论依据，为建立社会保障基金，实施社会保障制度提供了实践指导。

五　老年理论

老年理论是指对老年人的状况、特征、规律和老年问题及其处理等进行的分析和概括。老年理论的基础是生物学、社会学、心理学和经济学。它产生于社会对老年问题开始重视和注意的时代发展在人的寿命延

---

① 《列宁全集》，人民出版社 2017 年版，第 449 页。

长、老年人口增多的现代工业社会。老年理论涉及的问题较多，既有老年生理、心理、卫生、医疗保健等内容，又有老年政治、经济、家庭、社会关系方面的内容。但人们最关注和研究最多的是与社会保障制度建立密切相关的老年本质特征和老年经济问题。

从理论上分析，老年的本质特征包括角色、活动、年龄分层、亚文化群、脱离和社会重建六种。角色理论是由社会学家库利、托马斯和米德首先提出的一种老年理论，他们主张国家应采取适当的干预和政策，动员社会力量，建立角色变换的服务机制，创造出更多的令老年人满意且富有自信和自尊的新角色，为老年人安度晚年，实现角色顺利过渡准备条件。持活动理论观点的学者认为当老年人出现行为不适时，政府就应当制定政策和采取措施，帮助老年人用新的活动方式或社会关系取代因年老退休或丧偶而失去的活动方式或社会关系。年龄分层理论是由马蒂利达·怀特·赖利和安·福纳提出的一种非正式的老年理论，他们认为就老年人而言，如果社会尊重老年角色的期望，充分考虑老年群体物质上和精神上的需要，老年人就会顺利度过晚年。亚文化群理论的支持者认为多种原因导致老年亚文化群的形成，它能产生一种集体精神和群体自豪感，在一定程度上丰富老年人的晚年生活乃至使部分绝望者增强生活信心。但它本身隐含着一些社会问题，如老年人同其他人的隔离，有可能发展成为代际之间在思想感情上的隔阂甚至对立，社会和谐面临挑战；在老年人自愿性和非自愿性隔离之后，依赖社会服务和有求于他人帮助的老年人必然增加，从而加重社会负担。脱离理论由伊莱恩·卡明、威廉·亨利提出，是引起争论最多的老年理论，该理论极力主张社会服务部门不应该谋求恢复老年人的生气和工作，而应该提供退休后的生活保障条件，鼓励他们在适当的时候退出社会工作领域。社会重建理论则认为应通过改善社会大环境，为老年人自我判断提供框架，减轻老年人所承受的环境压力；同时，官方应提供资助，解决老年人住房不足、缺少保健和贫困问题，使老年人过上比较满意的生活，以增强自信心和自主性。①

---

① 徐文芳：《中国农村养老保障制度研究》，博士学位论文，武汉大学，2010 年，第 18—20 页。

老年经济问题包括老年人数量、寿命、老年人生活、老年人健康和保障等，自19世纪中叶以来，就已成为所有工业化国家关注和研究的重点之一。其实质是：人的退休期延长导致生产期缩短，而退休期越长，经济就越无保障；现代工业社会本身如劳动者工作期间较低的工作水平决定了他们退休后不可能有足够的养老收入，导致部分老年人收入不足和陷入贫困；由于营养、卫生条件改善和医疗卫生条件的改善，人们的平均寿命不断延长，老年人口占全部人口的比例越来越大，人口老龄化问题日益突出，养老问题日益突出。一系列有关养老的问题引起人们对于退休年龄的思考和分析，人口老龄化的趋势将威胁到现存公共养老金计划所做出的承诺，不断延长的预期寿命将使受供养者比例变得难以承受，如果没有强劲的经济增长，还会造成严重的财政负担。20世纪80年代以来，各发达国家纷纷提高退休年龄以减轻退休人口对养老金的压力，而这又与一国的经济竞争力、劳动力成本、消费、储蓄等其他经济层面紧密相关，影响甚大。显然，让所有老年人老有所养，单依靠家庭、个人或政府都是不可行的，只有采取适当的社会保障形式和借助社会各方面的力量，才能承担起繁重的养老责任，解决老年人口增多带来的经济问题和社会问题。因此，老年理论对各国社会保障制度的影响广泛而深刻。

六　社会养老制度与家庭养老制度

制度包括为社会生活提供稳定性和意义的规制性、规范性和文化—认知性要素，以及相关的活动与资源。再好的制度设计，都需要通过高效、良好的实施才能得以体现，其中，制度的适应性是衡量制度好坏的重要尺度。因此，制度创新应该使该制度适应其特定的历史阶段，单一的以新代旧、非此即彼的制度选择，在复杂的现实前往往存在不适应的可能。经济学家诺斯最早将制度分为正式规则和非正式规则。制度由国家规定的正式制度和社会认可的非正式制度共同构成，正式制度和非正式制度可以互相支持、配合，非正式制度对正式制度发挥着支持、补充等作用，因而不能忽视非正式制度的存在及作用。因此，在制度创新之时，应充分考量当下现实，包括制度、文化、观念的现实，充分考虑新制度的发展可能带来的正向作用和负向作用，考虑正式制度与非正式制度功能的互相匹配，注意引导人们的观念与制度现实匹配，不超前、不滞后。唯有这样，才有利于制度的演进，进而挖掘新制度的先进性、优越性，铺垫未来更多的制度可能性。农村养老保障是社会保障的重要内容，是指政府在农村地区通过合理配置各种可资利用的养老资源，以抵御农村居民在其老年后面临的各种风险和保障他们的基本养老需求，最终使他们“老有所养”。通常养老保障包括三个层面的内容，即物质供养、精神慰藉、生活照料，三者是有机统一、缺一不可的。

农村养老保障的目的就是实现由被动养老向主动养老的转变，由消极养老到积极养老的转化，从而为有效化解老龄化风险、满足农村老年人的基本生活需要提供重要保证。农村养老保障制度作为一种制度，也包括与保障农村居民老年生活有关的一切资源建构下的正式制度与非正式制度。因此，农村养老保障制度包括以家庭成员为资源供给者的家庭养老制度和以国家为资源提供者的社会养老制度。

在过去几千年中国传统的家庭养老制度下，家庭作为养老的唯一主体一直承担着养老的全部职能。众所周知，中国长期以来具有以家庭为单位进行自我保障的传统，父代有抚育子代的责任和义务，当父代年老的时候，子代同样具有赡养他们的义务，这是传统的家庭养老保障模式，是由道德观念来束缚的一种非正式制度，这种家庭养老模式在中国农村养老保障中起着举足轻重的作用。而农村社会养老制度作为一种新兴的制度，是在工业化和城市化后依靠政府组织实施的正式养老制度。两项制度的不同制度属性，决定了二者的发展变迁规律不尽相同。社会养老制度作为新型的正式社会制度，主要依靠政府投入大量的人、财、物力来推动它的发展；而家庭养老作为一种非正式制度，是随着社会变迁自行演变的，且总体上走向式微。

随着城乡居民养老保险制度在全国的推广和实施，基本上实现了农村居民养老保险的全覆盖，这改变了农村家庭养老的单一模式，一定程度上缓解了家庭养老的经济压力，为农村老人的养老补充了部分经济支持，也促使农村地区建立了“个人缴费、政府补贴、集体补助相结合”

的、与城市居民养老制度相仿的、现代意义上的社会养老保障制度。我们必须肯定，这对我国农村经济社会发展具有划时代意义。对于国家和政府来说，正式制度是较容易改变和掌控的，因此，他们往往以正式制度的改变来实现新旧体制的转轨。但是，我们必须认识到，假如这种改变偏离了土生土长的非正式制度，从而导致新的正式制度与已有的非正式制度之间产生一种张力，那么这种正式制度必然是“中看不中用”的。现实中，政府在推进农村社会养老保险制度的同时，在政策支持上、舆论上都未能给予农村家庭养老充分的关照，两项制度没有达成默契。甚至社会养老保险制度这一新的养老模式的推广，使得部分人认为养老属于社会的事，不再是私人范畴的事情。然而，由于农村社会养老保险制度建立不久，还有待完善，其目前的保障水平较低，只能在一定程度上保障农村老人的物质生活，在精神慰藉和生活照料方面的保障更是极其有限，若家庭养老制度过于弱化甚至消失，很多农村老年人的生活将陷入孤苦无依的境地。同时，我国经济发展进入新常态，发展速度转入中低速运行状态，发展方式转向集约型，发展动力转向新的增长点。随着我国经济结构的调整和经济增速的放缓，政府在社会保障方面的投入势必会受到影响，农村社会养老保障制度的发展也会受到一定制约。因此，我们必须认识到，在现阶段，我国农村养老保障制度应是由政府主导的社会养老制度和道德约束下的家庭养老制度共同组成的，两种制度互相依存。那么，整合各种养老资源，使之协调发展，逐步解决我国农村养老问题，是政府在农村养老保障制度体系构建和实践中的主要职责。

第二章

国内外研究综述

第一节　国内研究综述

当前的养老问题研究中，既有对养老模式及其变迁的关切，也有对传统养老向现代养老转变的思考；既有从社会发展角度的考察，也不乏立足于传统文化的阐释。

一　家庭养老及影响因素研究

（一）家庭养老的概念界定

目前对家庭养老概念的界定，大致可以分为三种观点：

1. 亲情说

该学说认为，家庭养老就是亲情养老。张文范认为，“传统的家庭养老实际上就是建立在血缘关系基础上的亲情养老”①。郑玮斌、张友琴在谈论传统的家庭养老模式时也认为，家庭养老是“以血缘亲情为基础的养老模式”②。这两种说法有共同点，也略有区别。其说法的共同点是均指出了血缘亲情在家庭养老概念中的关键地位。其区别是前一种说法明确指出，家庭养老就是亲情养老，解决了谁养的问题；而后一种说法仅指出血缘亲情是家庭养老的基础，并未明确指出谁养的问题。由此留下

① 张文范：《坚持和完善家庭养老积极创造居家养老的新环境——中国的养老之路》，中国劳动出版社 1998 年版，第 138 页。

② 郑玮斌：《社会变迁对农村老年人口家庭地位和供养模式的影响——中国的养老之路》，中国劳动出版 1998 年版，第 35 页。

了较大的解释空间，基础是血缘亲情，形式可以是非亲情的。其共同点是均指出了血缘亲情在家庭养老概念中的关键地位。

2. 家庭说

该学说认为，家庭养老就是家庭或家庭成员支持的养老。《中华人民共和国老年人权益保障法》（下称《老年法》）明确规定："老年人养老主要依靠家庭，家庭成员应当关心和照料老年人。""赡养人是指老年人的子女以及其他依法负有赡养义务的人。"翟胜明、谭克俭认为，家庭养老是指"由子女或其他亲属来承担养老责任"[①]。穆光宗认为，"家庭养老又可理解为子女供养或老伴供养或亲属供养"[②]。这三种讲法都解决了谁养的问题，同时对家庭成员有了较为明确的界定。《老年法》的界定具有法律的准确性和严格性，学者们的界定反映了社会学的视角。值得注意的是，《老年法》和穆光宗都将养老内容具体化为经济供养、生活照料、精神慰藉等方面，而翟胜明则主要讲的是责任。

3. 方式说

该学说认为，家庭养老是一种养老方式或运作形式。洪国栋认为，与农业社会相适应的养老方式叫作家庭养老。[③] 张恺悌、党家康认为，养老是一个体系，家庭养老是养老体系的表层框架，是养老模式所决定的养老机制的实际运作形式。[④] 台恩普的研究结论也支持这一观点。[⑤] 前一种说法将养老方式与经济形态相联系，后一种说法则侧重于养老的内外规定性。但它们都指出了家庭养老是一种旨在解决养老问题的具体方式。

除了以上三种观点，还有一种观点认为，家庭养老的具体方式可以分为子女养老和社会养老。子女养老是家庭养老的低级形式，社会养老

---

① 翟胜明：《农村养老特征与对策——中国的养老之路》，中国劳动出版社 1998 年版，第 129 页。

② 穆光宗：《家庭养老面临的挑战及社会对策问题——中国的养老之路》，中国劳动出版社 1998 年版，第 68 页。

③ 洪国栋：《关于家庭养老与居家养老——中国的养老之路》，中国劳动出版社 1998 年版，第 277 页。

④ 张恺悌：《转型期中国养老体系的矛盾分析》，《老龄问题研究》1997 年第 9 期。

⑤ 台恩普：《宏观政策：框架性解决中国养老问题的必由之路——中国的养老之路》，中国劳动出版社 1998 年版，第 344—346 页。

是家庭养老的高级形式（于景海，1998）。与此类似的观点认为，家庭养老范畴包括家庭养老机制和个人养老机制。这两种观点没有对家庭养老本身作出界定，因此没有列为概念的一种，但其思想具有启迪意义，使我们意识到家庭养老可能是一个涵盖多种养老方式的更大的概念。

（二）家庭养老影响因素研究

家庭养老功能的发挥主要受两种因素影响：一是子女（家庭成员）的服务供给，这是提高老年人生活水平①及实现养老功能代际转移的重要路径；二是老年人自身的福利支出，如医疗保险、养老保险及购买的商业保险等，以制度化养老为主。对于第一个因素的研究主要集中于两种路径，一种路径在于子女养老方式的选择，学者认为随着人口结构的转变，独生子女数量增加，家庭养老的困难会逐步扩大，在此压力下，独生子女养老观念也会发生变化，即“依赖养老”逐渐被“独立养老”所取代。② 同时，随着社会养老方式的创新与发展，其所形成的倒逼机制会进一步完善现有的养老服务体系。另一种研究从群体性视角出发，通过对子女数量、性别、养老意愿等主、客观因素的实证分析，探讨子女养老的效果。在客观因素方面，分析结果有显著差别，夏传玲等人于1992年运用了的“P22”和“中日调查”等数据，对家庭中子女数量、性别与老年人家庭供养间的关系进行了实证分析，认为家庭子女数量对老年人经济支持、生活照料和精神慰藉等方面并无直接影响，③ 慈勤英等人通过对2010年湖北人口老龄化研究课题组“城乡老年人口状况的调查”的数据进行分析也验证了这一观点；④ 而陈卫等人根据相关调查数据所做的回归分析发现，家庭中子女对老年人的帮扶主要体现在经济及生活照料方面，这两方面与子女数量呈正相关。⑤ 在主观因素，即家庭养老的主观意

① 周长洪：《大量独生子女家庭 将导致社会性养老困境》，《探索与争鸣》2009年第7期。

② 风笑天：《从“依赖养老”到“独立养老”——独生子女家庭养老观念的重要转变》，《河北学刊》2006年第3期。

③ 夏传玲、麻凤利：《子女数对家庭养老功能的影响》，《人口研究》1995年第1期。

④ 慈勤英、宁雯雯：《多子未必多福——基于子女数量与老年人养老状况的定量分析》，《湖北大学学报》2013年第4期。

⑤ 陈卫、杜夏：《中国高龄老人养老与生活状况的影响因素——对子女数量和性别作用的检验》，《中国人口科学》2002年第6期。

愿方面，受养老负担的影响，子女的养老意愿会更加倾向于非经济性支持。[①] 同时，子女的养老意愿也受到其教育水平、家庭关系等因素影响。[②] 综上所述，子女养老受制于独生子女数量、观念的更新、综合化养老方式等因素，其功能正在发生转变，但也不能判定其家庭养老地位的降低。从现实情况来看，我国农村受传统观念的影响较大，会更加倾向于“子养父”的家庭养老模式。[③]

养老金的支出对家庭养老也具有重要的影响。通过研究发现，除健康状况外，养老金的支出更多地受个人财富、教育水平、职业声望、社会—经济地位等客观因素的影响。[④] 在分析影响因素时，学者们多集中于养老保险支出对经济的影响以及养老金支出的均衡性等方面。[⑤] 岳爱等人以消费和储蓄生命周期理论为基础，分析了新型农村养老保险的参保意愿对农民家庭日常费用支出的影响，认为新型农村养老保险制度的推行，使得参保人员的生活支出高于未参保人员。[⑥] 张毅从宏观的视角，运用定性研究的方法，对国家和个人之间的养老保险责任划分进行了说明，并认为两者较为模糊的权责关系弱化了个人缴费的动力，进而对家庭的养老支出产生负面激励机制。[⑦] 毫无疑问，养老金的隔代支付效应有利于提前退休行为的产生，[⑧] 但退休后的消费水平会因养老金的支出而有所降低。[⑨]

---

① 石燕：《关于我国独生子女养老经济负担的调查研究——以镇江为例》，《中国青年研究》2008 年第 10 期。

② 李若建：《老年人对子女的依靠心态与养老模式选择》，《社会科学》2000 年第 8 期。

③ 顾永红：《农村老年人养老模式选择意愿的影响因素分析》，《华中师范大学学报》2014 年第 3 期。

④ Gruber J., Wise D., *Social Security and Retirement Around the World: National Bureau of Economic Research Conference Report*, Chicago and London: University of Chicago Press, 1999, p. 78.

⑤ 胡秋明、阎建军：《养老金制度财务平衡的影响因素及其政策启示》，《财经科学》2011 年第 10 期。

⑥ 丘爱：《新型农村社会养老保险对家庭日常费用支出的影响》，《管理世界》2013 年第 5 期。

⑦ 张毅：《转型期养老保险支出责任分担的合理性分析》，《当代经济研究》2009 年第 6 期。

⑧ 廖少宏：《提前退休模式与行为及其影响因素——基于中国综合社会调查数据的分析》，《中国人口科学》2012 年第 3 期。

⑨ Banks T. B., Tanners, “Is there a Retirement Savings Puzzle”, *American Economic Review*, Vol. 16, No. 4, April 1998.

由以上的分析可知，学者对家庭养老功能的讨论涉及层面较多，得出的结论也不尽相同，但却较少对子女和自身养老在家庭养老中的定位进行分析。如果这一问题得不到有效解决，那么家庭养老制度的发展则无法准确定位，客观上将会影响社会养老服务体系的构建。因此，在当前情况下，有必要重新审视与比较子女养老与自身养老的优势，为养老服务社会化的全面展开提供现实条件。对子女和自身养老的效果进行比较分析，不仅是对家庭养老研究的深化，而且在家庭养老功能定位、发展方向、观念转变等方面具有一定的创新性。

二 关于养老模式的研究

自费孝通以“反馈模式”与“接力模式”区分中国与西方养老模式的差异以来，二者便构成了分析养老模式的重要框架。

（一）差序格局下自组织的养老模式

对于中国传统的社会结构，费孝通用一个同心圆的比喻来解读：“以‘己’为中心，像石子一般投入水中，和别人联系成的社会关系，不像团体中的分子一般大家立在一个水平面上的，而是像水的波纹一般，一圈圈推出去，愈推愈远，也愈推愈薄。”① 由此建立的社会关系是一个基于私人联系增加构成的社会网络，这个网络的中心是乡土社会的一个个体，关系网络大小则由中心势力的强弱决定，维系网络的纲纪是差序。

同心圆似的关系格局，“己”是最小的社会关系结构，整体的结构同心圆是由家庭—家族—宗族、邻里—村落（社区）构成的。传统村落，往往是由几个较大的宗族加上少部分“外来户”构成的。缔结在这个关系网络中的关系是亲属关系、邻里街坊关系以及少部分朋友关系，维系网络的纲纪则是一系列对于这些关系的差序规范。村庄中的养老模式同这个差序格局息息相关，养老的责任主体按照等级差序分布，不同等级圈子上的主体有不同的责任和义务。每个人都在各自的圈子里参与养老活动，并与其他人的圈子汇聚成网络，整体按照乡土社会的道德规范运行，形成一个独立组织内的养老模式网络。这一组织由于小农经济的主

① 费孝通：《乡土中国》，生活·读书·新知三联书店1985年版，第21—28页。

导、内部的封闭性，经历千百年沉淀，形成相对稳定的乡土文化下的养老模式，通过乡土社会系统内的有序结构的自组织的差序规范，引导人们的赡养行为。

（二）礼物交换关系下契约化的养老模式

莫斯在《礼物》[①] 中指出，人与人之间的是交换与契约的关系，以礼物形式达成，表面上是自愿的，实质上送礼和回礼都是义务性的。这里的礼物，除了事物本身之外还包含了送礼者的精神本质和灵魂，或者说他本性、本质的一部分，收礼者要想办法通过另一种礼物予以归还，因为保留这些事物会导致危险。在回报的礼物和收到的礼物间存在着一种对比关系，这种对比关系确定了个体在社会交往中所处的位置。

这种礼物关系除了人与人之间的缔结之外，还有人与“神”或其他非自然力量的缔结。冯·奥森布鲁根通过研究特罗布里恩群岛上人们的生活发现：给人或神的礼物在于购买平安，人们以此来避免恶灵，或者一般地说是为了避免不好的影响，甚至那些非人格化的不好的影响。在中国的传统文化中，养老和送终是占据同等重要地位的，送终礼仪通常以葬礼的形式达成，人们会准备纸钱、生活用品、住宅等，把它们以焚烧的方式奉献给死者和神灵，以祈求他们的庇佑。

这种礼物交换其实是一种乡土文化下的养老模式，父母生育抚养子女，子女为父母养老送终，结成礼物交换关系，这看似是自愿的行为，实质上是义务的。在这种代际交换行为中，除了物质性、服务性的付出之外，还寄托了付出者的精神与本质，即爱心、关怀等方面的东西。如果接受者不予以回报，便会招致“报应”等非自然力量的危险，也会落人话柄。不论是人与人之间的缔结还是人与神之间的缔结，都要求礼物交换按照规则顺利进行，现实意义便是构建反哺与接力共存的养老模式。

（三）生命周期内养老代际交换能力的变化

一般的社会成员在交换中会以生命周期为主线，经历四个阶段：进

---

① ［法］马塞尔·莫斯：《礼物——古式社会中交换的形式与理由》，汲喆译，上海人民出版社2002年版，第16—28页。

入期、成长期、成熟期、衰退期。这四个阶段，与个体的年龄增长相关，交换能力呈现一个上升再下降的过程。进入期——幼年，由家庭抚养，体现的是对晚辈的亲情惠赠，仅能回报一种“承欢膝下”的情感，礼物交换能力较弱；成长期——青年，能够从事一些有助于家庭的活动，礼物交换能力获得增长；成熟期——壮年，能够承担家庭的主要经济责任，随着父母年龄的增长，达到了所谓的顶门立户的时期，交换能力达到最高峰；衰退期——中老年，参与社会劳动减少，自身的经济获取能力逐渐减弱，交换能力逐渐衰退。

因此，以生命周期为主线，其到老年阶段，交换能力逐渐变弱。随着交换能力的降低，赠予出去的礼物变少而获取回报也随之减少。在传统家庭养老模式下，代际交换是家庭养老的重要特征，当一个人步入老年时期，养老保障的获取便要靠道德对子女进行约束，引导子女对幼年及青年时期从父母处所收到的礼物进行回报。然而，这个回报的顺利进行是基于每个人都是道德人的假设。现实生活中，短视的行为更普遍。在“分家”之前，父亲在经济收入等方面具有绝对优势时，他是这个家的家长，在分家之后，他的儿子承担起这个家庭的主要经济责任，父亲地位便渐渐弱于儿子。在这个过程中，赠予礼物能力的强弱发生了转变，谁的赠予能力强，谁的地位更高、话语权更大。所有子女均成家之后，分家的过程逐渐结束，这是父母决定退居二线、步入养老阶段的标志。农民的收入有限，土地和房屋是最主要的家产，质朴的农村人为了辅佐子女的发展，通过分家，已经将遗产的分配问题解决，所以，不同于城市，农村在养老方面极少存在遗产动机问题。分家之后，父母的经济实力衰退，交换能力急剧下降，养老保障依赖家庭成员。约束家庭成员对老人进行良好养老保障的力量源于礼物交换关系，这是传统社会的秩序和规则，是一种“孝”文化，子女通过赡养老人来报答老人对自己的养育之恩，体现自己的孝心，也为下一代做出表率。

三 关于养老主体的研究

穆光宗区分了养老资源的提供者和养老职能的承担者两种角色，并根据两种角色在传统社会与现代社会之间的差别定义了养老的社会化过程。[①] 任德新、楚永生认为传统家庭养老无力应对经济发展与文化变迁引起的多元化养老需求，因此单一化的家庭养老转向多元主体的社会养老成为一种明智选择。[②] 王跃生依据社会不同发展阶段亲子间在经济支持、生活照顾和情感交流关系中的亲密程度，划分出了代际关系的三个层次，即黏着性代际关系、松弛型代际关系和独立型代际关系，三者随社会发展而交叉递进。[③]

四 关于养老文化的研究

家本位的文化传统是中华民族传承千年的重要品格，是滥觞于传统中国社会的基本价值观念。家庭不仅在“家国同构”的理念中承担了重要的政治功能，而且在“父慈子孝”的观念中承担着特定的社会功能。在我国传统家庭关系中，赡养老人是家庭活动的重要内容，传统家庭养老实践是对“孝道”文化的具体体现，家庭养老模式伴随着农业社会文明绵延数千年。

姚远倡导建立具有中国特色的养老文化，以抵御社会变迁造成的家庭养老弱化。[④] 吴海涛、王晶主张直面社会变迁中的养老文化转型危机，培育具有时代特色的养老文化。[⑤] 杨善华认为个人本位价值观对于家庭本位价值观的冲击与挑战导致了家庭离散因素的增多，而表现为“恩往下流”的亲子情感关系无疑增强了现代家庭的凝聚力。[⑥] 杨善华从伦理与文化的角度创造性地将韦伯的“责任伦理”概念引入到养老研究中，并将

---

① 穆光宗：《中国传统养老方式的变革和展望》，《中国人民大学学报》2000 年第 5 期。

② 任德新、楚永生：《伦理文化变迁与传统家庭养老模式的嬗变研究》，《江苏社会科学》2014 年第 5 期。

③ 王跃生：《中国家庭代际关系的理论分析》，《人口研究》2008 年第 4 期。

④ 姚远：《对中国家庭养老弱化的文化诠释》，《人口研究》1998 年第 5 期。

⑤ 吴海涛、王晶：《从传统到现代——积极老龄化视域下养老文化的思考》，《东北师范大学学报》（哲学社会科学版）2014 年第 4 期。

⑥ 杨善华：《中国当代城市家庭变迁与家庭凝聚力》，《北京大学学报》（哲学社会科学版）2011 年第 2 期。

责任伦理作为维持家庭养老持续发展的动力。①

五 社会养老替代家庭养老研究

养老模式的变迁历来受到学界的关注，其中社会养老与家庭养老的关系一直是学术界探讨的话题，纵观现有研究文献，学者们从养老的不同方面分析了社会养老与家庭养老间的关系。

（一）基于生活照料视角的研究

索尔多等从生活照料角度出发，指出社会养老对家庭养老具有一定的替代性，拥有养老金的老年人通过购买正式照料服务的方式减轻了对子女照料的依赖性。也有与此不同的观点，如养老金制度增加了子女对老年人的生活照料，拥有养老金的老年以向子女提供补偿的方式，吸引了子女提供市场缺失的照料服务。

（二）基于居住安排视角的研究

一项纵观美国人口普查微观数据的分析表明，老年人获得的养老保险金越高，其与子女同住的可能性越低，独居以及入住养老机构的可能性越高。② 但在某些国家却存在相反的情况，即养老金制度增加了父母与子女同住的可能性，其原因是养老金提高了老年人的经济收入，从而吸引贫困子女搬来与相对富裕的父母同住。③ 来自中国的经验证据则表明，是否享有养老保障对居民养老方式的选择具有显著影响，养老保障制度降低了居民选择居家养老的概率。④ 同样的证据还来自栾文敬等对我国农村居民养老方式选择的研究。⑤

---

① 杨善华：《以“责任伦理”为核心的中国养老文化——基于文化与功能视角的一种解读》，《晋阳学刊》2015 年第 5 期。

② Mcgarry K，Schoeni R F，“Social security，economic growth，and the rise in elderly widows independence in the twentieth century”，*Demography*，Vol. 17，No. 2，February 2000.

③ Edmonds E. Mammen K，Miller D L，“Rearranging the family? Income support and elderly living arrangements in a low income country”，*Journal Human Resources*，Vol. 40，No. 1，January 2005.

④ 王学义、张冲：《农村独生子女父母养老意愿的实证分析——基于四川省绵阳市、德阳市的调研数据》，《农村经济》2013 年第 3 期。

⑤ 栾文敬、郭牧琦：《社会保险与养老方式选择：参保是否会影响农民养老方式?》，《西北人口》2012 年第 6 期。

（三）基于转移支付视角的研究

在已有文献中围绕代际经济支持开展的研究较多，这类研究侧重于公共转移支付与私人转移支付的关系，并认为在不同的动机下二者的关系是不同的。

在理论文献中，存在两种截然相反的理论来解释私人转移支付的动机。Becker 认为私人转移支付是出于利他性动机，而 Cox 指出私人转移支付是出于交易动机。按照 Becker 的理论，转移支付接收方收入的增加会降低获得转移支付的概率和数额，而 Cox 的理论则恰恰相反。在私人转移支付的利他主义模型和交易模型的基础上，大量实证文献通过估计私人转移支付对收入的反映来检验这两个相互竞争的理论模型，但是这些实证研究并没有得到一致的结论。部分研究发现公共转移支付对私人转移支付几乎没有影响；其他研究却发现公共转移支付显著挤出了私人转移支付。

Cox 指出，之前的实证文献之所以没有发现公共转移支付对私人转移支付的“替代效应”主要是由于这些研究针对的都是发达国家，这些国家的公共转移支付体系很发达，从而大大减少了私人转移支付的作用。同时，是否存在“替代效应”还取决于转移支付接收者的收入水平，只有在较高收入水平的基础上，转移支付的交易动机才会显现，“替代效应”的相对重要性下降。由于发展中国家的人均收入水平较低，因此，针对发展中国家的研究理论上应当会更支持利他主义假设。这一点，在一些针对发展中国家的研究中得到了验证。例如 Cox & Jimenez 针对秘鲁的研究和 Cox 针对菲律宾的研究都发现公共转移支付对私人转移支付有替代作用；Jensen 针对南非的研究发现社会养老金收入显著降低了私人转移支付。Fan 和 Fan & Liu 针对我国台湾地区的研究也发现农民养老金计划降低了老年人从成年子女处获得转移支付的概率。

由于数据的限制，针对我国代际私人转移支付的研究较少。近年来，随着微观调查数据的日益丰富和养老问题愈发得到重视，才开始有越来越多的经济和社会学者关注中国的代际转移支付问题。在较早的一项研究中，Secondi 使用了 1988 年的调查数据描述了中国农村家庭代际转移支付的规模和方向。Cai 考察了老年人口如何应对养老保障体系不健全情况下的收入下降，研究发现当老年人口退休陷入贫困时，子女会增加对父母的代际转移支付。Let 使用中国健康与养老追踪调查的预调查数据对代际间转移支付进行了详细描述，发现中国家庭间转移支付主要是子女向父母进行的代际转移支付，私人转移支付同子女的数量、特征和父母收入都存在明显的相关性。然而，针对中国的研究主要停留在对私人转移支付相关因素的考察层面，没有从因果关系上严格估计诸如社会养老保险这样的公共养老金对私人转移支付的因果效应，并检验“社会养老”对“家庭养老”的替代效应。

也有大量的文献对我国新型农村社会养老保险制度进行了评估研究。张川川等同时采用双重差分析方法和断点回归方法，从多个角度较为全面地估计了新农保政策的影响，发现新农保政策的实施在一定程度上减少了老年人贫困、促进了消费、提高了老年人的生活福利水平，但是他们没有考察新农保政策对家庭代际间私人转移支付的影响。陈华帅、曾毅和程另国等估计了新农保政策的实施对父母和子女间转移支付的影响。然而，他们所采用的计量分析方法无法很好地识别“新农保”政策与私人转移支付的因果关系。两篇文献都使用双重差分析方法来识别“新农保”政策的影响，然而，他们在定义实验组的时候都是按照个人是否参保来定义。然而，参保决策是一个内生的选择结果，参保和未参保的两类个体存在显著的差异，而这些差异大多源于不可观测的个人偏好和地区政策执行特征。

（四）基于养老观念视角的研究

上述研究多从行为角度考察社会养老与家庭养老的关系。事实上，养老模式的变迁还体现在个体的养老观念上，因此，仅从行为角度判别养老模式的更替存在一定的缺陷。但遗憾的是，目前仅有少数文献研究关注社会养老对传统家庭养老观念的影响。在这类研究中学者更多关注的是居民的养老意愿及其影响因素，如田北海等考察了农村居民的养老意愿与家庭养老偏好，并指出农村老年人的养老意愿并不完全是一种“经济理性”，而是一种嵌入生活境遇中的“情境理性”。[①] 唐利平、风笑

---

① 田北海、雷华等：《生活境遇与养老意愿——农村老年人家庭养老偏好影响因素的实证分析》，《中国农村观察》2012 年第 2 期。

天认为是否参加农村养老保险是影响农村独生子女父母养老意愿的一个重要因素。[①] 也有研究以养老方式与养老观念同构为逻辑基础，通过考察个体养老方式的选择及其影响因素来反映养老观念情况，如陈亮认为有养老保险的老年人更倾向于选择非子女养老方式。[②] 与此不同的是，于长水对我国农民“养儿防老”观念的实证分析指出，有无新农保对农民“养儿防老”没有显著的影响。[③] 目前，这类研究尚未形成一致观点，且在农民自愿参加新农保的政策环境下，对养老保险与养老观念的分析存在很大的内生性问题，养老保险可能改变了人们的养老观念，但不同养老观念的人也会选择是否参加养老保险，二者可能存在双向因果关系，而现有研究却忽略了这一内生性问题。

汪润泉通过联立方程模型，验证了参保行为与养老观念间的双向因果关系，一方面，“子女责任”观念降低了个体参加养老保险的概率；另一方面，参加养老保险淡化了个体的“子女责任”观念。在考虑内生性问题之后，汪润泉采用工具变量法进一步检验了“养老保险”淡化“子女责任”观念效应结果的可靠性，得出了养老保险制度影响个体养老观念的净效应：从全样本模型来看，相比于未参保者，参加养老保险的个体将养老责任归于子女的概率降低了约 7.3%—8.1%。另外，不同年龄群体中参保行为对养老观念影响的净效应不同，在 60 岁及以上群体中参保行为对养老观念的影响更强。

近年来，国家大力发展的养老保障制度正在改变着我国传统的家庭养老模式。就农村经验而言，养老保险不仅挤出了子女对老年人的经济支持，更淡化了居民的“子女责任”观念，尽管这种淡化作用并不十分明显，但其确实存在于不同年龄的群体中。养老保险为老年人提供了一定的经济支持，改变了家庭可分配经济资源存量，在目前我国农村家庭

---

① 唐利平、风笑天：《第一代农村独生子女父母养老意愿实证分析——兼论农村养老保险的效用》，《人口学刊》2010 年第 1 期。

② 陈亮：《老由谁养：养老意愿及其影响因素——基于 2010 年中国综合社会调查的实证研究》，《兰州学刊》2014 年第 1 期。

③ 于长水：《农民对“养儿防老”观念的态度的影响因素分析——基于全国 10 个省份 1000 余位农民的调查数据》，《中国农村观察》2011 年第 3 期。

总体经济资源较为匮乏的情况下，其对代际经济资源配置即子女对老年人经济支持的影响或许是暂时的。然而，观念的转变具有较强的不可逆性，养老观念的变化对未来养老模式的变化具有更深远的影响。[①]

六 社会变迁对家庭养老的影响研究

家庭养老作为我国主要的养老模式，其养老功能正逐渐弱化，这与我国社会结构、代际关系、家庭类型和孝文化的变迁有很大的相关性（王树新，2004；肖倩，2007；姚远，2000）。国外学者对中国以及亚洲受儒家文化影响的国家和地区的研究，亦得出同样的结论。

（一）家庭结构变化对家庭养老的影响

相关研究指出，计划生育、人口流动和家庭结构变化等因素使得家庭养老面临养老资源供给不足的困境，影响了老年人的生活质量（范成杰，2012）。计划生育政策的实施，导致家庭子女数量减少，老年人需求增多，这意味着家庭养老资源的不足，且多育时代所形成的青年子代与中年亲代的代际交换关系，由于现在需要照看的小孩和家务量减少，互助的必要性降低了（王树新，2004；王跃生，2010）。家庭的小型化、多样化、核心化使家庭的经济保障功能有所减弱，尤其是独生子女夫妇将面临多位老人需要照顾的问题（汪连新，2012）。Linda Martin（1990）在对中国、日本和韩国的家庭代际关系进行考察时发现：人口结构变化使得多代共居现象下降。同样，Martin Piotrowski（2007）在针对泰国南荣青年劳动力外流情况的调查中发现，人口的大量流动使得家庭的劳动力减少，对家庭养老造成很大压力。

西方“家庭转变理论指出”，家庭转变是同工业化、城镇化及人口转变几乎同步进行的，那么，在城镇化及人口流动加速的当今中国社会，分析家庭结构尤其是在此过程中产生的特殊家庭的变动尤其重要。家庭结构在很大程度上影响家庭生活，对老年人的养老及子女的教育起到很大的影响。

---

① 汪润泉：《“社会养老”是否淡化了“子女责任”观念？——来自中国农村居民的经验证据》，《社会保障研究》2016 年第 5 期。

学术界尤其是社会学界对家庭研究的关注由来已久。但是目前的研究多是针对中国家庭转变过程、趋势，抑或是对其特征及原因进行统计意义上的描述和分析（马春华、石金群、李银河，2011；潘允康、林南，1987；王跃生，2012；曾毅、李伟、梁志武，1992），针对家庭因素对家庭养老、子女教育、社会保障、房地产、犯罪等的影响因素研究（唐桂芬，1989；原新，2004；李春玲，2004；李洪强，1991；黄静，2009）。以往学者的研究已经证实，中华人民共和国成立以来中国的平均家庭规模经历了先扩大后缩小的趋势，其中计划生育政策的实施使得平均家庭规模明显下降。自 2000 年以来，学术界的研究内容已经包括对家庭规模及结构变化、家庭养老、代际关系、新型家庭模式的深入探讨，对新形势下出现的新型家庭从原因、规模、影响等角度进行了分析，对新型家庭如纯老人户、留守家庭、新型空巢家庭、迁移家庭、独生子女家庭等也表现出热切关注。

1. 家庭结构基本状态研究

王跃生（2013）利用人口普查数据分析家庭结构，弥补了整体性研究的不足。王跃生通过开发第五次人口普查表长表数据，并与此前人口普查数据相比较，发现其间家庭结构有三种状态：一是相对稳定，以三代直系家庭为代表；二是明显上升，夫妇家庭、隔代家庭增幅较大，单人户有所提升；三是降低，夫妇分居和单亲家庭明显减少，标准核心家庭有所下降。郭志刚（2008）根据 2005 年“小普查”数据分析家庭户变动，认为计划生育导致平均家庭户规模迅速缩小。但生育水平在 20 世纪 90 年代降到很低，纯人口因素对家庭户规模影响减弱，迁移流动及生活方式变化使主干家庭和核心家庭此消彼长。李银河（2008）主持的“中国五城市家庭调查”结果显示：核心家庭依然占据主导地位，夫妇家庭上升，主干家庭下降，联合家庭近于消失。

2. 老年人口居住方式研究

2000 年以来，老年人口居住方式逐渐成为研究热点。曾毅、王正联（2004）利用 1982 年、1990 年和 2000 年人口普查数据分析家庭与老年人居住方式变化，发现 2000 年 65 岁以上老年人与子女居住占多数，但比 1990 年有所下降，原因是较年轻和健康的老年人倾向单独居住。郭志刚

（2008）依据2005年“小普查”数据分析老年人口居住方式，指出老年人与后代同居的仍占多数。同时，“空巢”家庭老年人比例越来越大。中国老龄科研中心2006年的调查显示：城市老年人与配偶同住的占41.5%，三代同住的占27.4%，与子女同住的占14.5%，独居的占8.3%；农村老年人三代同住的占39.0%，与配偶同住的占29.0%，独居的占9.3%，与子女同住的占18.0%。2006年三代家庭比例明显低于2005年“小普查”的数据。

3. 家庭变动趋向研究

国内对家庭结构变迁的研究始于20世纪初。改革开放以来，随着中国社会经济的变化，中国的家庭结构也发生了很大的变动，学者们从不同的角度对家庭结构变迁进行了积极的探索和研究。

杨善华指出，我国农村家庭实行联产承包责任制以后，生产功能一度成为家庭的核心功能，但自20世纪80年代以后，沿海地区的一些发达农村陆续开始了农村工业化的进程。这种非农化进程带来的一个重要结果便是组织农业生产这一家庭核心功能的日渐萎缩，农村家庭结构开始向着城市家庭结构转变，表现在家庭成员的观念和行为规范上，便是农民的传统观念日渐向着市民观念转变。如，对土地的感情从赖以为生转变为赖以为利；消费观念和消费水平从生存型转变为享受型和发展型；婚姻观从“父母之命、媒妁之言”转变为自由恋爱、自主择偶。这些观念和规范反映到家庭关系方面，便是夫妻平权、双系并重；反映到家庭结构上，便是小型家庭和核心家庭的比例逐渐上升，家庭的主要角色从生产的同盟转变为私生活的场所。①

李银河通过剖析一个家庭内部关系历史性变化的个案，认为家庭变迁呈现出家庭规模小型化及家庭结构核心化的趋势，中国的家庭与西方家庭之间的区别会逐步缩小，最终将趋于一致。西方国家的核心家庭是主流的家庭结构模式，在整个社会体系中居于重要地位。随着中国经济的发展、计划生育政策的实施以及西方文化的渗透，中国的家庭结构发

① 杨善华：《经济体制改革和中国农村的家庭与婚姻》，北京大学出版社1995年版，第39页。

生了很大的变化，家庭规模小型化和家庭结构核心化成为重要特征。[①]

王跃生对20世纪30年代至90年代的冀南农村不同时段的经济社会制度大变革与农村婚育行为、家庭结构、家庭规模变迁以及生存条件变动的相互关系进行了比较和阐述，认为所有制形式和生产组织方式的变化是婚姻家庭变动和传统家庭维系方式改变的直接原因。私有经济、集体经济和公有经济条件下家庭结构会发生不同的变化。私有经济条件下家长具有绝对的权威，家庭结构一般为联合家庭；集体经济发展过程中，联合家庭很难维持下去，多子家庭普遍与父母分家，一般仅有小儿子与父母同住，独子家庭则儿子与父母大多分家。[②] 但分居的亲子之间仍保持着密切关系，两个及以上相对独立的小家庭构成网络家庭。人口控制政策实施过程中，单性别子女家庭逐渐形成，亲代与独子（女）保持经济和情感交往关系的愿望都很强烈，这成为双系网络家庭发展的人口条件。

黄宗智不同意中国家庭会沿着西方核心化模式发展的观点，他指出，学者们所认为是必然的、普适的、来自西方社会科学理论的“现代化”模式，使大家错误地把注意力集中于家庭的“核心化”趋势。他认为，在全球化视野下，真正应该引起注意的是三代家庭的延续。这一认识颇有新意，但有待较系统的中国城乡社会实际材料加以论证。[③]

（二）文化变迁对家庭养老的影响

家庭养老正在失去其强有力的文化支持，尤其是作为尊老文化核心的部分——尊老价值观的逐步丧失，使得社会规范失衡、失范和失控（范成杰，2012；王翠绒，2009）。代际平等观念初步形成，对传统的“父权”“孝道”观念造成冲击，传统时代无条件的“孝道”转变为当代有条件的回报（肖倩，2010；王跃生，2010）。Linda Martin（1990）和IK KI KIM等（2003）在对东亚地区家庭的研究中发现儒家孝道文化受到西方文化的影响，其规范功能逐渐弱化，主要表现为父系主导地位的下

---

① 李银河：《一爷之孙——中国家庭关系的个案研究》，上海文化出版社2001年版，第213—215页。

② 王跃生：《社会变革与婚姻家庭变动》，生活·读书·新知三联2006年版，第263页。

③ 黄宗智：《中国的现代家庭：来自经济史和法律史的视角》，《开放时代》2011年第5期。

降，传统孝道规范不再是家庭养老的主要动力，但又指出东亚将在未来很长一段时间内保持家庭代际关系，这一观点与赵爽对于文化路径的研究不谋而合。赵爽（2010）认为文化路径吸收了关于家庭代际关系的不同的价值观来保证文化的自我维持，使得家庭养老方式得以持续。关于文化变迁的研究，又以女性在家庭养老中地位的提升为新的研究方向。一是由于女性是提供家庭服务的主要成员，其职业发展的需求与照顾家庭的身份相矛盾；二是农村家庭养老中女儿作为赡养人员与传统继承身份的矛盾。女儿以“回娘家”的方式赡养父母，且在赡养时间上较儿子更长，尽管由儿子承担养老责任是传统的理性逻辑。但父母亦不再排斥双系养老和继承（Linda Martin，1990；高华，2012；熊根跃，1998；王跃生，2010）。John R. Longan 和 Fuqin Bian（2004）通过对比美国与中国的家庭代际关系发现，美国的代际支持是从父辈流向子辈，而中国的代际支持是从子辈流向父辈，但都表示女儿在家庭中的角色越来越重要，换句话说，和儿子相比，女儿与父母的交换活动更多。

（三）代际关系主体转换对家庭养老的影响

财产控制权的转移，是代际关系变化的关键。传统时代，亲代因劳动能力衰退而退出劳动领域，但依然是家庭资源的控制者，青年子代处于较弱势的地位。随着亲子分家之后，亲代所能支配的资源范围大大缩小，且当非农就业收入成为农村家庭主要收入来源时，老年亲代的经济地位进一步下降，直接影响了代际关系的质量（王跃生，2010）。因此，欲加强老年亲代的经济地位，使养老在较好的交换条件下进行，代际经济交换便成为实现养老的有效途径（陈彩霞，2000；李元旭，2001）。国外学者 Ik Ki Kim 和 Cheong-Seok Kim（2003）通过分析韩国代际交换支持的模式和老年人生活满意度的关系，认为既给予又接受的老人的生活满意度更高，而只给与或者与孩子之间不进行任何交换支持的老人，其满意度较低。且中老年人以及年轻一代在建立双向代际关系时，会投入更多的关心和帮助，而不再单纯地依靠传统孝道的规范。也就是说，代际关系逐渐平等化，且代际之间的互动、互惠与交换能更好地促进老年人对生活的满意度。Martin Piotrowski（2007）发现泰国南荣的外出子女愿意在农忙时节回来帮助父母收割稻谷，他认为土地保障的功能依然存在，可以将土地所有权作为战略遗产，进而加强家庭支持在老年照护中的作用。

（四）人口流动对家庭养老的影响

“农民工”是中国特殊国情下所产生的特殊身份。经济改革使大量农村剩余劳动力进入城市，但由于户籍政策的限制，出现了青年劳动力与老人、妇女、小孩分隔的情况。家庭养老是农村地区主要的养老方式，经济支持、生活照料和情感慰藉构成了老年人家庭代际支持的主要内容，然而，大量年轻农村劳动力流向城市和东部发达地区，极大地改变了农村家庭的代际关系，对老年人的生活亦产生了深远的影响（张文娟，2012；孙鹃娟，2006；张烨霞，2008）。绝大多数学者主要从成年子女流动对父母的经济支持和生活照料方面进行研究，对精神慰藉方面的研究较少。

一是经济支持。劳动收入和家庭成员供养是中国农村老年人最主要的收入来源。有学者指出，由于外出子女的经济供养水平普遍非常低，留守老人的生活条件并没有得到显著改善，甚至经济负担进一步加重（叶敬忠、贺聪志，2009），但以孙鹃娟（2010）、张文娟（2012）等为代表的学者对此提出异议，认为外出打工的子女往往会通过对老人的经济补偿来弥补其生活照料等方面的缺位和不足，且外出子女的经济支持行为与一定的社会环境相关，主要是与各地区的社会政策、经济状况、劳动力迁移特征和地方文化等相关。一般来说，相比留在农村的子女，外出子女对父母的经济支持较多，经济状况越好的外出子女对父母的经济支持越多。此外，在流入地有更加密切的血缘或地缘关系网的外出子女更可能提供经济支持，可能是由于原有村落的传统观念和舆论的约束。当然，外出子女为了回馈父母在农业劳动及照料子女方面所提供的劳动和服务，也会为其提供经济支持（王跃生，2010；张文娟，2012；孙鹃娟，2010）。

二是生活照料。由于寿命的延长，生活照料分为低龄、高龄两个阶段。低龄老人的身体状况基本较好，农村老年照料方式从传统的“家庭照料”为主转变为以老年人“生活自理”为主（陈芳，2013）。且低龄父母在身体健康状况允许的情况下，为外出子女照看小孩，“隔代照料”

的现象产生。但成年子女的外出增加了空间距离，使得高龄老人的生活照料问题比较突出。此外，周长洪（2012）等学者在调查过程中发现，农村社会支持功能微弱，老年人对社会养老保障没有信心，子女依然是养老的首要人选。

三是精神慰藉。情感基础是家庭养老得以维持的关键，但随着成年子女的外出，父母与子女的相聚时间减少，使得父母得不到精神的慰藉。孙鹃娟（2006）认为子女外出扩大了其与父母之间的代沟，留守老人更容易感受到精神上的孤独和缺乏慰藉，但通过子女外出前后老年人生活满意度的对比，发现子女外出老年人的生活满意度显著提高了，对于上述两点的矛盾，有些学者给出了相关解释，即外出子女可以通过提供经济支持弥补一部分的精神慰藉，父母也能够理解外出子女生活的不易，通过两代之间的合作模式，达到利益最大化（孙鹃娟，2010）。

总的来说，成年子女的流动能够为留守老人提供更多的经济支持，但由于空间距离等客观因素，其在生活照料和精神慰藉方面确实有所弱化，但老人对农村社会养老保障缺乏信心，子女依然是养老的首要人选。

第二节　国外研究综述

一　养老保障理论研究

关于养老保障理论的研究学派，主要有政治经济学派和新古典学派。前者主要研究非经济因素尤其是政治因素对养老保障制度变迁所产生的影响，以经验总结为研究方法；后者是在新古典主义的架构内对各种养老金制度的成效进行研究。随着社会的变迁，经济条件的发展，两学派逐渐开始融合，相互吸收、相互补充。当今，国外的学者将研究重点放在提供养老服务的规则上，有的学者认为，家庭为养老的责任主体，家庭成员在老年人的养老服务中扮演着不可或缺的角色；有的学者认为政府应该承担民众的养老责任，随着社会的发展，家庭的养老功能逐渐弱化。所以，有的学者通过对欧盟国家的养老保障问题进行研究提出，政府和家庭应共同承担老年人的养老责任，也有的学者提出，当家庭没有足够的能力承担养老责任时，社区应该予以帮助。

二 有关家庭养老内在机制的研究

国外学者多从经济学和社会学角度分析家庭养老，但他们多以“理性经济人”为前提预设来分析和解释家庭养老。

世界卫生组织曾组织各国学者编写了《家庭养老的国际经验》一书，这是国际老年学学者第一次对家庭养老问题给予如此全面的关注，该书对世界各国的家庭养老问题进行了系统的考察和研究，得出了很多重要的发现和研究成果。对于为什么会存在家庭养老？研究者通过引入“互惠”这一概念来给予解释，认为家庭实际上是人类分配生产和生活资料最基本的单位和最长久的制度（Sussman，1985）。在家庭成员经历其整个生命周期的各个阶段里，家庭往往需要根据各代人不同的需求和能力重新配置其内部的资源，这时候，“家庭关系”就发挥了基础性的作用。几乎在所有的文化中，中心的代际关系都是父母和孩子之间所形成的关系，即家庭关系就是血亲关系（Kandig H，1992）。

在西方老年学研究的语境里，家庭养老属于老年人非正式支持的范畴。关于非正式支持的机制问题，《世界银行政策研究报告》就家庭成员的支持提出了四种观点。一是情感机制，即家庭成员的情感转移和利他主义；二是荣誉机制，在信息公开化的社区或家族关系网络中，老年人的生活状况会对家庭荣誉带来直接的影响；三是规范机制，宗教和家庭提倡的忠孝观念会成为子代的行为规范；四是利益机制，成年子女赡养父母是因为他们清楚地知道，他们自己迟早也需要子女的赡养。

在西方学者们看来，家庭养老反映的是代际关系。关于家庭代际支持的代表性理论有权力与协商论、互助论、合作群体论。权力与协商论主要强调家庭权力关系的作用，这种权力关系将决定家庭的资源分配。该理论认为父母从子女或其他家庭成员那里获得支持和帮助的程度与他们对家庭财产等资源的掌控有很大的关系。在现代社会，随着社会经济的发展和社会环境的变迁，父辈对土地等生产资料的控制减弱，导致他们对孩子的资源控制能力日渐下降，同时这一过程还伴随着个人主义价值观的兴起，老年父母权威因此会大为削弱。由此带来的结果就是财富流向的改变，即由原来的财富向父辈集中转变为财富向子辈集中，这种情况会使得老年父母从子女或其他家庭成员那里可能获得的支持和帮助减少。互助论认为，代际之间的互惠和交换是按照“投桃报李”的原则进行的。从形式上看，家庭成员之间存在着多方面的互助和各种自愿或非自愿的交换。在家庭内部，这种互助和交换所涉及的内容非常广泛，比如照看孩子、帮忙做家务以及各种自愿的共享等，年老的父母之所以能够得到其子女各方面的支持和帮助，很大程度上是因为他们自己向子女提供了多方面的支持。合作群体理论认为，家庭成员之间的关系就像一个合作群体，在这样一个群体内部，不同的家庭成员之间尤其是代际之间，存在着广泛的利益共同性，正是这种利益共同性使得家庭成员之间的跨越时间的契约在整个家庭生命周期中都是有效的，是能够得到履行的，亲子关系因此也是无法通过法律手段解除的。在家庭这样的合作群体里，父母向他们的子女投入时间、精力、金钱和情感等，从而希望在他们年老的时候能够从对子女的这种投资中获得应有的回报，即子女对他们的晚年生活予以支持和帮助。在合作群体内部，家庭成员的行为以个人利益最大化为原则，但由一位公正的家庭成员（通常为家庭里的男性长者）控制并有效分配家庭资源，从而使家庭的资源分配达到帕累托最优的效果。

许多研究者都认为合作群体理论能够很好地解释中国家庭中的代际支持行为。但在社会变迁过程中，中国社会中的家庭支持模式却经受了社会转型和变迁的巨大压力。对老年人家庭支持获得的多因素分析发现，西方学者关于家庭支持的理论和假设对于中国老年人的状况并没有足够的解释力。因为中国老年人家庭支持的获得会受到多种因素的影响，比如在中国农村的社会现实中，子女性别在决定子女是否为父母提供老年支持中起着关键作用，家庭中往往是由儿子而不是出嫁的女儿为父母提供根本性的支持。

三 影响家庭提供养老保障的因素研究

家庭能在何种程度上提供养老保障取决于五个因素：文化（或立法传统），家庭成员在人口学意义上的可获得性，地理学意义上的可获得性，家庭成员的经济能力和提供养老的意愿。这五个因素中任何一个发生变化都会最终导致养老体系的变化（Pete MC Donald，2002）。研究显示，在宏观层面影响家庭养老的主要因素有人口、经济、政治和文化等因素，即人口迁移、工业化和城市化以及由此带来的社会变迁等会对家庭养老产生多方面的影响。比如人口老龄化、人口迁移和家庭结构的变化都会减少农村家庭中养老资源潜在的可获得性。同时，人口迁移还可能会通过削弱父母的权力和对年轻一代的控制力，造成代际之间的分离和家庭世代的减少，从而侵蚀家庭养老的运行基础和条件。但与此同时，人口迁移带来的人均收入的增长可能有利于改善老年人的福利状况，使他们通过个人财富的积累或收入转移获得更大的经济独立性，还可能从富裕的子女那里获得更多的经济资助。

四 国外农村养老保障模式研究

从发达国家来看，国外农村养老保障大体上可归纳为社会保险型、福利保险型和储蓄保险型三种模式，其中，社会保险型是国外农村养老的主要模式（李君如、吴焰，2008）。以瑞典、德国和日本为例，瑞典是典型的福利国家模式，它利用整个国家的财政力量给予老年人的晚年生活以相当程度的保障；德国农村老年人的保障则是个人、国家和社会相结合的养老模式；日本的农村社会养老保障制度是一项与农地的权利转移直接相关的制度（张敬一、赵新亚等，2007）。从发展中国家来看，国外发展中国家养老保障体系往往更趋于单一化，而且不太健全，普遍趋势是优先发展政府主导型的非缴费养老金制度（刘甜甜，2011），总的来看，其养老金计划的覆盖率普遍偏低（李时华、龚志民，2009）。上述的国外各国养老保障的实践对我国发展和完善适合国情的农村养老保障制度具有一定的启发意义，它促使我们思考，在农村养老保障推进的过程中，个人、国家和社会各自应扮演什么样的角色。

由于地域、文化、政治、经济等差异，国内外家庭养老的现状存在很大的不同。中国及东亚地区受儒家文化影响深远，但随着社会经济的发展以及西方文化的入侵，传统儒家文化日渐衰弱，国内外学者的研究结论亦证实了这一点。个体平等意识或男女平等意识的推广，妇女作为照料家庭的主要人员，其社会经济地位不断提升，面临着工作与家庭的双重压力。特别是中国开始实施计划生育政策之后，传统的由儿子承担养老责任的观念，逐渐转变为由双系承担养老责任并继承财产的观念。IK KI KIM、CHEONG - SEOK KIM（2003），Martin Piotrowski（2007）对亚洲地区的代际交换支持模式与老年人生活满意度关系的分析指出，随着代际关系主体地位逐渐平等化，代际之间的互动、互惠与交换关系，能进一步提升老年人对生活的满意度。国内学者亦认同更多的代际互动能加强亲子之间的情感基础，为赡养老年亲代提供了情感支持条件，比如成年子女外出时，亲代替子女照料孩子的代际支持行为增加了外出子女对父母的经济支持（王跃生，2010；陈彩霞，2000）。

总的来说，无论是东亚地区还是欧洲国家，对家庭养老的研究都关注于人口结构、家庭结构变化和照护体系的可获得性。国内学者对中国家庭养老有一些基本的共识：代际重心下移、孝文化没落、家庭养老存在地区差异以及制度变迁、社会结构、家庭类型变动确实对家庭养老产生了影响。国外学者认同大部分亚洲地区和第三世界国家存在孝文化没落，传统孝道不再是家庭养老的唯一动力，但仍表示东亚地区在未来很长一段时间内都将维持家庭养老的主导地位。此外，西方发达国家在面临人口老龄化和养老金空缺的矛盾时，开始思考是否是福利制度对家庭养老造成了排挤。基于西方国家家庭在照护方面的参与率依然很高的现状，Chiara Saraceno 从家庭团结出发的政策支持的思考，为以家庭养老为主、社会养老为辅的养老方式提供了一个新的考虑视角。

第三章

家庭养老的内涵与基础

第一节　家庭养老的内涵

一　家庭养老的概念

家庭养老是指由家庭成员来承担养老责任的一种文化模式和运作方式的总称。在实际中它不仅表现为成年子女对老年父母的赡养，还表现为家庭资源由子女向老年父母的转移，其最终目的是要满足老年父母日常生活所需。换句话说，养老关系实际上是家庭代际关系的一个方面，与此同时，代际关系也形塑了养老行动的结构性条件。

此外，我们还可以对家庭养老的内涵进行以下概括：第一，家庭养老存在着不同层次的内涵，对家庭养老认识上的差异实际上正是这种情况的具体反映。在谁养的问题上，表现为对家庭成员的不同理解，有的观点认为承担养老责任的主体是家庭中的血亲与姻亲成员，有的观点则将其扩大为有赡养义务的人；在养什么的问题上，有的观点将家庭养老的内容具体化为经济支持、生活照料、精神慰藉，有的观点仅将其概括为养老责任；在家庭养老的基础问题上，有的观点强调血缘亲情，有的观点则认为是家庭中的权利与义务关系；在对家庭养老的理解上，有的观点认为家庭样养老是行为方式或运作形式，有的观点认为家庭养老已经超出了具体的方式。第二，家庭养老拥有自己的基本特征。无论如何界定家庭养老，都不可能脱离开这些基本特征，也不可能改变这些特征，比如，血缘亲情、家庭成员、养老责任，等等。①

家庭养老的这些基本特征和多层次内涵，实际上并不是什么新的东西，而具有深远的历史渊源。早在春秋战国时代，孔夫子就在《论语》中进行过阐述，“事父母，能竭其力”、“父母在，不远遊，遊必有方”、“父母之年，不可不知也”等都在强调养老中的亲情成分。“今之孝者，是谓能养。至于犬马，皆能有养；不敬，何以别乎”则揭示了养老的不同内涵。

众多家庭养老概念和历史上对家庭养老的描述实际上都说明了一个问题，无论是在理论分析上海市在实践认同上，对家庭养老的理解角度都可以是不同的，有大概念和小概念、虚概念和实概念、文化学概念和社会学概念的区别。因此，当我们界定家庭养老的概念时，不应该拘泥于一个角度，而应该分层次去界定。

二 家庭养老概念的进一步界定

在第一章绪论中，笔者已经指出，家庭养老是指以血缘为纽带，由家庭或家族成员对老人提供衣、食、住、行及送终等一系列生活安排的养老方式。接下来，我们要探讨的问题是：家庭养老的主体是谁，家庭养老只是一个微观家庭成员之间、代与代之间的问题吗？家庭在养老方面发挥的作用是什么？即养什么？仅仅是经济方面的支持和生活上的照料吗？家庭养老要得以持续，需要满足哪些基本条件？

（一）养老主体是谁

养老主体是养老责任的承担者，是养老资源的供给者，既承担着对老年人生活上的照顾，也提供着对老年人情感上的支持。由于中国特殊的历史和文化传统，子女在家庭养老中扮演着重要角色，是重要的家庭养老资源提供者，因而在中国提及家庭养老，大多将其定义为子女在养老中发挥的作用。家庭养老，顾名思义即家庭成员的养老，子女是重要的家庭成员之一，子女在家庭养老中发挥巨大的作用，但子女并非唯一的家庭成员。这就涉及家庭的定义——家庭的边界在哪里？哪些是家庭

① 姚远：《对家庭养老概念的再认识》，《人口研究》2000 年第 9 期。

的成员？但家庭是一个受文化和时空影响的概念，至今仍未形成完全统一的定义。正如古德所说，要给家庭下定义，比做研究本身困难得多。“家庭不是单一的概念，很难用简洁的语言概括”[①]。西方社会学家将父母与成年子女的关系包含在亲属关系中。在西方，问及家庭成员的时候，大家更多提及的是核心家庭的成员即配偶和未成年子女，成年尤其是已成家的子女是家庭之外的成员，算是亲属。而在东方，尤其是在中国，家庭成员的范围远比西方广泛得多，这也是常说的西方“主观家庭”与东方“主观家庭”的区别。家庭养老是根据养老资源的提供主体所划分的一种与机构养老、社会养老相并行的养老类型。这种养老资源将配偶、子女和其他亲属都包含在内，其他的家庭成员如孙子女和其他亲属在家庭养老中也发挥着一定的作用。比如，配偶一直是西方家庭养老资源最主要的提供者。随着社会和家庭结构的变迁，配偶的这种作用在中国也日益凸显。[②] 亲属也是如此，工业化社会中的家庭并不完全像帕森斯、古德等社会学家们所说的那样，是孤立的，削弱了与亲属群体的联系，一些研究发现，工业社会的地理距离并没有破坏家庭纽带，这种纽带和亲属间相互援助的模式和情感上的支持依然存在。[③]

（二）养什么

家庭作为养老资源的提供者之一，它究竟能够或应该给老人提供什么样的养老资源？西方研究老年人的学者将老年人的基本需求概括为三个“M”，即 Money、Medicare、Mental，也就是经济需要、医疗需要和精神需要。[④] 研究人的基本需要的心理学家马斯洛将人的基本需要分为五个层次：生理需要、安全需要、情感需要、尊重需要和自我实现需要。[⑤] 我国历史上也提出了“五个老有”，即“老有所养、老有所医、老有所为、

---

① ［美］W. 古德：《家庭》，魏章玲译，社会科学文献出版社 1986 年版，第 91 页。

② 石金群：《中国当前家庭养老的困境与出路》，《中央民族大学学报》（哲学社会科学版）2013 年第 4 期。

③ Marvin Sussman，“The Isolated Nuclera Family：Fact or Fiction”，*Social Problems*，Vol. 18，No. 6，June 1959.

④ 邬沧萍：《社会老年学》，中国人民大学出版社 1999 年版，第 13 页。

⑤ ［美］亚伯拉罕·马斯洛：《动机与人格》，许金生译，中国人民大学出版社 1987 年版，第 63 页。

老有所学、老有所乐”。这些说法不尽相同，但内容却是相通的。由此可见，虽然学者们采用不同的标准和变量来说明家庭养老的内容，对家庭养老内容的表述也存在诸多的不同，但大部分学者还是认同家庭养老应主要包括经济供养、生活照料和精神慰藉三个方面的。

在养老内容上，经济支持、生活照料、精神慰藉三者之间需要相互补充、相辅相成。根据老年人的身体状况和健康程度，儿子和其配偶按需提供不同程度的养老内容。从目前农村的现实情况来看，养老时间实际上被不断地推迟和压缩，直至老年人丧失劳动能力才真正体现出来。① 只要父母具备养老能力，有满足其生活需要的土地、收入来源以及生活自理能力，子代为老年人提供的经济支持和生活照料就很少，大多是通过偶尔探望老年人，增进代际交流。随着老年人的寿命不断延长，子代开始赡养的时间其实在不同程度地被推迟，直到老年人患有重大疾病或者生活不能自理，子女们才会对老年人的生活照料和经济支持进行集中协商和分配。

在居住方式上，目前农村大多数老年人与儿子分开居住。一方面是子代不愿意与老年人同住，另一方面有自理能力的老年人也愿意单过，以避免因生活习惯不同而产生家庭纠纷。

三　家庭养老模式和家庭养老方式的关系

家庭养老是指由家庭承担养老责任的文化模式和运行方式的总称。其思想基础是崇尚“孝道”的传统民俗文化，体现了一种社会行为方式和社会文化模式。它包括两个层次，即家庭养老模式和家庭养老方式。②

（一）家庭养老模式

家庭养老模式是以血缘关系为基础由家庭成员承担责任的一种养老模式。家庭养老模式具有以下特点：

1. 家庭养老模式体现了一种文化模式

学者们将家庭养老认定为一种文化模式，首先，在概念上，“特殊的

---

① 何兰萍：《生命周围视角下的农村家庭养老》，《理论与现代化》2011 年第 5 期。

② 姚远：《对家庭养老概念的再认识》，《人口研究》2000 年第 9 期。

文化模式是指各民族或国家具有的独特的文化体系，它是由各种文化特质、文化集合有机结合而构成的一个有特色的文化体系”。家庭养老就是这样一种文化体系，围绕着养老这个文化特质，构成了养老的饮食文化、居住文化、护理文化、制度文化、孝文化、祭祀文化等文化丛。这些文化丛的有机结合一方面保证了老年人的晚年生活，一方面构建了中国独特的养老文化体系。其次，在实践上，家庭养老模式是相对于社会养老模式而言的。按照现在的理解，家庭养老就是家庭赡养老人，社会养老则是由社会赡养老人。这代表了两种完全不同的养老思想、养老价值观、养老行为方式和履行养老职责的养老群体。在文化社会学中，不同养老文化的构成方式及其特征，就称之为养老文化模式。① 有了社会养老模式，就必然会有不同于社会养老模式的其他模式。所以，家庭养老模式是在与社会养老模式比较的过程中而存在和确立的。最后，在本质上，家庭养老反映了家庭内代际之间的互动，更反映了价值观和情感模式的继承。亚洲很多国家推崇家庭利益，反映在养老问题上，就表现出家庭对赡养老人强烈的责任认同。“父母在，不远游”非常典型地刻画了养老责任高于个人发展的情况。在崇尚个人利益的西方社会，是不会出现这种情况的。所以，家庭养老的过程，不是一个简单地维系老年人生存的过程，而是强化和实践东方价值观的过程。

2. 家庭养老模式具有长时段的稳定性

文化社会学家司马云杰认为，稳定是文化模式的特征之一。家庭养老模式作为一种文化体系，在我国经历了漫长的过程。从农业经济开始至今，大约有三四千年之久。人口老龄化之后，尽管各界人士开始推进社会养老方式，但也不得不承认家庭养老模式还要继续存在下去。家庭养老模式的稳定性，实际上是与它作为文化体系分不开的。美国学者拉·比尔斯认为，文化体系是由群体、环境、物质文化、文化传统和人的行为构成的。② 我国学者则认为，养老体系是其内外体系整合的结果，

---

① 司马云杰:《文化社会学》，山东人民出版社 1990 年版，第 241 页。

② ［美］卡罗尔·恩贝尔、梅尔文·恩贝尔:《文化人类学》，周云水等译，电子工业出版社 2016 年版，第 351 页。

也就是说，家庭养老模式不是一种孤立的社会现象，而是政治制度、经济形态、思想文化、代际关系等诸多因素合力的结果。

3. 家庭养老模式的核心是血缘道义

文化模式是社会现象，文化模式的差异很难从生物学角度加以阐释。但这并不等于说，所有的文化模式就都与生物学因素毫无关系。家庭是一个血缘团体，养老是家庭的基本功能之一，所以家庭养老模式本身也就贯穿了血缘联系。父母养育子女，子女赡养父母，完全建立在家庭血缘关系的基础之上。当社会中的绝大多数人都接受了这个认识并用其规范自己的行为时，家庭养老文化就产生了，并形成了一种特定的概念——孝，于是血缘联系变成了血缘道义。在血缘道义面前，赡养老人是子女的责任，不应有任何功利色彩。近些年来，一些学者用经济交换理论、社会交换理论、互惠理论等阐释家庭养老模式，但在中国，父母与子女的关系，并不都是经济关系或“养儿防老”的关系，而是一种血缘文化的关系。所以说，血缘道义构成了家庭养老模式的内在特征。

（二）家庭养老方式

家庭养老方式是指家庭成员履行养老责任时的运作形式。

1. 家庭养老是一种行为方式

运作形式就是指操作形式或实施形式。从社会学的角度来说，也就是行为方式或生活方式。虽然行为方式或生活方式也属于文化范畴，但它与文化模式又有区别。生活方式是不同的个人、群体或全体社会成员在一定的社会条件制约和价值观念指导下所形成的满足自身生活需要的全部活动形式与行为特征的体系，家庭养老方式具有明显的直观性和非规范性。

2. 家庭养老方式具有不稳定性

作为一种行为方式或生活方式，家庭养老的运作形式要受到当时社会经济发展水平的制约，因而在整体上是不稳定的。在家庭养老方式存续的几千年中，从社会角度来看，家庭养老从共居养老向分居养老变化，从居家养老向机构养老变化，从子女支持到社区支持变化。除了社会经济状况之外，养老双方的经济状况、住房状况、健康状况、生活习惯和邻里关系等都可以成为推动家庭养老方式变化的因素。从个人的角度来看，老年人健康时，可能分居养老；老年人高龄之后，就可能共居养老。所以，家庭养老方式始终处于变动和不稳定的状态中。

（三）家庭养老模式与家庭养老方式的关系

1. 家庭养老模式与家庭养老方式是一个问题的两个方面

对家庭养老概念的界定，可以有多种维度。家庭养老模式与家庭养老方式就代表了家庭养老的两个最主要的维度，即文化维度和行为维度。在世界范围内，文化、价值观不同，养老模式也不相同。其中差别最大的养老模式是家庭养老模式和社会养老模式。模式体现了对养老问题的基本认识、基本原则和基本的价值观。认识并解决养老问题，首先需要了解养老模式问题。行为方式是解决养老问题的具体运作形式。它们代表了认识和解决养老问题的不同方面，但要说明的对象是共同的。

2. 家庭养老模式与家庭养老方式是整体与局部的关系

家庭养老模式是经济、社会、思想、环境、群体、民族、文化等诸多因素历经千年整合的产物，代表了对养老问题的整体思维。这个整体思维表现为两个方面：一是反映了社会阶层对老年人的态度，国家重视老人，社会尊敬老人，家庭养护老人，个人认同老人。二是反映了对老年人双重性的认定，老年人对社会有用但也需要社会的照料等。家庭养老方式偏重于养老的行为方面。家庭养老模式是整体，家庭养老方式是局部，家庭养老模式包括了家庭养老方式。

3. 家庭养老模式与家庭养老方式是内在规定与外在形式的关系

美国人类学家拉尔斐·比尔斯认为，“文化的规则规定什么是适当的行为，但允许每个人以各自的方式来表现它们”。他又指出，模式是指“被社会所承认的、同时允许存在个人差异的诸限界”①。这就很清楚地说明了，家庭养老模式规定了养老的原则和范围，家庭养老方式则是这些原则生动的外在表现。家庭养老模式制约着家庭养老方式，家庭养老方式只能在家庭养老模式规定的范围内变化。家庭养老的内在规定性是稳定的，即血缘道义；家庭养老的外在形式是可变的，可以是子女支持、

① ［美］卡罗尔·恩贝尔、梅尔文·恩贝尔：《文化人类学》，周云水等译，电子工业出版社 2016 年版，第 38—39 页。

养老金支持、自我储蓄支持，可以是共居、轮居、分居，可以是居家、居公寓、居养老院，可以是子女照料、配偶照料、雇人照料，可以是探望慰藉、电话慰藉，随着自媒体形式的多样化，子女也可以通过微信、QQ 等方式与父母沟通交流。总之，只要是家庭成员对老年人负有事实上的责任，只要老年人依然将最重要的支持放在家庭成员身上，这就是家庭养老，或者说就是家庭养老模式。从这个认识出发，我国现行的很多养老方式都在家庭养老模式的范围之内。西方国家的社会养老，关键之点并不在于老年人是否与子女有联系，而在于子女负不负有养老责任。子女可以经常看望年老的父母，或者出于亲情交流的需要，或者出于人道主义精神，或者出于宗教上的爱心，或者出于利益方面的考虑，等等。我国的家庭养老，关键之处并不在于经济来源、居住方式、来往频率，而在于代际之间的责任认同。这也正如费孝通先生所说过的："中西文化在亲子关系上的差别何在？父母对子女有抚育的义务，这是双方相同的。所不同的就在于子女对父母有没有赡养的义务。"赡养老人在西方并不是子女必须负担的义务，而在中国却是子女义不容辞的责任。

将家庭养老概念具体区分为养老模式与养老方式两个层次，就可以将家庭养老模式存在的长期性和家庭养老方式的可变性有机地统一起来，较好地解决了家庭养老概念的模糊问题，有益于中国家庭养老问题的研究。

第二节 家庭养老存在的基础

一个国家的养老模式，归根结底是由社会生产力水平所决定的，与社会生产力水平相适应。中国历经几千年自给自足的自然经济状态下的封建社会，养老问题都是在家庭范围内解决的，中国的家庭养老有着悠久的历史渊源。

一 自然经济是家庭养老的经济基础

从父系氏族社会产生起直到封建社会的结束，在这一漫长的历史发展阶段，社会生产方式一直处在以手工生产为主要方式的自给自足的自然经济状态，家庭自然就是人们生产和生活的基本单位。家庭不仅承担着劳动力的再生产，生产技艺的教化和传承，还包括成员的生、老、病、死、伤、残等费用。除了那些特别困难的家庭或许能从社会中获得部分人道主义的慈善性救济外，几乎再无其他任何社会保障。因此，在自给自足的经济状态下，家庭间的血缘关系保障成了最主要的方式。

中国是一个拥有几千年历史的传统农业社会国家，农业生产占据主导地位，农业生产在家庭中进行，家庭是组织生产、拥有生产资料的基本单位。家庭成员共同参与生产，共同分享经济成果。每一个家庭成员的生老病死都由整个家庭的共同财产予以支付和分配。在这样的生产生活方式中，一个人一生的劳动成果几乎全部集中在家庭里，无法脱离家庭而生存，到了晚年之后，他们自然也就只能依靠家庭来保障自己的生活。因此，米特罗在《欧洲家庭史》中描述道："农民经济是一种无货币经济，以至于只在家庭内赡养老人是可行的，在一定范围之外就不可能，因此这需要进行货币交易，在前工业时代和农业地区，二者都不存在。"小农经济毕竟太脆弱，它要靠天恩赐，靠祖先保佑，靠家长组织，靠老人传授经验，甚至靠官府解决各种生产和生活中出现的纠纷。中国传统家庭养老模式恰恰适应当时的社会生产发展方式，两者能相互融合促进经济社会的不断发展。

二　聚族而居的生活方式是家庭养老的社会基础

中国传统社会普遍聚族而居，同一祖先的后裔虽然分割为不同的个体家庭，但仍世世代代聚居在一个区域内，他们推选出族长来管理和领导家族活动和家族中的公共事务。一个家族的人以血缘关系为纽带，遵从相同的习俗、有着相同的生活习惯，形成一个家族内部的生活模式。在家庭、宗族、宗祠共同组成的社会控制环境中，地区之间的交往、社会流动都很少，一个家族、一定地域在饮食、习俗、礼仪、生产、生活等各方面长期融合在一起，在一定范围内形成了稳定的、统一的价值观念和情感诉求。父辈与儿女之间相互依存，相互给予精神慰藉，家庭养老体现为一种和谐的关系。

亲代能为子代提供有利生存的资源是养老合约发生的基础。在"逐水草迁徙，毋城郭常处耕田之业”的游牧社会里，老人不能更多提供生存的资源，因此养老不易发生。那么在“土地平旷，屋舍俨然，有良田美池桑竹之属。阡陌交通，鸡犬相闻”的农耕社会里，为什么会出现“黄发垂髫，并怡然自乐”的普遍化的养老现象呢？

从合约的互惠性质看，在农耕文明下，对老人的长期照护可以获得更好的生存环境，赡养老人能够获得老人积累的社会关系的支持、生产经验的传授以及抚育孙辈的便利。在宗族村落，社会关系与社会资源狭窄、稳定，不孝行为的代价巨大，因为“不孝子”很难从村落、宗族获得社会支持。另一方面，养老成本相对不高，在有多个子孙存在的条件下，养老成本被分摊，单个子代负担不大，并且老人余命不长，总体照护成本较低。“五亩之宅，树墙下以桑，匹妇蚕之，则老者足以衣帛矣。”

三 孝文化是家庭养老的文化基础

中国传统养老文化是在长期的社会发展中孕育、诞生和固化形成的。中国历史上的养老方式就是中国传统养老文化的体现，而家庭养老则是中国传统养老文化的具象。中国传统的养老文化源于儒家文化，而儒家文化的核心——“孝”则是传统养老文化的思想来源。孝观念的形成基于两个条件：一是基于血缘关系而产生的亲情，反映代际关系；二是个体婚制的建立。“人知其亲，报答生养之恩，孝意识便缘此产生出来。”①

中国传统社会是儒家孝文化大行其道的社会，在家长制的配合下，受家庭伦理观念的影响，赡养老人是为人子女责无旁贷的义务。古有“父母在，不远游”，“养儿防老”的思想，不赡养老人将受到道德的谴责和法律的制裁。养老是孝敬父母的直接体现，深受这种文化的影响，父母将生养子女作为自己唯一的养老保障，父辈在子女幼年时期给予照顾和抚养，便是一种养老储蓄，等到父母丧失劳动能力时，原先储蓄的养老金就可以支付了。具体到个体家庭，子代养老的成本与收益差异巨大，有些子代不一定能够获利，并且个体有可能违背代际之间的“抚养—赡养”合约，在老人无力提供子代认为足够的资源时放弃养老。这样就需

① 康学伟：《论孝观念形成于父系氏族公社时代》，《松辽学刊》1992年第7期。

要制度安排子代执行合约，孝作为道德的强制开始督促子代履行养老责任。不同朝代，孝被赋予强制执行的力度不同，总体趋势是孝从道德强制被提高到法律强制。总的来说，“孝”为家庭养老提供了道德氛围，保证了中国传统文化的传承；孝文化较好地解决了家庭代际关系，也是老年人精神上终极价值实现的保障。

中国传统文化的价值取向对老年人是非常有利的。老年人可以利用这些文化价值观形成自己在家庭乃至整个社会中的重要地位。就连国家的最高统治者，每当寻猎、视察、御驾出游时，除了接见当地官吏了解和考察官吏治理绩效外，常常都要会见那个地方的年长者，询问他们的饮食起居。《礼记》卷48记载：“天子巡守，诸侯待于境，天子先见年百者。八九十者东行，西行者弗敢过；西行，东行者弗敢过。欲言政者君就之可也。”对于封建统治者来说，如果一个人能够孝敬父母，兄友弟恭，那么这样的人也能较好地处理好社会中的人际关系，自然也容易成为效忠国家、忠于君王的人。

中国传统社会尊老敬老的文化传统，究其原因，除了统治阶级的倡导、儒家传统思想中尊卑长幼观念的影响之外，还有一个重要原因是其与中国传统社会的生产方式、经济结构密切相关。中国传统社会最主要的经济形态是农业生产，而农业生产的工具较为简单，耕作方式也具有很大的稳定性，主要是体力劳动并辅之以畜力。这种生产节奏缓慢而稳定，技术要求不太复杂，处理生产中遇到的问题主要靠经验积累和生活常识，比如天象观测就要靠经验判断。因此，老年人的生活常识、生产经验和生产技能对于晚辈来说都是宝贵的财富。

四　统治阶级的大力倡导是家庭养老的政治保障

家庭养老在整个历史长河中能够持久推行离不开统治阶级的大力倡导。封建统治阶级所推崇的“三纲五常”是封建家长制维系的重要保障，封建社会中君臣之间、父子之间、夫妻之间的关系要以“三纲五常”为指导，“君为臣纲、父为子纲、夫为妻纲”强调了君臣、父子与夫妻之间的所属关系与反馈关系，父养育了子，子要报答父；君提拔了臣，臣要忠于君。由此形成了“孝子出忠臣”的观点：“其为人也孝悌，而好犯上者，鲜矣；不好犯上，而好作乱者，未之有也。”可见，宣扬孝道、倡导家庭养老成为统治阶级维持社会稳定、巩固阶级统治的重要手段。《礼记》中记载：“民知尊长养老，而后乃能入孝弟。民入孝弟，出尊长养老，而后成教。成教而后国科安也。”统治阶级对孝道观念的推崇为家庭养老的维系提供了良好的社会基础和道德规范。

在中国传统社会中，家庭养老是与当时的国家政治体制紧密相关的。封建君主为了维系其政治权力，首先要建立严格的等级关系，而尊老则是最基本的关系，这是家庭养老存在的思想保障；其次，国家实行以土地为最主要的财产保留形式，这为家庭养老提供了物质保障；最后，在法律上对赡养老人者给予减免赋役、就近任职等法律支持。我国家庭养老之所以能够在2000多年中一直保持着鲜活的生命力离不开统治阶级在政策上的大力支持。

总之，家庭养老由来已久，并伴随着政治、经济、社会等农业文明的发展而不断发展，其滋生于错综复杂的社会系统之中，传统的家庭养老具有深厚的经济、社会和文化基础。

第三节 历史上对家庭养老功能的维护

一 保障高龄老人身边有近亲赡养照料

相对于现代社会，近代之前老年人对家庭养老的依赖性更强，根本没有或很少有社会性替代手段。可以说，老人所获得的养老支持主要来自家庭。有高龄老人的家庭，子女等亲属要承担更多照料义务。

（一）免除高龄者家庭成员赋役制度

免除有高龄老人家庭部分或全部应服役劳动年龄成员的徭役，使其有时间尽赡养、照料之责。近代以前，政府或民间对高龄老人的认定标准不统一，多数以80岁为标准，也有的以70岁为标准。前一标准与现代社会比较一致。高龄老人及其家庭所享受的制度优待，主要是以免除家庭主要劳动力的徭役负担为主，使其以便有时间履行赡养义务。

《管子》一书中提到优待老人的制度，其着眼点是政府应免除高龄者一个、二个儿子或全家的徭役，保证身边有人承担赡养和照料的责任，从而维护老年人基本的生活条件："所谓老老者，凡国都皆有掌老，年七十已上，一子无征，三月有馈肉；八十已上，二子无征，月有馈肉；九十已上，尽家无征，日有酒肉。死，上共棺椁。劝子弟精膳食，问所欲，求所嗜。此之谓老老"。在这一尊老制度下，国家设有专管老年事务的官职和机构，70岁以上老年人享受一子不应征役和三个月由官方派送一次肉食的待遇；80岁以上者，两个儿子不服役，每月获得一次馈赠之肉；90岁以上者，全家免役，每日获得政府供给的酒肉。这些老人去世后，由国家提供棺椁。负责老年事务的官员还要劝勉老人子弟，为其提供精细饭食，关注其所思所好。可见，这项制度具有政府提供物质条件与家庭负责照料相结合的特点。客观上讲，70岁、80岁和90岁以上三个年龄段的老年人对家庭成员的养老依赖性逐渐增大，家庭为供养其生活付出的人力和物力也逐渐增加。因而，政府采取了免除一子、二子和全家徭役的三种方式。政府通过赋役调整手段协助家庭养老，是一项可行的做法。至于向70、80岁以上老年人馈赠肉食，具有礼仪意义，对老年人的实际生活帮助有限。而90岁以上老人每日可获得肉食馈赠，则直接减轻了家庭赡养压力，对老人的帮助较大。不过，当时一国之内能够活至90岁以上者十分有限，政府负担其赡养的财力应该是没有问题的。此外，成书于战国时期的《礼记·内则》有"八十者一子不从政，九十者其家不从政"之说。这里的"政"泛指王事，对普通老百姓来说主要是徭役活动。[①] 先秦时期的这些制度对后世的影响比较大。

汉朝政府规定：诸当行粟，独与若父母居老如皖老，若其父母罢（癃）者，皆勿行。不仅年老父母之子可以免除徭役，而且残疾父母之子也可以免除徭役。西汉文、景之时，"礼高年，九十者一子不事，八十者二算不事"（《汉书》卷51，贾山传），"不事"为蠲免赋役；"二算不事"为免二口算赋。武帝建元元年四月下诏：今天下孝子顺孙愿自竭尽以承其亲，外迫公事，内乏资财，是以孝心阙焉，朕甚怜之。民年九十以上，已有受粥法（师古曰：给米粟以为糜粥），为复子若孙，令得身帅

① 王跃生：《中国人口的盛衰与对策——中国封建社会人口政策研究》，社会科学文献出版社1995年版，第181页。

妻妾遂其供养之事。(《三国志》卷1,《魏书·武帝纪》)。这较文、景之时扩大了免役范围，由一子扩大至全家，使其全家能尽力赡养老人之职，这是对“九十者其家不从政”理念和期望的具体落实。

三国时魏武帝下令：老耄须侍养者，年九十以上，复不事家一人。(《三国志》卷1,《魏书·武帝纪》)当时活到九十岁以上的老年人在总人口中的比例是很低的。即使在现代社会，一个数百户的村庄活至九十岁及以上的老年人也屈指可数。不过，三国之前政府并没有一以贯之地实行“其家不从政”的政策，而是在“一子不事”还是“其家不从政”之间伸缩变异，这表明当时政府对高龄老年人家庭成员徭役减免力度有限。

北魏时比较普遍的政策是80岁以上可享受一子不服役的照顾：民年八十以上，听一子不役(《魏书》卷110，食货志)。北魏太和元年文帝下诏，扩大照顾范围：七十以上一子不从役(《北史》卷3，魏本纪)。两者的差异在于，后者为特殊性规定，前者为经常性做法。北周规定：其人年八十者，一子不从役；百年者，一家不从役(《隋书》卷24，食货志)。“一家不从役”的年龄标准由九十岁提高至百岁。

后魏和平二年三月，文成帝巡幸中山，“所过皆亲封高年，问民疾苦。民年八十以上一子不从役”(《魏书》卷5，高宗纪)。这就属于特行制度，并非惯常之举。

按照北周之制，司役掌力役方面的政令：有年八十者，一子不从役；百年者，家不从役；废疾非人不养者，一人不从役(《文献通考》卷10，户口考1)。这应该是北周时期所实行的制度。

唐朝初年尚未形成规范性制度，仅有偶然性措施。贞观十一年“给民百岁以上侍五人”(《新唐书》卷2，太宗纪)。开元二十五年《户令》则将优待老人纳入法规之中：诸年八十及笃疾给侍一人，九十二人，百岁三人(《文献通考》卷10，户口考1)。这里的“给”并非官府提供，而是免除相应数量家庭和近亲成员的徭役，以便其承担侍奉老年人之责。并且这些被免役的“侍丁”并不限于本家之内，其原则是：“皆先尽子孙，次取近亲，次取轻色丁”(《大唐会典》卷3，户部)。唐朝开元时将受照顾的高年年龄降低：男子七十五以上，妇人七十以上，中男(18—

22 岁）为侍，八十以上令以例程从事（《新唐书》卷 51，食货）。天宝五年年龄放宽：男子七十五以上、妇人七十以上，中男一人为侍；八十以上以令式从事（《新唐书》卷 51，食货）。天宝八年六月因大赦而下诏：男子七十、妇人七十五以上，皆给一丁侍（《新唐书》卷 5，玄宗纪）。此外，开元二十三年还对征防兵实施特别政策：征防兵父母年七十者遣还（《新唐书》卷 5，玄宗纪）。从制度上看，由于年龄降低，唐代享受侍丁待遇者的范围扩大。

五代时政权频繁更迭，免除高龄者家人徭役政策也为各代政府所关注。后唐庄宗同光元年四月即位时下令：应诸道管内有高年逾百岁者，便与给优，永俾除名。自八十至九十者与免一子免役，州县不得差徭。十月再令，有年过八十者免一子从征。明宗天成二年十月下诏：养亲之道为子居先，应有年八十以上及家长有废疾者，宜免一丁差役，俾遂奉养。晋高祖天福二年四月制令云：天下百姓有年八十以上者，与免一丁差徭，仍令逐处简署上佐官（《册府元龟》卷 55，帝王部・养老）。可见，这些属于当时的特殊性政策。元代大德九年二月规定：老者年八十以上许存侍丁一名，九十以上存两名，并免本身杂役（《通制条格》卷 3，户令，年老侍丁）。

明代洪武元年下诏：民年七十之上者许一丁侍养，免杂泛差役。但洪武二年又调整了政策：凡民年八十之上、止有一子，若系有田产应当差役者，许令雇人代替出官。无田产者，许存侍丁，与免杂役（《大明会典》卷 20，户口）。可见，80 岁以上老人的独子并非无条件免役，可出钱雇人代役。言外之意，不愿出钱雇人代役者，则仍应服役。

清代的政策是：军、民年七十以上者，许一丁侍养，免其杂泛差役（《大清律例》卷 6，户律）。清康熙二十七年特降恩诏：居民年七十以上许一丁侍养。康熙六十一年十一月，雍正即位不久，又重申这一规定。乾隆元年上谕指出：上年恩诏，凡民人年七十以上者许一人侍奉；八十以上者始与八品顶带，以荣其身。乾隆皇帝觉得，生监中有年登耄耋者，却未能享受到这项待遇，“于引年尚齿之典尚未为备，故令通行内外直省，凡属生监年七十以上者，优免一丁，年八十以上者给予八品顶带”（《乾隆朝上谕档》，第一册）。清代还规定：老人九十以上者，地方官不时存问，其或孤寡及子孙贫不能养赡者，州县查明赈恤，详报督抚奏闻，动用钱粮，务令得沾实惠（《大清律例》卷 8，户律）。

以上表明，多数王朝对高龄老年人之子免差役限定在其父母 80 岁及以上；少数时期则降低为 70 岁以上。近代之前，中国老年人的赡养、照料几乎全由家庭成员承担。而有老年人的家庭，主要成员若被征派徭役，则难以履行养亲之责。这一政策对家庭照料资源的培植是有作用的。而且，它也有助于在整个社会增强人们对老年人的敬重意识。元代人王结在《善俗要义》中指出：九十、八十之老，朝廷颁赐绢帛，仍许一子免役，顾吾何人，而敢不敬耶（《善俗要义》第 22 条，敬耆艾）？帝王采取优待高龄老人的措施有助于倡导民间的尊老风尚。但在传统时期，能活至 80 岁以上的老年人，特别是男性的比例不大，可见这一规定的受益范围是很有限的。相对来说，若将 70 岁作为照顾标准，受益家庭则可能增多。当然，在一些朝代，赋役繁重，扩大受益面将影响国家公共活动对徭役人丁的征派需求。秦汉至隋以前徭役为国家政事和军事活动所必须，政府在高年者家庭成员免役问题上比较谨慎，它在很大程度上只是一种象征性做法。

（二）官员终养高龄尊亲制度

为官之人若是家有高龄父母或祖父母，且父母或祖父母身边无亲属照料的，政府允许或要求其请辞官职，回家尽赡养之责。父母或祖父母多大年龄时可以请求归养在各个朝代规定不一。

西晋规定：其父母八十，可听终养，则孝莫大于事亲矣（《晋书》卷 50，庾峻传）。可见，当时尚未形成硬性约束制度。

按照唐朝法律，祖父母、父母老疾无侍，委亲之官，将受处罚。其时父母老疾的标准如“疏议”所作解释：老谓八十以上，疾谓笃疾，并依令合侍。若不侍，委亲之官者。其有才业灼然，要藉驱使者，令带官侍，不拘此律。另一种情形为，委亲之官，依法有罪。既将之仕，理异委亲；及先已任官，亲后老疾，不请解侍：并科“违令”之罪（《唐律疏议》卷 3，名例）。

宋代实行官员就近任职制度：州县官父母年七十以上无兼侍者，权注近官（《续资治通鉴长编》卷 100）。真宗咸平四年规定：京朝官父母年七十以上，合入远官，无亲的兄弟者，并与近地；如有亲的兄弟年二十以上者，不在此限（《宋会要辑稿·职官一一》之一）。仁宗天圣九年规定：选人父母年八十以上，听权注近官（《续资治通鉴长编》卷110）。甚至对军士也有类似照顾。熙宁八年三月，神宗下诏：军士祖父母、父母老疾，无男子兼侍而在他处应募者，听移就父母所在一等军分（《续资治通鉴长编》卷261）。这正是履行公职与尽赡养义务的一种结合和兼顾。

明代天顺二年正月英宗下诏：内外官父母年老在家愿分俸禄助养者，准令分俸于原籍关支。官吏监生有亲老愿侍奉者，准令回家侍养，亲终赴部听用（《皇明诏令》卷13）。分俸是允许官员将自己的一部分收入通过在原籍支取的方式，直接交给其父母支配。至于亲老的年龄标准是什么，未予明确。弘治十八年规定：在外文职官员有亲老告回侍养者，亲终之日，仍许赴部听闻（《皇明诏令》卷18）。

清代亲老可终养的标准为70岁。顺治十三年题准：凡官员祖父母、父母年老，无伯叔、兄弟者，准其终养。康熙三年规定：父母年七十以上，子男俱出仕在外，户内别无次丁者，或有兄弟笃疾，不能侍奉者，或母老虽有兄弟，同父异母者，俱准回籍终养。顺治九年规定：官员对继母亦准终养。乾隆年间将父母的终养年龄作出分别。乾隆五十年奏准：现任及试用人员，凡亲年八十以上，独子之亲年七十以上，通饬自行呈明，听其终养。嘉庆五年规定：汉官父母年届八十以上，而有同胞兄弟在外，其父母业经就养兄弟任所，不必概令诸子弃职终养，有呈请终养者，仍照例准行。官员出继为人后，如所继父母尚在，不准以为本生父母年老呈请终养，若所继父母已故则可，而本生父母年届七十八十以上……准其回籍终养（光绪《大清会典事例》卷140，吏部，终养）。在清代，官员也可将老年父母接至为官之地赡养，称为“迎养”。雍正五年议准：若现任官员，或父母衰病，迎养维艰，详请终养者，该督抚查该员政务并无怠忽，仓库钱粮并无亏空，取结具题，准其回籍终养。乾隆二年规定：官员告请终养，给督抚查明取具印结，一面题咨，一面饬令交代清楚，即给咨回籍，不必守候部复（光绪《大清会典事例》卷140，吏部，终养）。不仅亲年70岁以上，若遇父母生病等情形，也允许回籍侍养。康熙五十八年议准，告假回籍官员，遇亲老笃疾者，地方官出具印结，呈详该抚，保题到日许暂留在籍侍养。俟亲病痊可，给咨赴部。[①]此外，清朝还曾有将亲老官员改补近地的做法，这与宋代的做法相似。但其中有人借机规避边远职位。故乾隆十四年谕令：向例官员以亲老改补近地者，仍令坐补原缺，所以杜规避也。而告请终养之员，未有坐补原缺之例。夫父母年逾耆耋，许令侍养，乃国家锡类之令典，然亲年子所素知，何必俟莅任后，方行告请，安知其非因现缺平常，将来即可铨补他缺，藉以自便其私？是转为巧于规避者开捷径。嗣后官员亲老，与终养之例相符者，于未得缺前，许其呈请，其已经铨选抵任者，将来亦坐补原缺（光绪《大清会典事例》卷 140，吏部，终养）。

以上各朝代制度表明，在家庭养老没有替代选择的传统社会，养老这一责任对儿子来说是刚性的，无论平民还是官员都会面临奉养年老尊亲的问题。不过，对官员来说，这些制度也会使其失去一些升迁机会乃至为官中的利益，因而若无制度性要求，主动提出卸任回家侍奉父母者将很有限。政府实行该政策，既是对家庭养老功能的维护，也有借此让官员以实际行动倡行孝道之意。

二 强化子孙养老义务的履行

在传统社会，家庭养老最基本的要求是子女要在老年人的身边，随时为其提供日常照料等基本需求。因而，限制子女随意离家出外，防止老年人身边无支使之人，是法律和政策的又一项内容。

（一）禁止义子舍弃养父母赡养之责

一些无子者收养义子，以便年老后由其赡养照料。为抑制义子不履行义务的行为，政府立法加以限制。唐代法律为：诸养子，所养父母无子而舍去者，徒二年；若自生子及本生无子，欲还者，听之（《唐律疏议》卷 12，户婚）。宋代与之相同（《宋刑统》卷 12，户婚），后世其他朝代也继承了唐代这一立法精神。

明代规定：若养同宗之人为子，所养父母无子而舍去者，杖一百，

---

① 沈云龙：《近代中国史料丛刊三编第 78 辑》，台北文海出版社 1994 年版，第 1043 页。

发付所养父母收管。若有亲生子及本生父母无子欲还者，听（《大明律》卷4，户律）。清代予以继承。

可见，各朝法律始终贯彻了这一原则：所养父母无子，养子不得舍而不养。只有当养父母生有儿子，亲生父母无子时，才允许归宗。养子要承担无子养父母的赡养责任。

（二）限制子代在父母年老后分家和弃亲不养的行为

从唐代至明清，各朝代都有限制父母、祖父母在世而兄弟分财别居的行为。它虽然没有指明是为父母养老考虑，但该政策的这一指向是明确的。元代政府则专门针对兄弟分家导致父母生存困难作出规定。至元二十一年正月，中书省御史台呈：体知得近年以来汉人官吏士庶与父母异居之后，或自己产业增盛而父母日就窘乏者，子孙视犹他家，不勤奉侍，以为既已分另，不比同居。或有同祖同父叔伯兄弟姊妹子侄等亲，鳏寡孤独老弱残疾不能自存者，亦不收养，以致托身养济院苟度朝夕，有伤风化。今后若有别居异财，丰衣美食，坐忍父母窘乏，不供子职，及同宗有服之亲寄食养济院，不行收养者，许诸人首告，重行断罪。如贫民委无亲族可倚，或亲族亦贫不能给养者，乃许入养济院收录。都省准呈（《通制条格》卷3，户令）。这一规定并不限制尊亲在世时子孙分财别居的行为，但前提是不能因此逃避自己的养老义务，置父母等尊亲于不顾。不仅如此，对旁系亲属中无人赡养鳏寡孤独、老弱残疾者也要予以收养。政府力图让家庭和亲族成员发挥更多的养老作用。

（三）鼓励已分户子孙与老年父祖合户

子代婚后与中年父母分爨或分居生活，父母年老、失去生活自理能力后再与子女合爨生活，这种做法在当代城乡并不少见。传统时代多禁止亲在而分居出去的做法。但汉代有这样一项政策：夫妻皆瘇病及年七十以上，毋异其子。今毋它子，欲令归户入养，许之。[①] 这应该是支持已分开生活的子代通过与老年亲代重新合爨来履行照料责任。这或许是沿袭了汉代初期时的做法，即不禁止、甚至鼓励有多男家庭亲子分居，但当父母年老后鼓励以养老为目的的同居共爨。

---

① 《张家山汉墓竹简·二年律令·户律》，文物出版社2006年版，第55页。

（四）限制独子出赘、出继

独子出赘做上门女婿或出继他人为后，父母身边便无子女赡养、照料，因而为法律和政策所禁止。

元代至元九年规定：民间富实可以娶妻之家，止有一子，不许作赘；若贫穷止有一子，立年限出舍者听（《通制条格》卷4，户令）。其意为，家庭经济条件比较殷实之家，独子不许出赘，只应在家娶妻，赡养父母；若贫穷家独子，只允许其做立有年限的女婿，最终要归家顶门立户。

明代规定：止有一子者，不许出赘（《大明会典》卷20，婚姻）。清律继承明代做法。独子出继他人也为法律不允。直到清末《大清民律草案》仍保持这一限定（第1393条）：独子不得出为嗣子，但兼祧者不在此限。①

（五）限制独子为僧道

为僧道者须离家修行于寺院，不事谋生之业，实际是弃养父母。故独子不得为僧道成为官方设定的一项基本原则。

元代规定：诸愿弃俗出家为僧道，若本户丁多，差役不阙，及有兄弟足以侍养父母者，于本籍有司陈请，保勘申路，给据簪剃，违者断罪归俗（《元史》卷104，刑法志）。

明代成化二十三年还有这样的政策：僧道有父母见存无人侍养者，不问有无度牒，许令还俗养亲（《皇明诏令》卷16）。但这是比较弹性的做法，并非必须还俗。

清代的处罚比较严厉：民间子弟户内不及三丁或在十六以上而出家者，俱枷号一个月，并罪坐所由。僧道官及住持，知而不举者，各罢职还俗（《大清律例》卷10，户律）。

（六）惩罚弃亲之任

这一制度主要针对为官者，或者说它与终养相表里。

明代规定，凡祖父母、父母年八十以上，及笃疾别无以次侍丁而弃亲之任，及妄称祖父母、父母老疾求归入侍者，并杖八十（《大明律》卷12）。这包含两种情况：一是别无次侍丁者隐瞒自己有80岁以上父母或

---

① 《大清民律草案》，吉林人民出版社2002年版，第178页。

者祖父母，不行终养；一是谎称应行终养而离职。清代继承了明代这一政策。

家庭养老义务具体表现为，老年尊亲身边有人提供生活资料和基本照料服务。因而，上述制度意在禁止独子、养子以各种方式离开父母、养父母，放弃自己应履行的义务，或者将尊亲置于无人问津之地。

三　表彰孝子惩戒不孝之行

按照传统儒家伦理，子孙对父祖的孝行有多种表现，而尽心履行养老义务是首要要求。传统社会倡导孝行还与农业社会家庭生存条件或生活资料整体短缺有关，对广大中下层民众更是如此。作为子女，要勤于职事（或农耕，或工商，或仕宦），获得生活资料赡养失去劳动能力的父母，在生活资料不足时以供给父母为先。

孝行是观念认识和行为态度相结合的产物。但并非所有子孙都能以此对待父母，由此政府政策和法律便有弘扬孝行与惩戒不孝的规定。

（一）弘扬孝行

政府弘扬孝行虽有多种用意，但其核心却是为了让子弟对老年长辈履行好赡养义务。正如曾子所言：“孝子之养老也，乐其心不违其志，乐其耳目，安其寝处，以其饮食忠养之。孝子之身终，终身也者，非终父母之身，终其身也。是故父母之所爱亦爱之，父母之所敬亦敬之”（《礼记·内则》）。虽然曾子还讲“孝有三：大孝尊亲，其次弗辱，其下能养（《礼记·祭义》），但对大多数人来说，“养”亲是最为现实之“孝”。近代之前，政府对孝子的表彰和倡导主要表现在以下六个方面。

1. 赐赏爵位

汉代时有赐赏孝子之举，多与诸种赐赏合并进行。东汉明帝永平二年下诏：三老、孝悌、力田人三级（《后汉书》卷2，光武帝纪）。明帝之后颁布多次赐爵之诏。永平三年，赐三老、孝悌、力田人三级（《后汉书》卷2，光武帝纪）。永平十八年，章帝即位，大赦天下，赐民爵，人二级，为父后及孝悌、力田人三级（《后汉书》卷3，章帝纪）。建初四年，赐爵，人二级，三老、孝悌、力田人三级（《后汉书》卷3，章帝纪）。汉成帝建始三年春三月，赦天下徒，赐孝悌、力田爵二级（《汉书》卷10，成帝纪）。当然，这里的孝悌既包括孝顺父母，也有和睦兄弟之行。

南朝宋时，孝子、顺孙、义夫、悌弟，赐爵一级（《宋书》卷6，孝武帝纪）。孝子顺孙，悉皆赐爵（《南史》卷8，元帝纪）。陈天嘉元年，孝悌力田殊行异等，加爵一级（《陈书》卷3，世祖纪）。

隋唐之后，这一制度则较少采用。

2. 赐物

我国传统社会最常见的一个尊老养老措施就是统治者会定期或不定期地赐予老者一定的衣物器具或食物等，以表示关怀和优待。如汉文帝元年三月“诏曰：‘老者非帛不暖，非肉不饱。今岁首，不时使人存问长老，又无布帛酒肉之赐，将何以佐天下子孙孝其亲？今闻吏禀当受鬻者，或以陈粟，岂称养老之意哉！具为令’。有司请命县道，年八十以上赐米人月一石，肉二十斤，酒五斗；其九十已上赐帛二匹，絮三斤，赐物及当禀鬻米者，长吏阅视，丞若尉致。不满九十，啬夫、令史致。二千石遣都吏循行，不称者督之，刑者及有罪耐以上，不用此令。”汉文帝十二年三月下诏指出：孝悌，天下之大顺也。故遣谒者“劳赐三老、孝者帛人五匹，悌者、力田二匹”（《汉书》卷4，文帝纪）。此外，汉章帝章和元年七月诏中有授老年人“九杖”之举。汉安帝元初四年也有授几杖的诏命，这主要是为老年人行动提供必要的方便；但由于是出于皇帝所赐，便具有鼓励臣民孝亲敬老之意了。

南朝齐规定：孝子顺孙义夫节妇粟帛各有差（《南齐书》卷3，武帝纪。

唐太宗贞观三年四月诏：高年八十以上粟二石、九十以上三石、百岁加绢二匹。（《新唐书》卷2，太宗纪）。

宋代神宗时，诏赐资州孝子支渐粟帛（《宋史》卷16，神宗纪）。

金代章宗对孝子的赐赏力度颇大，如赐云内孝子孟兴绢十匹、粟二十石（《金史》卷9，章宗璟纪）；贵德州孝子翟巽、遂州节妇张氏各绢十匹、粟二十石；棣州孝子刘瑜、锦州孝子刘庆祐绢、粟，旌其门闾，复其身；云内孝子孟兴绢十匹、粟二十石（《金史》卷9，章宗璟纪）。

明代也有赐赏做法。弘治五年规定：各处孝子顺孙义夫节妇曾经旌表见在者，所司各赐米一石布一匹，其孝子有出仕途者，除在任外，若有致仕闲住等项，及坐监监生各衙门吏典人等，亦照例给赐（《皇明诏令》卷18）。

3. 免除租税、徭役

《周礼》卷12云："国中自七尺以及六十，野自六尺以及六十有五，皆征之。其舍者，国中贵者、贤者、能者、服公事者、老者、疾者，皆舍，以上岁时入其书。"这里所称的七尺、六尺，据贾公彦的疏解是指20岁和15岁的人。由此可以看出，古代社会对于老年人是可以免征租税的。关于这一点，历代统治者还有一些规定，如"汉文帝建元元年二月赦天下民年八十复二等，九十夫甲卒"（见《册府元龟》）。

汉代惠帝四年下诏：举民孝弟、力田者复其身（《汉书》卷2，惠帝纪）。

北周规定：有品爵及孝子顺孙义夫节妇，并免课役（《隋书》卷24，食货志）。

唐代将其纳入规章之中："孝子、顺孙"免课役（《新唐书》卷51，食货）。开元十七年，旌表孝子顺孙、义夫节妇，终身勿事（《新唐书》卷5，玄宗纪）。若孝子顺孙、义夫节妇志行闻于乡间者，州县申省奏闻，而表其门间，同籍悉免课役（《旧唐书》卷43，职官）。天宝五年下诏：男子七十五以上、妇人七十以上，中男一人为侍；八十以上以令式从事（《新唐书》卷57，食货）。

这一政策多实行于人丁徭役普遍推行的王朝，政府将免役作为对孝行的一种嘉奖手段。

4. 旌表

旌表是在孝子之门张挂牌匾，或赏赐银两，资助其建立具有褒扬之意的标志物———牌坊等。

东汉时，凡有孝子顺孙，贞女义妇，让财救患及学士为民法式者，皆扁表其门，以兴善行，由乡三老负责上报其事迹（《后汉书》卷128，百官志）。

北朝时，孝子、顺孙、廉夫、节妇，旌表门间，量给粟帛（《北史》卷4，魏本纪）。

唐代，若孝子、顺孙、义夫、节妇，精诚感通，志行闻于乡间者，亦具以申奏，表其门闾（《旧唐书》卷 44，职官）。

宋代，孝子、顺孙、义夫、节妇为乡里所称者，地方官并条析以闻（《宋史》卷 114，礼志）。特别是县令，对本地“有孝悌行义闻于乡闾者，具事实上于州，激劝以励风谷”（《宋史》卷 167，职官）。

元朝，诸义夫、节妇、孝子、顺孙，其节行卓异，应旌表者，从所属有司举之，监察御史廉访司察之，但有冒滥，罪及元举（《元史》卷 102，刑法志）。

明清时期也有旌表孝子之制（《皇明诏令》卷 18）。

清代雍正年间，还实行了对不婚孝女的旌表。昌平州孝女何百顺，乃何淳之女，淳子百魁，早卒无嗣，百顺见父母年高，矢志不嫁，以女代子，侍养终身，年逾六旬，殁于何氏，恭请特赐旌门。雍正四年，清政府破“无旌表孝女之文”之先例，对其“养亲不嫁，笃重天伦”的行为予以旌表（《清世宗实录》卷 41）。

5. 授予官职

西汉高后元年下诏：初置孝弟力田二千石者一人（《汉书》卷 3，高后纪）。

唐代曾在科考中短暂设孝弟力田科，为其开辟仕进之路。唐玄宗取消这一做法，他认为：孝弟力田，风化之本，苟有其实，未必求名。比来将此同举人考试词策，便与及第，以为常科，是开侥幸之门，殊非敦劝之意，自今之后，不得更然。但玄宗仍给孝子以做官机会：其有孝弟闻于郡邑，力田推于邻里，两事兼著，状迹殊尤者，委所由长官，特以名荐，朕当别有处分，更不须随考试例申送（《全唐文》卷 35，玄宗帝）。

元代，孝子顺孙从政者，量才任之（《元史》卷 21，成宗纪）。元代大德九年六月，钦奉诏书内一款：孝子顺孙曾经旌表有才堪从政者，保结申明，量材任用（《通制条格》卷 6）。

明代弘治五年曾规定：若“见在听选官监生内有曾经旌表孝子者”，吏部查勘是实，不拘资次，即与选用。但这只是特举，“后不为例”（《皇明诏令》卷 18）。

清朝则有孝廉方正科，借以选拔孝义人才。这一政策始于雍正朝。

雍正帝初登基即下诏，直省府州县卫各举孝廉方正，赐六品章服，备召用。雍正二年，浙江、直隶、福建、广西各荐举的两名人员被任以知县，五十五岁以上者，用作知州。这以后，清帝御极，皆恩诏荐举以为常例。乾隆朝的规则是，府州县卫保举孝廉方正，先由地方绅士、里党公举；州县官据此采访公评，详稽事实。所举或系生员，会同学官考核，申送大吏，核实具题，给六品章服荣身。果有德行才识兼优者，督抚逾格保荐赴部，九卿翰詹科道公同验看，候旨擢用（《清朝通典》卷 18；《清史稿》卷 109）。因为这是标准较高的荣誉，能获得者数量很有限。雍正初年刚下诏地方举荐时，"数月未有所闻"，以致皇帝生气，再发上谕催促（萧奭：《永宪录》卷 2 上）。

相对来说，以官职嘉奖孝子属于个别王朝的行为，因为对父母孝养之人并不一定具有理政治民的才能。

6. 授予荣誉

宣扬孝子事迹有助于提升其在乡里民众中的地位，进而引导民众崇尚孝行。

宋代，有孝悌行义闻于乡闾者，具事实上于州，激劝以励风俗（《宋史》卷 167，职官志）。

除了上述由最高当局奖劝孝行的做法外，地方官还通过教化手段敦励普通民众，以孝行为念。

清朝地方官员也发布告示训导民众以行孝道为本。乾隆五年"雅尔图告示"对当时孝子标准这样规定，教民孝：此身何来？父母所生，父母爱子，无所不至，人子报之岂可不孝。父母教训敬谨听从，父母责罚顺受改过，自己粗衣淡饭，供给父母温饱无缺，自己勤苦力作，替代父母，安闲享用。父母有病服侍不离左右，父母未寝己身不敢先睡。父母不喜我妻子，我即诸事教戒妻子，以承顺父母之意。事事勿劳父母担心，时时须防父母挂念，是为孝子。①

尊崇、表彰孝子为近代之前各代政府所重视。孝行虽有多种表现，

① 杨一凡、王旭：《古代榜文告示汇存》，社会科学文献出版社 2006 年版，第 483—505 页。

但无条件地尽好赡养尊亲之责应该是最基本的要求。在以家庭养老为主的时代，表彰孝行在一定程度上会促使子女更耐心地服侍老年父母；在家庭生产、生活资料比较匮乏的时代，为父母提供尽可能好的饮食和居住条件；始终将父母置于家庭生活的中心位置，不敢或不忍做违拗之事。同时也应看到，具有特殊行为的孝子是社会中的少数人，政府的表彰行为其实意味着社会中多数人达不到孝子的标准，政府和社会组织只能以孝子之行来引导、劝勉众人。

（二）惩戒不履行赡养义务之行

惩治不孝之行是维护家庭养老功能的另一举措，旨在矫正违规做法。

处罚不孝者在夏商时即入法。“五刑之属三千，而莫大于不孝”（《孝经·五刑章》）。商朝，“刑三百，罪莫重于不孝”（《吕氏春秋·孝行》）。周代，“元恶大憝，矧惟不孝不友……刑兹不赦”（《尚书·康诰》）。尽管并未言明何种行为为不孝，但肯定包含赡养之责履行欠缺方面的内容。

根据《秦律》：免老告人以为不孝，谒杀，当三环之不？不当环，亟执勿失（《睡虎地秦墓竹简》,《法律答问》）（老人控告不孝，要求判以死刑，应否经过三次原宥的手续？不应原宥，要立即拘捕，勿令逃走）。

汉代《二年律令》规定：孙为户，与大父母居，养之不善，令孙且外居，令大父母居其室，食其田，使其奴婢，勿贸卖。[①] 同居之孙对祖父母赡养有缺，将失去房屋、土地和奴婢的支配权，改归祖父母使用。这可谓很具体的处罚措施。

晋泰始四年，武帝下诏要求郡国守相，“三载一巡行属县”，要“详察政刑得失”，其中包括：有不孝敬于父母，不长悌于族党，悖礼弃常，不率法令者，纠而罪之（《晋书》卷3，武帝纪）。

北齐将不孝列为十项重罪之一，犯者不在八议论赎之限。隋沿用，并置十恶之条。[②]

唐律对此所作规定更为清晰，其中包含对父母赡养有阙等内容。唐律十恶之七曰不孝。祖父母父母在，别籍、异财，若供养有阙。议曰：

① 《张家山汉墓竹简·二年律令》，文物出版社2006年版，第55页。

② 瞿同祖：《法学论著集》，中国政法大学出版社1998年版，第389页。

善事父母曰孝。既有违犯，是名“不孝”（《唐律疏议》卷 1，名例）。议曰：祖父母、父母在，子孙就养无方，出告反面，无自专之道。而有异财、别籍，情无至孝之心，名义以之俱沦，情节於兹并弃，稽之典礼，罪恶难容。二事既不相须，违者并当十恶（《唐律疏议》卷 1，名例）。议曰：“《礼》云：‘孝子之养亲也，乐其心，不违其志，以其饮食而忠养之。’其有堪供而阙者，祖父母、父母告乃坐。”（《唐律疏议》卷 1，名例）这一规定为宋元明清所继承。

明代，凡子孙违犯祖父母、父母教令及奉养有缺者，杖一百（《大明律》卷 22）。

清代增加补充说明：谓教令可从而故违，家道堪奉而故缺者，须祖父母父母亲告乃坐（《大清律例》卷，刑律）。清代“十恶”中不孝之条为“奉养有缺”（《大清律例》卷 33）。

直到 1925 年《民国民律草案》第 1165 条：为子者，毕生负孝敬父母之义务。[1]

对于孝子，传统伦理有多项要求，但完全践行者并不多见。五代时吴越王钱镠遗训指出当时“孝于亲者，十无一二”。但这并不等于子代不履行赡养义务。在当时，为老年长辈提供基本的生存条件，多数子代是能够做到的。“孝”行由制度加以引导，是有其作用的。

从以上政府对不孝行为的惩罚内容和该项制度的演变看，赡养父母逐渐成为孝行的核心要求，可以说尽其所能养亲是孝行的基础。

四　允许无子有女者招婿养老

近代之前，赘婿在民间社会深受歧视，宗族内部更是加以排斥，官方则将其视为另类。秦汉时期政府向边疆移民时甚至将赘婿作为强征对象。但在以家庭养老为主的时代，无子有女者招婿承担赡养之责是老年人的现实需要。为减少由此产生的家庭纠纷，解决无子父母生存所面临的困难，政府也有责任出台相应规定维护这一惯习或婚姻形式。

元代法律对赘婿规定较为详细，将其分为养老女婿和出舍女婿两大

---

① 《民国民律草案》，吉林人民出版社 2002 年版，第 359 页。

类。至元八年规定：嫁娶元约，养老者听从养老，出舍者听从出离，各随养老出舍去处，应当军民差发。招召养老女婿，照依已定嫁娶聘财等第减半，须要明立媒妁婚书成亲。招召出舍年限女婿，各从所议，明立媒妁婚书，或男或女，出备财钱，依约年限，照依已定嫁娶聘财等第验数，依三分中不过二分（《元典章》卷18，婚礼）。关于养老女婿和出舍女婿之分，徐元瑞在《吏学指南》“赘婿”条下如此定义：养老，谓终于妻家聚活者；出舍，谓与妻家析居者（徐元瑞：《吏学指南》，亲姻）。前者入赘后与岳父母共同生活，承担养老义务；后者入赘后与岳父母分开生活，但也要承担必要的养老义务。至元十年针对各处军户召到养老出舍女婿，争讼到官，多无婚书，深为未便。为此规定：今后若有军民招召女婿，须管令同户主婚亲人写立婚书，于上该写养老出舍年限语句，主婚媒证人等书画押字（《通制条格》卷4，户令）。元代政府对招赘养老予以明确支持，这从对民诉案件中可以看出。大德五年十一月，延安路赵胤上告，年老无人养济，将女穿针召到王安让作养老女婿身故，其房弟王安杰要行收嫂。礼部议得：凡人无后者，最为大事。其赵胤初因无嗣与女召婿养老，不幸病死，赖有伊女可为依倚。合从赵胤别行召婿，以全养老送终之道（《通制条格》卷3，户令）。明朝规定：凡招婿，须凭媒妁，明立婚书，开写养老或出舍年限（《大明会典》卷20，婚姻）。清律与之相同（《大清律例》卷10，户律）。

可见，上述赘婿养老具有契约性质或“合同制”特征。这种养老功能所依托的婚姻方式得到政府及所订律令的支持。但为了减少相关纠纷，官方强调一定要有婚书为凭。

五　强调子女赡养父母与财产继承的对等原则

传统社会法律条文中并没有子女继承权与赡养义务对等的表述。但在有关家庭财产纠纷的官司中，这一原则却得以体现。

南宋官府在处理财产继承纠纷时对此加以贯彻：王有成之父王万孙昨因不能孝养父母，遂致其父母老病无归，依栖女婿，养生送死，皆赖其力。纵使当时果有随身囊箧，其家果有田宅，尽以归之女婿，在王万孙之子，亦当反而思曰：父母之于子，天下至情之所在也，今我不能使父母惟我是字，乃惟我是疾，以我之食则不食，以婿之食则食之，以我之室则不居，以婿之室则居之，生既不肯相养以生，死又不肯相守以死，此其意果安全哉？必为子之道有所不至，是以大伤厥考心尔……即死于地，虽有万金之产，亦有所不暇问矣。况此项职田，系是官物，其父之遗嘱，其母之状词，与官司之公据，及累政太守之判凭，皆令李茂先承佃。王有成父子安得怙终不悛，嚣讼不已，必欲背父母之命，而强夺之乎！纵曰李茂先之家衣食之奉，殡葬之费，咸仰给焉，以此偿之，良不为过。王有成父子不知负罪引慝，尚敢怨天尤人，紊烦官司，凡十余载，合行科断，王有成决竹篦二十。①

清朝同治元年，陕西商州人徐兴元与六个儿子分产时自提膳产一份，其余分为六股。后来，次房及五、六房告绝，兴元尚在，此三份绝产皆归兴元主持。兴元去世后，三子宾刚独占五股产业。而长门寡嫂夏氏、四门胞弟各得一股，“以致蔓讼不休”。官府判决为：三股绝业，归现存之三股各得一股。因三子宾刚“始终与父同度”，“现在宾刚仍与继母同度，膳产仍归宾刚经理。将来伊继母告终，此项膳产即归宾刚独得，以慰兴元夫妇爱子之心，以酬宾刚始终奉养之孝。且使愚夫愚妇咸知得亲心者分产较多，不得亲心者多得较少，亦足于劝孝而惩逆也”。② 按照一般原则，父母去世后，膳产应在兄弟之间均分。但因他们对父母所尽孝道有别，所以会有此种判决。

可见，子代继承亲代财产的刚性权利会在孝养父母这一原则问题上被“软化”。这意味着子代继承权的获得有一个逻辑前提，即尽到对亲代的赡养之责。这无疑在民间社会具有认可基础。③

通过上面的阐述，可得知中国历史上家庭养老制度受到法律和政策等制度的全面维护。基本表现是：减轻或免除有老年人家庭（主要是70岁以上老人）子孙所应承受的徭役；父母等直系尊亲年事已高缺少赡养人力时，特定范围内犯死罪的子弟由帝王法外开恩，减轻刑罚，以便其

---

① 《名公书判清明集》，中华书局1997年版，第126—127页。

② 樊增祥：《樊山政书》，中华书局2007年版，第30页。

③ 王跃生：《历史上家庭养老功能的维护研究——以法律和政策为中心》，《山东社会科学》2013年第3期。

能履行赡养责任；在外为官者的老年父母身边无人赡养时，政策允许或要求其离职尽赡养责任，这些制度有助于维护老年人基本的生活条件。官方通过倡导孝行，抑制社会中对老年赡养行为的忽视。总之，传统时期政府所实施的上述制度适应了以家庭养老为主的社会发展的要求，为老年人度过晚年生活提供了基本的人力保障和物质条件。当政府没有能力建立社会养老保障时，通过立法和制定相关政策维护家庭养老功能就成为必要之举。

当代农村社会养老保障体系尚不完善，需要社会力量（法律、政策等制度性措施）来维护这一体系。但是，家庭养老功能如何维护？这仍是一个需要关注的问题。我们现在固然不能照抄照搬传统社会的做法，但却应借助家庭资源来弥补社会养老功能的缺失或不足。

第四章

家庭结构变化与家庭养老的困境

第一节 人口年龄结构变化与养老风险

一 人口老龄化

2000年以来，我国人口老龄化发展态势迅猛，程度不断加重，速度不断加快。这一进程会持续较长一段时间，这使得中国人口“又老又多”成为贯穿整个21世纪的国情。总体而言，我国的人口老龄化进程体现为三个主要特点：人口老龄化进程不可逆转、人口老龄化基本特征不可复制、人口老龄化所引发的挑战不容乐观。

（一）人口老龄化进程

从时间历程来看，人口老龄化进程将会贯穿我国21世纪始终，并且是一个不可逆转的发展过程。从时间节点上看，我国的人口老龄化分为快速发展、急速发展、缓速发展和高峰平台四个阶段。[①] 其中，每个阶段的增速和存量都有所不同，但又相辅相成。

第一阶段：人口老龄化快速发展阶段（2010—2022年）。这一阶段是有利于应对人口老龄化的战略机遇期。在此阶段，老年人口将迎来第一个增长高峰，每年新增老年人口840万，达到2.68亿，人口老龄化水平提升至18.5%，但该阶段仍属于轻度老龄化阶段。

第二阶段：人口老龄化急速发展阶段（2023—2035年）。这一阶段

---

① 陆杰华、郭冉：《从新国情到新国策：积极应对人口老龄化的战略思考》，《国家行政学院学报》2016年第5期。

老年人口增长最快，老龄化问题会很突出，是我国应对人口老龄化最艰难的时期。与此同时，老年人口将迎来第二个增长高峰，每年新增老年人口1200万，2035年老年人口总量达到4.18亿，人口老龄化水平增至29%，进入中度老龄化阶段，与目前人口老龄化程度最严峻的日本不相上下。特别值得注意的是，在2023年前后，中国老龄人口抚养比将首次超过少儿抚养比，标志着中国进入一个以抚养老年人为主的时代。

第三阶段：人口老龄化缓速发展阶段（2036—2053年）。这一阶段，人口老龄化发展速度开始放慢，但总人口负增长加速，高龄化特征十分明显。每年新增老年人口380万，2046—2050年将迎来老年人口第三个增长高峰，每年新增老年人口650万，2053年达到峰值4.8亿，人口老龄化水平接近35%，处于重度老龄化时期，并超过发达国家的平均水平。

第四阶段：人口老龄化高峰平台阶段（2054—2100年）。人口老龄化发展势头逐渐减弱，人口年龄结构进入相对稳定状态。伴随着总人口规模的缩减，少年儿童、劳动年龄人口和老年人口共同减少，到21世纪末分别为1.66亿、5.82亿和3.83亿。整个21世纪后半叶，少年儿童、劳动年龄人口和老年人口的比重会维持在15%、51%、34%，形成一个稳定的老龄化高峰平台期。

（二）人口老龄化的基本特征

由于20世纪中期生育率快速增加所带来的人口激增问题及社会发展问题，从70年代起，我国开始实施严格的计划生育政策。一方面，以“一孩”为主导的计划生育政策有效地遏制了人口的膨胀速度，完成了“少生优生”的目标；但另一方面，过于严厉的人口政策也促使中国人口年龄结构实现了剧烈转型，用不到30年时间走完了西方发达国家上百年的人口转变历程，并在2000年进入了老龄型社会。与其他国家相比，这一人口转变速度是前所未有的，甚至与同样经历人口快速转变的东亚国家如韩国、日本相比，我国的转变速度之快仍然是相当惊人的。

不仅如此，我国人口老龄化不仅体现在速度快，而且还体现在规模大、高龄化显著、城乡不均衡、老年抚养比高、未富先老等诸多特点，这些独特的现状使得我国的人口老龄化具有不可复制的鲜明特征。

1. 未富先老

人口老龄化是经济社会发展到一定阶段的产物，先富后老较为普遍。例如，美国和日本65岁及以上人口比重超过7%时，人均国民生产总值（GNP）已分别达到1392美元和1940美元，而中国65岁及以上老年人口占比突破7%时，人均GNP仅为840美元（见表4-1），属于典型的“未富先老”。所谓未富先老，是与已经走过人口转变历程的发达国家进行对比，主要体现在两个方面：一方面，“经济总量”未富而老龄化先至。从经济总量来看，我国开始人口老龄化时人均GNP仅840美元，而日本、美国在同一阶段人均GNP分别达到1940、1392美元。[①] 而彼时人均GDP的世界排名，中国也仅仅在一百名之外。与快速到来的老龄化进程对应的，是薄弱的经济实力以及不完善的老年社会保障制度。所有这些都给积极应对老龄化工作提出了严峻的考验。

此外，从劳动力结构来讲，我国在应对人口老龄化问题时，同时面临着人口红利衰减、养老资源不足等情况。[②] 人口老龄化不仅会降低储蓄率，也会给经济增长带来负面作用。人口老龄化的过早到来，使劳动力人口数量减小，老年抚养比提高。这种双重作用，使得人口老龄化对于就业与经济可持续发展的负面影响更为明显。

自2000年以来，中国老龄化开始提速，2018年60岁及以上人口比重已达17.9%；老年人口绝对数量从2000年的1.3亿增长到2018年的2.49亿。与老龄化严重的发达国家相比，中国虽未进入深度老龄社会，但家底薄，国民生活质量有待提高。2017年，中国人均国内生产总值为8826.99美元，低于10714.47美元的全球平均线；2018年人类发展指数仅排在第86位。[③] 与发展中国家相比，中国老龄化超前发展，

---

① 穆光宗、张团：《我国人口老龄化的发展趋势及其战略应对》，《华中师范大学学报》（人文社会科学版）2011年第5期。

② 蔡昉：《未富先老与中国经济增长的可持续性》，《国际经济评论》2012年第1期。

③ 王杰秀、安超：《全球老龄化：事实、影响与政策因应》，《社会保障评论》2018年第4期。

巴西、墨西哥、南非60岁及以上人口比例分别为13%、10%、8%，均低于中国。

表4-1　　美国、日本、中国老龄化程度达到7%时的经济水平

国别	老龄化达到7%的年份	老龄化达到7%时	
		人均GNP/美元	按PPP计算的人均GDP/国际美元
世界	2001	5170	7442
美国	1944	1392	—
日本	1970	1940	—
中国	2000	840	3976

资料来源：杜鹏、杨慧：《"未富先老"是现阶段中国人口老龄化的特点》，《人口研究》2006年第6期。

2. 规模大且速度快

由于我国人口基数大，老龄人口的规模也非常大。国家统计局公布的数据显示，截至2018年底，我国60岁及以上人口达到24949万（约2.49亿），占总人口的17.9%；其中65岁及以上人口16658万（约1.67亿），占总人口的11.9%。2018年一年新增老年人口超过800万，[①] 预计到2022年可达到2.67亿，年均增长84万。从老年人比重来看，进入20世纪90年代以来，老年人在总人口中所占的比重几乎成直线上升态势，2014年，65岁及以上老年人比重已突破10%，2018年底，65岁及以上老年人口所占比重为11.9%。预计到21世纪中叶，我国人口老龄化程度将从当前的11.9%上升到30%，仅用40年左右的时间就完成了发达国家上百年人口转变的过程，速度惊人。

3. 寿命延长快，高龄化显著

随着我国医疗卫生条件的不断改善，我国人口平均预期寿命也不断延长。《〈国家人权行动计划（2012—2015）实施评估报告〉》显示，我

① 国家统计局：《我国老年人口2018年末达2.49亿，1年新增超800万人》，搜狐网（https://www.sohu.com/a/290436292_161795）。

国人口平均预期寿命已达到76.34岁，而在2010年第六次人口普查数据中，这一数字为74.83岁，五年内增长了1.5岁。[①] 我国的平均预期寿命居于发展中国家第一位，接近世界发达国家的水平。

医疗卫生水平的改善及平均预期寿命的延长，对我国人口结构产生了直接的影响，具体表现为高龄人口不断增加，高龄化趋势显著。根据人口普查数据，2000年我国80岁及以上高龄人口仅为774.5万，占全体老年人口总数的11.18%；到了2010年，80岁及以上老年人已达2099万人，占全体老年人口总数的比例也上升为11.82%。不仅总体比例上升，总量也有近两倍的增长。预计到2050年，高龄老人总量将达到1亿人，高龄老人占老年人比重也会达到22.3%，相当于发达国家高龄老人的总和。

4. 城乡发展不均衡

与经济发展水平的城乡差异恰好相反，城乡之间常住人口老龄化程度的差异则体现为农村老龄化程度高于城镇。此外，东部地区的人口老龄化速度慢于中西部地区。这一看似矛盾的现象却印证了我国城乡之间以及地区之间经济发展的不均衡状态。由于城镇和经济发达地区的经济吸引力，更多来自乡村的年轻劳动力涌入城镇或从中西部地区流入东部地区。这不仅给发达地区创造了更多的经济总量，同时也有效地填补了发达地区户籍人口不断老化的人口结构及劳动力缺口。在多重因素的影响下，我国乡村地区、中西部地区呈现出“经济发展水平低，人口老龄化程度高”的发展特征。

5. 波动剧烈

由于过去人口发展的不均衡，到21世纪中叶，我国仍需经历三次老龄化增长高峰，其增长数量和比例的波动幅度都相当巨大，甚至超过50%。这种大起大落的人口发展格局，势必会给经济社会发展带来一定的连带影响，不利于我国经济长期均衡稳定发展。[②]

---

① 中华人民共和国国务院新闻办公室：《〈国家人权行动计划（2012—2015）〉实施评估报告》，《人民日报》2016年6月15日第8版。

② 李志宏：《国家应对人口老龄化战略研究总报告》，《老龄科学研究》2015年第3期。

6. 家庭小型化、少子化明显

少子化和老龄化对家庭结构的影响也是非常直接的。随着经济社会发展，家庭观念的变化以及计划生育政策的实施，我国家庭结构也逐渐向小型化、核心化演变。根据人口普查及统计年鉴资料显示，2000 年，我国平均家庭户规模为 3.34 人，到 2005 年，平均家庭户规模减小为 3.13 人，2010 年则进一步减小为 3.10 人，而到 2014 年更是减小为 2.97 人。

少子化过程同样也是我国正在经历的剧烈的人口发展过程，它同样会对我国的劳动力供给和未来经济社会可持续发展带来负面影响。近年来，0—14 岁组少年儿童数量不断下降，其在总人口中所占比例也出现了大幅下滑。相关研究表明，2008—2010 年间我国综合生育率大致在 1.63—1.66，属于较低的生育区间。少年儿童人口数量及比重的降低，加上老年人口数量和比重的提高，这“一降一增”更加重了人口老龄化局势的严峻性和风险性。

老龄化和少子化成为影响劳动力供给、代际关系、人口抚养比的重要因素，并成为 21 世纪中国人口及经济社会发展所面临的突出问题。

（三）人口老龄化所引发的挑战不容乐观

人口过度老龄化成为我国人口所面临的主要风险。一方面，人口老龄化将逐步成为我国人口发展面临的主要矛盾之一，成为重大社会问题。人口老龄化会极大地弱化家庭的养老功能，影响社会和谐及代际关系的健康发展。这些矛盾体现为：家庭结构不断小型化，家庭养老风险增加；社会中老年人口比重增加，挤占年轻队列的就业机会，分配劳动者收入，并占有更多的公共资源，代际矛盾比较突出；文化传承受阻，文化活力下降；老年群体的管理成为加强和创新社会治理的重大课题。此外，人口老龄化也会加剧经济、健康、环境、老年照护、文化、社会参与等支持系统之间的矛盾。另一方面，我国正面临人口过度老龄化与过快负增长的潜在风险。人口老龄化是深刻影响我国宏观经济运行基本面的一个长期基础性因素，过度老龄化可导致劳动力供给格局、经济运行成本、消费需求结构等三个领域出现剧烈变化，面临经济增长潜力下降的风险，进而威胁金融系统的稳定性，并导致实体经济与资本经济失衡。种种迹象表明，过度老龄化和过快负增长将有可能增加实体经济的系统性风险，不利于宏观经济平稳较快增长。

从更长的历史区间来看，新中国成立到21世纪末的150年间，我国人口发展要经历三个50年的三次重大转变，我国人口主要矛盾也将经历从数量到结构的转变过程。第一个50年（1949—1999年）：伴随新中国的成立和建设，我国人口规模迅速膨胀；随着经济发展及相关政策实施，人口规模逐渐得到有效控制。此一阶段人口发展的主要问题表现为人口数量的过快增长。第二个50年（2000—2050年）：在此阶段，尽管人口基数仍然巨大，但突出的人口问题已由人口数量问题转变为人口结构问题，主要表现为人口增速不断放慢并逐步释放负增长惯性。与此同时，老龄人口数量的快速增长与老龄化进程的快速推进成为本阶段的主题。第三个50年（2051—2100年）：此阶段，人口结构矛盾成为主要矛盾，人口老龄化进入高峰平台期，具体表现为重度老龄化以及总人口规模的不断缩减，人口结构则保持相对稳定。

20世纪90年代以来，我国总和生育率已经下降到更替水平以下，人口内在的增长率已转变为负值。人口预测结果显示，如果总和生育率长期维持在1.5的水平，我国人口数量在未来每54年将会减半一次，这意味着我国人口将发生崩塌式的缩减；同时，人口老龄化水平按照当前的发展速度，21世纪中叶将会达到38%左右的水平，世纪末将达到40%以上。经济社会平稳发展的系统性风险始终存在。

（四）应对人口老龄化面对的主要困难

我国人口老龄化进程的长期性、特殊性以及紧迫性，使得人口与经济、社会全面协调可持续发展面临严峻挑战。作为全局性的问题，人口老龄化事关政策制定、经济活动、家庭生活等多个方面。但由于种种原因，无论是国家还是公民个人，对于人口老龄化的认识存在一定误区，这也给应对人口老龄化工作带来一定的困难。

1. 战略理念和政策制定思路模糊

随着政治体制的改革，我国政府已逐步由管理型政府向服务型政府转变。作为一个“以人为本、为民服务”的政府，我国政府主动迎接人口老龄化等新的人口形势的挑战，从制度环境、文化环境、人文环境、技术支撑等多层面探索解决老龄化问题的途径。虽然在积极应对人口老龄化工作方面取得了较大的进展，但我们仍要看到战略理念的不明确及战略思路的模糊。这主要表现为：一是政策的可行性较低，难以执行；二是忽视性别公平；三是以“均等”代替“公平”，理念有失偏颇；四是地方政策比较零散，尚未形成系统效应。

2. 前瞻且长期的顶层制度设计比较滞后

“十二五”期间，我国老龄事业发展取得了较大进展。党的十八届五中全会将推进老龄事业改革发展纳入社会经济发展的全局之中，积极决策部署。《国民经济和社会发展“十三五”规划纲要》对加快发展老龄事业、积极应对人口老龄化也做出了具体安排。其中，在老龄法治建设方面也取得了重大突破，《老年法》修订实施，养老、医疗等方面涉老政策密集出台，在切实保障老年人合法权益方面取得了明显的进展。基本养老医疗保障的覆盖面进一步扩大，保障水平逐年提高。社会支持体系建设快速发展，养老服务的供给水平不断提升。老年人居住环境得到明显改善，社会参与条件不断优化。老年人文化、体育、教育事业快速发展，基层老年社会组织建设成绩斐然。

在这些成绩面前，我们适应看到存在的问题，如积极应对人口老龄化的前瞻性、长期性、可行性的制度设计比较滞后。在宪法层面，积极应对人口老龄化尚未获得与计划生育、环境保护等基本国策同等的地位，修订的《老年法》也未将其纳入基本国策的范畴，相关政策、法律法规的制定也缺乏提纲挈领的统筹作用。老龄服务发展缺乏顶层设计，缺少统一规划，政府各部门职能交叉重叠，权责不清。

3. 社会公众对人口老龄化所引发的问题缺少风险意识

人口老龄化可能带来的风险主要有两个层面：一个是家庭层面，人口老龄化会导致家庭养老负担加重，家庭结构变化可能会诱发代际矛盾；另一个是社会层面，社会化养老不断发展，社会结构出现较大变迁并更为脆弱。

中国传统文化强调孝亲敬老，而近年来，在市场经济个人主义以及功利主义经济文化氛围的影响下，我国敬老、助老、爱老的优良传统受到了很大的冲击。人口老龄化程度的加深以及养老压力的加大，导致部分人将对父母的赡养义务视为“负担”且要求有偿回报；抑或忽视老年人的情感需求，导致老年人无法体会天伦之乐，幸福感降低。在社会层面，公众对人口老龄化带来的社会结构变迁没有充足的思想准备。一是没有应对这一变迁的危机意识；二是简单地将老年人视为负担，忽视了老年人的能动性与创造性，造成了老年人人力资本的浪费。

4. 社会经济发展目标未考虑人口老龄化的多重影响

习近平总书记曾提出“两个一百年”的战略发展目标：到建党一百年时，建成惠及十几亿人的更高水平的小康社会；到建国一百年时，人均国民生产总值达到中等发达国家水平，基本实现现代化。实现“两个一百年”目标，是新世纪新阶段我国社会经济发展的战略目标，也是中华民族伟大复兴的重要里程碑。①

因此，积极应对人口老龄化并降低人口老龄化进程给社会经济发展带来的潜在风险，是实现“两个一百年”战略目标的重要组成部分。然而，目前我国老龄事业发展与全面建成小康社会的要求还不适应，老龄事业发展协调性、城乡区域均衡性有待提高，社会参与不充分、市场机制不到位，老龄工作体制亟待理顺。全社会应对人口老龄化的意识和行动需要进一步强化，社会经济发展目标和政策的制定也要考虑到人口老龄化带来的积极和消极影响，这关乎中华民族伟大复兴的实现。

5. 人口老龄化来势凶猛且应对时间紧迫

自从2000年我国进入老龄社会以来，老龄化进程不断加快，对人口结构、社会经济发展的影响越来越大，应对人口老龄化的任务也更为紧迫。政府、学者等社会各界担心由于人口结构老化、老年抚养比愈来愈高，将导致社会储蓄率低、社会积累低、扩大再生产投资缩减。另一方面，随着老年人口快速增加，社会保险将难以为继，社会保障、老年福

① 张勇：《实现“两个一百年”目标必须跨越“三大陷阱”》，《理论月刊》2015年第2期。

利开支持续膨胀会危及国家财政。[①] 未雨绸缪，积极地制定前瞻性政策措施，才是积极应对人口老龄化态势的不二选择。

二 少子化和长寿化

中国除了面临上述人口老龄化的困境之外，还呈现出少子化、长寿化的发展趋势。早在20世纪90年代初期，中国就已经进入低生育时代，目前，已经掉入稳定的“内生性的超低生育陷阱”。长期、严苛的计划生育创造了独一无二的独生子女文化，形成了转型期中国“高生育成本—低生育意愿”的生育转变局面。目前，我们国家的生育率已经降到一个十分危险的低水平，根据2010年到2014年国家统计局的抽样调查，这几年的总和生育率分别为1.18、1.04、1.26、1.24和1.27，平均值为1.20，即使抽样有所低估，实际上的总和生育率也恐怕不到1.4，离2.2的更替水平生育率相差甚远。

低生育率和少子化对“人口底部老龄化”起到了釜底抽薪的作用，家庭养老功能持续弱化。过去三十年来，中国年出生人口数整体大幅下降。根据2010年第六次人口普查数据，80后、90后、00后的人口分别是2.19亿、1.88亿、1.47亿。从80后到00后不到一代人时间，出生人口萎缩了33%。未来十年中，由于处于22岁至30岁的生育高峰年龄的女性将减少40%以上，生育水平将不可避免地快速下降。

人口年龄结构的变化出现了两个极端：严重的人口少子化与快速的人口老龄化，即少年儿童占总人口的比重大幅减少，与此同时老年人口占总人口的比重大幅上升。根据国家统计局的数据，从1982年到2000年，再到2015年，中国0—14岁人口所占的比例从33.6%下降到22.9%，再下降到16.5%；而60岁及以上的老年人口比例则从7.63%上升到10.5%，进而上升到16.1%。未来中国的0—14岁少年儿童所占比例会持续降低至10%以下，而到2050年前后60岁及以上的老年人口的比例会上升至40%的水平。

① 邬沧萍、谢楠：《关于中国人口老龄化的理论思考》，《北京社会科学》2011年第1期。

中国已经成为少子化和长寿化日趋显著的国家。通常，造成少子化与长寿化的因素主要有两个：一是长期的低生育率（底部老龄化），二是预期寿命的延长（顶端老龄化）。中国的人均预期寿命快速增加。根据国家统计局的数据，2015 年中国人口平均预期寿命达到 76. 34 岁，比 2010 年的 74. 83 岁提高了 1. 51 岁。分性别看，男性为 73. 64 岁，比 2010 年提高了 1. 26 岁；女性为 9. 43 岁，比 2010 年提高了 2. 06 岁，女性提高的速度快于男性。根据世界银行的数据，2015 年世界人口的平均预期寿命为 71. 06 岁，其中高收入国家为 79. 28 岁，中等收入国家为 74. 83 岁，中下等收入国家为 67. 4 岁，低收入国家为 61. 80 岁。

生育和养老的关系是不容忽视的。生育与养老的关系可以通过生命历程理论来解读，即生育的养老效用将随着生命历程的展开而逐步显现，亲子关系从抚养下一代逐渐转向赡养上一代，养儿防老是传统社会的习俗。在进入低生育时代的中国，由于养老保障和养老服务体系的不健全，生育与养老的基本关系迄今为止仍没有发生根本的转变。几千年来，生育的核心价值包含了传宗接代（种的繁衍）和养老送终两个方面。生育决定人口和社会的未来。19 世纪法国社会学家孔德说过：人口即命运。由此可见，生育和人口对一个社会的生存和发展起着多么举足轻重的地位和作用。

随着养老保障和服务出现社会化趋势，生育对养老的支持有两个变化：一是在家庭内部，由于越来越多老年人的经济支持进入了社会保障范畴，所以通过生育儿女对老年父母提供的主要是非经济的支持，即生活照料和精神慰藉两个方面的支持；二是在家庭和社会之间，生育所提供的宏观的社会养老支持日趋重要——“老吾老，以及人之老”，人类社会逐渐走向“社会养老”。在低生育时代，生育的家庭养老功能逐渐弱化的同时，生育的社会养老功能却需要强化，即养老职能从家庭向社会的转移。生育之于养老的“内部性”虽然不足为道，但生育对于养老的“外部性”却需要高度重视，这就是全球化浪潮中社会养老对家庭养老的替代过程。社会养老的本质不仅仅是养老资源的福利制度，更深刻的是反映了代际反哺的必然性，即总体上是年轻一代赡养老年一代，持续的低生育率将对社会养老体系的运行构成威胁。

在理论上，可将低生育分为三种状态：低生育（一孩化）、零生育（单身和不孕不育）和负生育（失独、伤残、孩子出事如犯罪以及亲子关系交恶等，导致养儿难防老）现象，三种生育现象的养老保障作用都令人担忧。

首先，从微观层面来讲，三种情形都导致家庭养老支持持续弱化，导致普遍的养儿难防老。没有家庭，也就没有孝道，也就没有“老吾老，以及人之老”。失独家庭往往面临着家庭结构的残缺、精神情感的痛缺和老年生活照顾的空缺三大风险。难以逆转的低生育率放大了养老风险。

其次，从宏观层面来讲，持续的低生育反映在宏观人口上，就是少子化和老龄化的失衡发展，越来越少的年轻人口难以承受供养和照顾越来越多的老年人口，导致养老支持体系脆弱化，出现长寿风险、自杀风险、失能风险和空巢风险。① 特别是在区域开放人口的格局中，在大规模农村人口进城务工经商的浪潮中，“赡养脱离”和“异地养老风险”必然会发生。上海财政大学人文学院课题组完成的《2014 中国农村养老现状国情报告》显示，有四成多的农村老人喜欢的养老方式是与子女同住，而超过六成的农村老人不喜欢进城养老，农村老年人口的“非城市化”耐人寻味。这一方面反映了乡土社会是熟人社会，乡亲乡土才能够满足老年人的情感归属需要，农村老年人不喜欢进城养老的主要原因包括生活习惯不同、没有亲朋好友陪伴、生活成本过高等；另一方面，“老年固化”反映了老年人不宜异地养老，环境反差越大，养老适应性越差，水土不服问题就越严重。

展望未来，农村的养老风险要大于城市，突出体现在社会养老支持的城乡差别上。比较而言，城市养老可以实现社会化和社区化，农村则供给养老资源比较匮乏，加上老年人居住分散，使得公共养老服务因缺乏“规模经济”而难以为继，故农村养老水平很低。农村边缘化的社会养老现状需要政府和社会给予足够的重视。

---

① 穆光宗、茆长宝：《人口少子化和老龄化关系探析》，《西南民族大学学报》（人文社科版）2017 年第 6 期。

三　生育率持续走低

2015 年 10 月 29 日，中共十八届五中全会宣布全面实施一对夫妇生育两个孩子的政策，其中一个理由是应对人口老龄化，计划生育政策的改革迈出重大一步。对全面二孩人口新政的实施及其成效进行分析，可以更好地理解低生育时代潜伏的养老风险，促进人口的长期均衡发展。

随着计划生育政策的实施以及人们生育观念的转变，我国的生育规模出现转变。第一，随着社会经济的发展和养老保障措施的不断完善，家庭规模逐渐小型化、核心化，避孕节育成为现代社会人们基本的生活方式，发挥了其最佳的避孕效果，生育率从高到低的转变是全球化的趋势，是人类历史发展的必然。第二，各国的经验表明，提高生育率比降低生育率难度更高。第三，生育文化的力量大于生育政策的力量，文化对生育的影响更深刻也更持久。中国经验表明，生育文化作用于人们的观念，生育政策作用于人们的行为，一旦低生育文化形成，内生性低生育率很难逆转。第四，根据中国的经验，实际生育率低于意愿生育率，而意愿生育率高于政策生育率。长期以来，我国的生育政策首要的考量是“国情”而非“民情”，是“经济”而非“文化”，是“以数为本”而非“以人为本”，这个“数”一是人口的总数，二是出生人口数量。第五，在现代化过程中，生育观念越理性，生育积极性越弱，生育水平越低。第六，生育意愿甚至生育能力在代际之间有不断弱化的趋势，即 00 后弱于 90 后，90 后弱于 80 后，80 后弱于 70 后，这与不同代际之间人口的生长环境和文化影响有关。

从 2000 年开始，我们所观察到的中国低生育已经是内生性的，改革开放以来不同时期大小不等的很多调查都指向一个事实：中国人的理想子女数平均是 1.6—1.8,[①] 低于更替水平生育率（2.2）。数据表明，全面二孩政策和单独二孩政策在实施效果上都可以用“遇冷”来概

---

① 侯佳伟、黄四林：《中国人口生育意愿变迁：1980—2011》，《中国社会科学》2014 年第 4 期。

括。中国符合“全面二孩”的目标人群是9000万，考虑到年龄、健康、个人意愿等因素，这9000万目标人群里能够生育孩子的只有28%。生育基本上是以家庭和夫妇为单位的，如果这里的目标人群是指育龄妇女，那么从理论上说二孩生育的母体人口是2520万，这个研究也指出了二孩生育的极限值。但实际生育率毕竟是条件生育率，是要打折扣的，是家庭计划范畴里权衡利弊的多样化结果。虽然今后的政策效应还有待观察，但考虑到生育意愿代际弱化的趋势，二孩生育意愿已经释放得差不多了，低生育反弹的特性已丧失殆尽，能生、该生、愿生的都已经生了，所以对低生育率回升的愿景不要抱太大的希望和热情。面对日益严峻的低生育——少子化危机，全面二孩恐怕也是无能为力了。

2016年数据显示，全国住院分娩的新生儿达到1864万人，是2000年以来出生规模最大的一年，其中“二孩”占比从2013年的30%左右提高到45%；2017年前8个月，全国住院分娩的新生儿达到1162万人，同比增长2.4%，其中二孩占比高达52%。毕竟新政才实施两年，所以二孩生育还在进行中，当初就预期2017年是二孩生育的高峰年，从有想法到谋划再到付诸行动至少也需要10个月的时间，所以2017年二孩占比上升 也是可以解释的，这是典型的政策释放效应。然而，二孩生育的高峰年能否变为连续多年的“高峰期”却难以预料。因为一方面适龄生育的女性减少，“十三五”期间，我国育龄妇女总量每年减少约500万人；另一方面是生育意愿的持续走低，低生育文化影响巨大。

由于二孩生育意愿较为强烈的70后一代人的生育机遇期几乎全部错失，所以短暂的“生育回潮”不能被看作是持续的“婴儿潮”。2017年生育主体人群基本上是80后、90后，他们基本上都是独生子女，他们的生育意愿普遍较弱，身为独生子女的80后、90后，他们自身也更倾向于做独生子女的母亲，这是生育的社会遗传和文化惯性。因此，可以说全面二孩政策意义很大，但实际作用却不大。

2016年12月30日公布的《国家人口发展规划（2016—2030年）》提出：“总和生育率逐步提升并稳定在适度水平，2020年全国总人口达到

14.2 亿人左右，2030 年达到 14.5 亿人左右”。总和生育率是假设同批育龄妇女按现在的年龄生育水平来计，终其一生所平均生育的子女数，它不是一个常量，而是一个变数。从目前来看，所谓的适度生育水平可以理解为是符合绝大多数家庭生育意愿、也符合人口发展规律的区间生育率，穆光宗称之为“近更替水平低生育率”①，也就是在更替水平（TFR =2.2）附近上下波动，它应该存在一个弹性区间（1.8—2.5），这样才能较好地保障人口的长期均衡发展。

根据 2011—2015 年平均生育率仅有 1.2 推算，目前我国的总和生育率大概在 1—1.2，甚至可能已经低于 1，到了令人吃惊的探底水平也未可知。这是对 2017 年中国统计年鉴删除备受争议的“生育率”指标做法的一个猜测。目前的人口态势是低生育不仅常态化而且有持续走低的风险，2020 年要达到 14.2 亿人口目标恐怕难以实现。因为这意味着近三年要净增 3000 万人。2011—2016 年，我国平均净增人口为 696.7 万人。“十三五”期间，我国育龄妇女总量将减少 2500 万人左右，而且低生育意愿已经普遍，放弃二孩生育的占有相当大的比例。所以，当前的任务根本不是去控制生育率，而是应该提升生育率。在种种现实条件的约束下，实际生育率当然是越高越好，因为事实上中国已经处于“内生性低生育陷阱”。

只有恢复自主生育、自由生育的人口生态，那么一孩、二孩和多孩的分布比例才有望达到和谐均衡的状态。广东是我国生育意愿较强的地区，来自广州市的数据显示了多样化生育的偏正态分布：2017 年 1 至 7 月，全市新出生人口中“一孩”占比为 36.54%，“二孩”占比为 60.87%，“多孩”占比为 2.59%。广州二孩家庭为主这一现象值得肯定，不过鉴于生育率过低的问题和养育压力过大的事实，理想的人口生态分布还是应该以“二孩为主、多孩为辅、一孩其次”。因为无论是政策性或者选择性，独生子女家庭都是高风险家庭，风险性就在于唯一性。失独现象时有发生，只要具备家庭养育能力，多孩家庭无疑是更具有优势的潜力型家庭和发展型家庭，对低生育社会的贡献更大。

---

① 穆光宗：《低生育时代的养老风险》，《华中科技大学学报》2018 年第 1 期。

即使假定中国生育率没有在1.3以下的超低水平，而是在1.5左右的水平上，那么在25—30年的世代更替时期里，下一代人比上一代人要少30%以上，总人口持续减少，预期到2050年前后开始人口负增长。根据人口学者黄文政博士的推算，如果中国总和生育率一直维持在1.5的水平，50年后我国的总人口将会从2017年的13.9亿下降至2067年的10亿左右。但实际情况可能更为严峻，人口萎缩的速度之快、幅度之大，特别是人口的代际失衡超过想象。现在的悲观看法到时来看可能都过于乐观，预计经过50年的人口革命，到2067年我国人口总量可能会跌破10亿，关键还在于届时的人口年龄结构将高度老化，老龄化水平将高达30%甚至40%以上，整个社会将不堪重负。因为中国早已进入“内生性低生育陷阱”，从2000年第五次人口普查开始，观察到的统计生育率就不到1.5，超低生育率已经常态化，全面二孩政策“遇冷”已经向我们发出信号：超低生育时代已经到来。在假定总和生育率不超过1.3这种比较现实的低生育态势下，到2100年我国总人口会持续下降到6亿以下，到2150年则会进一步萎缩到3亿以下。[①] 今天低生育的一切“成就”均会转化为高风险的养老困局。

四 潜在的养老风险

从20世纪90年代开始出现的低生育态势是一种逐渐由内生性的力量主导的人口变化过程，是计划生育和改革开放以来社会经济及精神文明发展共同作用的结果，乃是大势所趋。从现在开始到2020年全面建成小康社会，低生育格局将成为我国人口发展的常态。分析低生育的生成机制有助于我们理解低生育的走势。简单地说，进入21世纪以来，中国的低生育形成机制已完全从外生性转变为内生性，根据2000年第五次人口普查数据，当年我国的总和生育率已降为1.22，十年之后的第六次人口普查继续下降为1.18，低生育现象已成为一种“文化自觉”。

① 穆光宗：《转折中的中国人口——〈国家人口发展规划（2016—2030）〉解读》，《中国社会工作》2017年第5期。

中国每年新增人口正在大幅度下降，即便是全面放开生育政策，若生育率不能恢复到更替水平，也很难扭转出生人口不断减少的局面，同时伴随着的是总人口规模的不断减少。中国人口已出现少子化和高龄化并存的趋势，未来还将会进一步加深。从全球视野来看，未来中国将会是全球少子化和老龄化最严重的国家，因此低生育和养老风险的关系也将日趋紧密。

（一）家庭养老的价值永恒但功能不断弱化

养老的内部风险根植于低生育背景下家庭养老传统的丢失和瓦解。从目前来看，我国以养老金作为主要收入来源的老年人只占少数，同时城乡之间差距很大。从古至今，家庭是最可靠的养老支持，但这种力量正在无情地消失。家庭养老名存实亡，只剩下家庭这个形态，也就是空巢自养和“名义养老”。家庭规模的小型化、核心化以及代际关系的离散化，特别是居住地的两地化导致家庭的养老功能逐渐退化，传统的孝道丧失殆尽。随着社会转型，熟人社会的日益消失，家庭养老难以为继，使得部分农村老年人群体充溢着养老的焦虑、彷徨与无助，并成为自杀率较高的一个群体，农村的留守老人成为城镇化运动中被边缘化甚至被抛弃的弱势群体。

（二）持续的低生育带来的最大风险是养老资源的不足

持续的低生育率和养老风险的加剧之间存在着直接的因果关系，低生育率构成了国家不得不面临的最大养老风险。当前，未富先老和未备先老同时存在，前者是指经济基础，后者是指人力条件。养老风险因为持续的低生育率和高龄化不断加剧。少子老龄化向少子高龄化演变更加剧了这一危机。如果说养老是一个下游问题，而生育则是上游问题。生育资源是最根本的养老资源，为此需要人口的储备和转化。生育重构了家庭关系、亲子关系和代际关系，没有生育，也就谈不上养老代际支持。国家需要在一个生育与养老相互联结的大周期中看待养老风险问题，计划生育无疑加速了人口的底部老龄化，加剧了养老风险，在低生育时代提高生育率、增加出生人数才能从根本上预防和化解已经不堪重负的养老风险。

今日的低生育危机预示着明天的高养老风险，这一观点的政策含义是我国需要采取新的老年友好的生育政策，体现生育自主的导向、生育优化的环境和生育保障的功能。任何限制生育的政策都只会加剧低生育时代的养老风险。从低生育水平和高养老风险的关系来看，中国人口观需要从小人口向大人口转变，核心问题是人口结构扭曲和人口生态失衡，不扼制低生育和人口少子化态势，人口加速老龄化和养老风险等诸多问题将雪上加霜。今后，我国生育政策改革的方向是在低生育时代倡导“鼓励生育、包容多孩、老年友好、合力养老”的价值取向，此外，还要健全鼓励生育、促进养老的服务、关怀、保障的社会文化、政策和制度体系。

第二节 代际关系的变化与家庭养老

一 代际关系

代际关系又称为代间关系、世代关系，在我国港台地区有时也称为跨代关系，它不仅表现为亲代与子代之间的家庭内部关系、父代家庭与子代家庭之间的家际关系，还表现为非血缘时代之间的家外关系。但从我国文化发展的脉络来看，代际关系更多地用来指代家庭内部关系，而社会层面的代际关系则不被足够重视。随着人口寿命的延长、婚姻家庭观念的变化和少子化趋势的日益加剧，国内代际关系发生了一些变化。

二 中国传统社会家庭代际关系及其生成背景

家庭代际关系是一个历史性的范畴。以自然经济为主要特征的中国传统社会形态决定了中国传统家庭代际关系是一种主从型的家庭关系，子代对父代在各方面都存在依附关系，父子关系是中国传统家庭代际关系的核心部分，遵循着父慈子孝的伦理传统，但父子之间的互动是不平等的，家庭重视血脉的传承，重男轻女的思想被广泛认同。

（一）传统社会代际关系的表现

1. 传统的代际秩序是双向的、代际均衡互惠的，代际关系的重心是向上倾斜的费孝通把传统的中国养老模式总结为“反馈式养老”，即父母抚养子女，子女赡养老人。然而，当前的代际关系逐渐演变为单向的，是“下位运行”的。家庭的抚养责任加重，而家庭的赡养责任弱化。家庭内部的代际关系主要包括三个阶段：一是在儿子结婚前，父母对儿子的教育及日常经济性开支。二是儿子结婚到生儿育女，是代际剥削最沉重的一个阶段，父母倾其所有为儿子张罗婚事，帮助儿子进行隔代抚养，为子代减轻家庭压力。父代在第二个阶段的坚持是为了实现下一阶段的“养儿防老”。第三阶段，父母失去劳动能力，子代对父代进行赡养。

2. 传统代际价值观是权利与义务的平衡

年轻人有赡养老人的义务，权利与义务的观念深入人心，这种权利与义务是天赋的。可是，随着现代化与城镇化的发展，市场的观念开始渗透进人们生活的方方面面，甚至渗透到老年人的家庭养老问题。当下的代际逻辑追求的是付出与回报的平衡，老年人老了，如果对子代的贡献较大，一定程度上有望得到子代的照顾；如果老人没有对子代做出“达标”的经济贡献，相应地就很难得到子代的回报。老年人的家庭地位急剧下降，老人从原来的家庭资源控制者到现在的家庭资源匮乏者。老年人的权力转移到了年轻人手里，“养儿防老”的模式存在风险，传统代际秩序失衡。

（二）传统社会代际关系形成的原因

在中国传统社会，这种代际关系的形成是有其深刻的社会根源和文化背景的，主要表现在三个方面。第一，传统社会家庭代际关系是由自给自足的自然经济为特征的农业社会决定的；第二，传统社会家庭代际关系是由以血缘关系为基础的“家族至上”“家族本位 ”的家族制度决定的；第三，传统社会家庭代际关系是由“家国一体”的社会政治结构所决定的。而在这种传统的中国家庭代际关系中，“反哺”是其重要内容，正如费孝通先生将中国代际关系概括为“反馈模式”一样。①

① 费孝通：《家庭结构变动中的老年赡养问题——再论中国家庭结构的变动》，《北京大学学报》1983 年第 3 期。

三 新时代代际关系的变化

（一）代际凝聚形式的变化："孝而不顺"

根据相关研究，父母权威下降与年轻人自主权力增加是中国代际关系变动的主要特点，[①②] 并进一步催生了家庭养老危机的出现以及孝道的衰落。伴随着市场化进程的推进，家庭内部的亲代与子代对孝道的理解与期待逐渐产生了分歧，子代为了追求个人利益、欲望和自由，形成了一种极端功利化的自我中心主义，[③] 而父代所秉承的传统的"养儿防老"的思想不断受到冲击，[④] 不得不降低对子女赡养的期待，倾向于自我养老。[⑤] 与此同时，伴随着现代科技的发展、社会竞争的加剧与社会流动的增加，传统孝道观念所依附的制度条件与社会心理环境日益丧失，子代的"孝"已不再单纯地表现为对父代权威的绝对服从，而逐渐演化为"亲子间生活情感的展现"，更多地体现在以家庭权力转移为基础的亲密沟通、情感分享和深入理解上。[⑥] 也就是说，代际关系的本质已由"强调角色阶序的伦常关系"逐渐转向了"与现代性特征相应的纯粹关系"。[⑦] 侧重伦理的凝聚力降低，情感属性的凝聚力增加，使得"孝而不顺"成为认识新时代家庭内部代际关系与孝道观念变迁的重要注解。家庭内部代际关系如向外延伸，首先便是父代与子代两个核心家庭之间的"家际"

---

① Davis, Deborah and Stevan Harrell eds. , *Chinese Families in the Post – Mao Era*, Bekeley: University of California Press , 1993, P. 56.

② Parish, William L. and Martin King Whyte, *Villarsity and Family in Contemporary China.* Chicago: University of Chicago Press, 1978, p. 166.

③ 阎云翔：《私人生活的变革——一个中国村庄里的爱情、家庭与亲密关系：1949—1999》，上海书店出版社 2006 年版，第 45 页。

④ 郭于华：《代际关系中的公平逻辑及其变迁——对河北农村养老事件的分析》，《中国学术》2001 年第 4 期。

⑤ 杨善华、贺常梅：《责任伦理与城市居民的家庭养老——以"北京市老年人需求调查"为例》，《北京大学学报》（哲学社会科学版）2004 年第 1 期。

⑥ Yan, Yunxiang, "Intergenerational intimacy and descending familyism in rural China", *American Anthropoloist*, Vol. 18, No. 2, Feb, 2016.

⑦ 曹惟纯、叶光辉：《高龄化下的代间关系——台湾民众孝道信念变迁趋势分析（1994—2011）》，《社会学研究》2014 年第 2 期。

关系，[①] 目前已形成了网络化家庭的格局，并且日益呈现出“恩往下流”或“眼泪往下流”的特征。这一关系如进一步向外扩展那便是非血缘的代际关系，但由于老年人的身心发展特点与适应需求往往与强调创新、效率等社会核心价值相异，且其生活形态和价值观也与年轻人之间存在鸿沟，因而在福利与资源分配问题上，老年人与年轻人之间极易产生对立与紧张。整体而言，在社会总体性危机下，代际关系中“变”的特征比较明显。

（二）代际支持意涵的不变：“互惠互利”

尽管当前亲代与子代关于“责任”维度的家庭主义认同以及对个人自由和欲望的态度存在差异，但对于“权利”维度的家庭主义认同却是一致的，即各世代对来自于代际支持的安全感、归属感、关爱感等心理需求不存在差别，同时对由代际支持和相互依靠所带来的对个人利益的庇护也具有某种程度上的一致性。由于人是社会动物，没有人愿意被社会所隔离，所以代际关系作为一种社会关系在提高人们生活质量方面发挥了重要作用。在家庭内部，代际之间的相互支持为实现家庭利益的最大化提供了强有力的精神支持和物质保障。研究证实，祖父母参与孙子女的抚育，不仅可以为子代家庭提供支持，还有利于形成良好的祖孙关系，促进代际团结，提高老年人的生活满意度。因此，尽管代际关系的表现形式与凝聚形态都发生了一定的变化，但代际关系调处的宗旨和互助支持的意涵并未发生根本性的变化，良好的代际关系仍然是家庭和顺、邻里和睦、社会和谐的重要保障。对此，社会各界不断倡导、弘扬尊亲敬老文化，政府相关部门也陆续出台了相关的政策文件。在家庭内部与家际关系层面，早在 1996 年 8 月就发布了《中华人民共和国老年人权益保障法》。该法明确规定，要对青少年和儿童进行敬老、养老的道德教育和维护老年人合法权益的法制教育，倡导发扬邻里互助的传统，提倡邻里间关心、帮助有困难的老年人；同时鼓励和支持社会志愿者为老年人服务。2011 年 9 月国务院发布的《中国老龄事业发展“十二五”规划》，

---

① 王跃升：《个体家庭、网络家庭和亲属关系圈家庭分析——历史与现实相结合的视角》，《开放时代》2010 年第 4 期。

再次强调要弘扬孝亲敬老美德，促进家庭和睦、代际和顺。2015 年 4 月新修订的《中华人民共和国老年人权益保障法》则进一步提出了“常回家看看”的条款，要求与老年人分开居住的家庭成员，应当经常看望或者问候老年人，用人单位则应当按照国家有关规定保障赡养人探亲休假的权利。这一文件首次以法律形式肯定了代际沟通的正当性和积极意义。在社会代际关系层面，2013 年 12 月发布的《关于进一步加强老年人优待工作的意见》指出，要统筹不同年龄群体的利益诉求，促进代际共融与社会和谐。2016 年 10 月，全国 25 个部委联合发布了《关于推进老年宜居环境建设的指导意见》，倡导建立代际和谐的社会文化，增强不同代际之间的文化融合与社会认同，统筹解决各年龄群体的责任分担、利益调处、资源共享等问题，以实现家庭和睦、代际和顺、社会和谐，为老年人创造良好的生活氛围。2017 年 2 月，国务院出台了《国务院关于印发“十三五”国家老龄事业发展和养老体系建设规划的通知》，进一步将代际和谐的理念应用于养老体系建设，强调要引导、支持开发老年宜居住宅和代际亲情住宅，实现不分年龄、人人共享共建。这些政策文件表明，代际互助与支持在中国不仅具有深厚的历史文化传统，顺应了时代发展的要求，更是新时代国家应对老龄化社会风险的重要战略手段。

四 代际关系转型下的养老诉求

伴随着为数众多的婴儿潮时代（1946—1964 年间出生的人）进入老年期，社会老龄化已开始成为全球化趋势。尤其是对于那些未富先老、社会福利制度上不完善的发展中国家来讲，均面临着因老龄化和社会变迁而引发的代际关系转型问题。在印度，伴随着人口从农村向城市的转移，传统意义上的联合家庭和扩大家庭已不存在了，儿童在生活中逐渐远离了他们的祖父母并很少见面，从而形成了有别于其祖父母的价值观，代际隔离现象比较突出。[①] 在非洲，伴随社会文化的变迁，如何促进以家

① Chadha, “N. K. Understanding Intergenerational Relationships in India”, *Journal of Intergenerational Relationships*, Vol. 3, No. 2, June, 2004, p. 43.

庭为基础的代际责任向更为广阔的社区支持转变，已成为其发展中所面临的一项挑战，构建照料社区势在必行。[①] 在中国，以年轻人胜出、老年人隐退为主要特征的代际冲突在20世纪90年代末达到顶峰，[②] “代沟”问题日益突出并呈逐渐扩大趋势，如此发展下去极有可能对代际间情感支持造成负面影响。值得注意的是，在社会化养老服务发展尚不完善的现实背景下，来自子女的代际支持仍是制约老年人晚年生活质量的主要因素。虽然因个体条件不同，老年人对代际支持的内容需求尚存在一定的差异，如经济状况较好的老年父母更多地期望得到子女的情感支持，而经济状况较差的老年父母则更期望得到子女的经济支持。但不管是哪种养老需求，其内隐的反馈模式伦理多诉诸道德和情感基础，代际间的情感交流便显得格外重要。[③]

第三节　养老模式的演变与家庭养老的困境

家庭养老是养育和抚养关系的家庭化，此时交换关系在家庭内部完成，分工尚在家庭成员之间。当交换关系越出家庭成员范围之后，就成了社会化养老，分工自然随之也超出家庭的范围，流向社会，也就是马克思理论系统中的个别分工转向社会分工。这一过程是家庭养老向社会化养老的转变，是交换分工关系从“体内循环”向“体外循环”的过程。

一　家庭养老向社会化养老演变：逻辑性与必然性

现代社会的生产组织形式发生了变化，家庭成员之间的交换关系也和过去不同了。工业社会的到来打乱了农业社会所形成的家庭养老传统，

---

① Roodin，“P. A. Global intergenerational research，programs and policy：What does the future hold?” *Journal of intergenerational Relationships*，Vol. 3，No. 2，Feb，2004，pp. 215 - 219.

② Yan Yunxiang，*Private Life under Socialism：Love，Intimacy and Family China in a Chinese Village*，1949 - 1999，Palo Alto：Stanford University Press，2003，p. 156.

③ 李俏、王建华：《转型中国的养老诉求与代际项目实践反思》，《学习与实践》2017年第10期。

家庭成员之间也不必再像以前一样紧密团结在一起。因为社会生产不再需要以家庭为单位而是以社会组织为单位了，每个人都可以走出家庭走向工作岗位，和陌生人一起合作来完成工作，匿名社会的生产组织单位由此而产生。“相互交换的能力与倾向”使有交换关系的人们“集结在一起”，[①] 家庭养老是交换关系还维系在家庭成员内部时候的“集结”方式，只有当其赖以生存的社会生产关系发生变化，这一养老方式才会逐渐松动，个别分工才会开始向社会分工演变。正如马克思交换分工理论中分析的那样，一旦“商品进入市场或进入流通”，分工就从第二类分工演化为第一类分工，只是这里的商品交换是指服务劳动。这正是马克思所分析的两类分工之间具有相互促进、协同严谨关系的体现，符合马克思交换分工理论中第二类分工向第一类分工演化的逻辑。此时，家庭作为社会生产组织方式变得松散了很多。然而代际之间的抚养与赡养关系却没有同步改变，交换关系还存在，家庭养老还有存在的理论和现实基础。只是青年不再需要父母的经验来组织生产，或者说家庭不是最优的生产劳动组织，只要参加社会组织的生产劳动就足够了，家庭成员之间的高度人身依附关系不存在了。由此可见，家庭养老中变化的是家庭成员之间交换的方式和代价，这种变化冲击了家庭的养老功能，动摇了家庭养老的崇高地位。

社会化养老意味着家庭不再执行照顾的职能，而是转向养老服务机构购买服务，同时也意味着资金提供逐渐从原来的家庭成员转向多渠道的资金供给，一旦家庭等传统养老主体将服务转移到专门的机构，那么传统意义上的家庭养老就不复存在了。从最重要的养老功能来看，护理功能从家庭转移到社会是养老社会化的主要标志，穆光宗早在 2000 年就对这一问题进行过探讨，他认为这一转移过程实际上就是社会分工的不断细化。[②]

---

① ［英］亚当·斯密：《道德情操论》，谢宗林译，中央编译出版社 2011 年版，第 6—9 页。

② 穆光宗：《中国传统养老方式的变革和展望》，《中国人民大学学报》2000 年第 5 期。

现代工业社会和农业社会相比，养育子女和赡养老人的成本是不同的。过去养育子女需要花费的是衣食住行、教育费用；而现在，随着父母尤其是母亲逐渐职业化，生育子女损失的还包括不能参加社会劳动而获得的收益，因此抚养子女还包括机会成本或者说时间成本。改革开放后，子女数量降低，家庭对子女的质量要求变高，对子女进行的人力资本投资越来越高，在既定收入水平下必然导致父母当期消费大幅降低，而子女成年之后工作和组织自己的核心家庭，更多的资源流向下一代，回报给父母的收益却很低。这样代际传递的结果是家庭承担了育儿成本，却没有享受到相应的回报，家庭损失掉的那部分收益流向了社会，具有典型的正外部性特征。但从长期来看，子女成年后工作并向国家缴税，是对社会的回报，进而政府通过财政转移支付和其他政策来为老人养老，其实相当于子女间接回报了父母，只不过这种交换关系经过了政府或社会这一中间环节。这是家庭将养老功能逐渐转移出去之后的养老分工。交换导致了分工，交换的范围也规定了分工的程度，社会化养老是家庭分工的社会化，交换主体从家庭成员变成了家庭、政府和市场。需要特别指出的是，家庭养老演变为社会化养老，社会化养老也会反过来改变家庭、社会、政府在养老关系中的地位和作用，影响每个参与主体之间尤其是家庭成员之间的交换内容和交换形式，在马克思交换分工理论中，被阐述为分工形式的变化对交换关系具有反作用。

值得注意的是，有些国家规定家庭没有赡养老人的义务，却没有哪个国家规定家庭可以不养育子女，家庭在经济压力和工作压力较大的时候，放弃的是赡养老人而不是养育子女，“育儿”和“养老”作为一对同样耗费时间、精力和金钱的事情，在社会变迁和家庭演进中却出现了差别待遇。斯密说：“父母对子女的温柔慈祥……成为一种比子女对父母的孝心更为强烈的情感。人类的延续与繁衍完全依赖前一种情感，而不依赖后一种情感。”从经济学的角度来看，育儿是一种投资行为，虽然未来收益很不确定，但往往预期“小孩子的前途是不可限量的，或至少是希望无穷的”，当前为人父母的效用也可以部分补偿育儿成本；养老是一种消费，未来仿佛“是没有什么可以被期待或指望的”，[①] 但其实养老也是有效用的，否则家庭养老也不可能延续数千年。中国人讲究“百善孝为先”的伦理指向，“孝”既是义务也是人伦。作为道德规范，“孝”早已演化为一种民族属性，遵守它可以获得心理的满足和效用，不遵守必会受到谴责，声誉、形象的效用损失，有可能也会影响到经济收入和社会地位。在现代中国社会，不“孝”虽不会像在汉代“举孝廉”制下葬送掉仕途，至少会在个人作风品质上遭人诟病，这也是中国或者是儒家文化的特色。未来养老模式构建中要考虑这一因素，以便发挥儒家文化对于养老模式安排的正向作用。

当前，我国以家庭养老为主的多元化养老模式，随着养老的社会化程度的提高，也在逐渐变化，家庭在经济上的供给和支持、政府的转移支付补贴等内容没有多少变化，变化最大的就是养老照顾等服务的提供。子女尤其是城市中的独生子女难以承担起日常照顾老人的工作，有研究表明，家庭养老对子女的工作机会和工作时间有显著的负向影响。[②] 在家居住的老人往往要独自应付日常生活，家庭已逐渐失去了传统的全能型养老功能，现实倒逼机制，促使家庭越来越倾向于提供养老的资金支持去购买社会化的养老服务，来满足家中老人的养老需求。

传统家庭养老功能弱化，家庭养老不可持续，政府和市场进入养老产业，养老资源的来源发生转变。初期是家庭提供较多，政府和市场提供较少；社会化养老服务兴起和养老产业链逐渐完善之后，政府和市场提供的较多，家庭提供的逐渐减少，家庭养老逐渐向社会化养老转变。家庭养老是养老功能的家庭化，而养老功能社会化的过程往往伴随着家庭养老的逐渐弱化，是交换分工突破家庭界限的必然趋势。但是，家庭养老功能的弱化并不等于家庭养老的彻底消失。马克思说：“无论哪一种社会形态，在他们所能容纳的全部生产力发挥出来以前，是绝不会灭亡

---

① ［英］亚当·斯密：《道德情操论》，谢宗林译，中央编译出版社 2011 年版，第 169、275 页。

② 蒋承、赵晓军：《中国老年照料的机会成本研究》，《管理世界》2009 年第 10 期。

的。”① 相同的，任何一种制度也不会在其全部存在基础消亡之前消亡，家庭养老的社会和经济基础依然存在，中国家庭对于人的一生仍起着不可替代的作用，代际之间的交换仍然频繁而密切，而养老的社会分工尚未发展到足以消灭家庭养老而达到完全社会化的程度，尽管那是发展趋势。在过渡时期，必然是多种养老方式共生共存，各自发挥其优势。中国依然有着坚实的家庭养老的基础，然而现实的困难在于子女的养老压力过大，时间成本过高。这些困难如果得以控制或解决，加之伦理道德因素的作用，家庭在一段时间里仍可以消化大部分的养老责任。养老问题家庭内部解决对于社会和经济发展的意义重大，要想充分发挥家庭养老的作用，需要给养老的家庭以多方面的支持。

二　中国养老问题的现实困境

当前，我国养老问题面临的最大困境是家庭养老的逐渐弱化，家庭、老人和政府等承担着养老责任的主体，有向社会养老服务机构购买服务的需求，但是养老服务供给总量不足、质量不高，养老项目较少。总的来说就是养老服务产业还没有发展起来，养老的市场化程度不高，养老服务需求和供给不匹配。从理论上来讲，社会发展和人口状况已经对养老提出了社会分工的要求，但是分工尚不充分。

从经济学的角度来讲，之所以产生分工的要求主要是因为成本与收益的差异。城市中的年轻人尤其是独生子女，大多受过良好的教育，走向职场或者创业，大多人有较好的收入和社会地位。若用工作时间来照顾家里的老人，还不如购买养老服务经济划算，成本和收益差异的扩大更促进了养老的社会化程度。而农村最大的问题在于观念没有转变。家庭在每一个中国人的一生中都起着举足轻重的作用，从出生到死亡，整个生命周期都与家庭密切相关，家庭抚养子女，子女赡养老人，千百年来都是如此，本无可厚非，但是现代文明社会的高速发展使得年轻一代面临沉重的压力，独生子女或者“4—2—1”家庭的子女尤其如此。观念的转变需要一个漫长的过程，到目前为止，还有一些农村老年人不愿意

① ［德］马克思：《〈政治经济学批判〉序言》，人民出版社1971年版，第5页。

购买养老服务，并将不养老的子女定义为不孝。青年农民外出打工使家庭早已失去了照顾的能力，而且随着时代发展和社会背景变迁，每一代人生活方式都有差异，共同居住有时反而会加剧家庭矛盾，影响代际之间的和谐，更多的家庭实行“一碗汤”的距离，就是“居而不离”，既能互相照顾还不会互相影响，能空出时间工作，这就需要社会化的服务来填补。也就是说农村也已经有了社会化养老服务的现实需求，但是农村的养老市场供给就更难尽人意。

之所以社会化养老服务的供给至今没有跟上需求，主要还是因为对养老服务性质的认知转变比较滞后。社会化养老服务不同于传统意义上的准公共物品的养老服务性质。传统的养老服务大多是政府或者福利机构提供，收费很低或者是免费的，主要是提供给没有支付能力或者特殊老年人。他们的养老还停留在基本的生存层面，养老需求也不高，仅仅是能维持基本生活而已，并且这样的老人数量有限，政府和福利机构提供住所和基本的生活保障，社会捐助和志愿者服务来补充，带有社会救助的性质。人们对养老机构的认识也仅仅停留在简单的准公共物品性质，因此，很难接受较高的养老服务价格。社会化的养老服务是市场化的商品，从性质上来看，说是私人物品或商品更准确一些。认识不到社会化养老服务与传统的养老服务性质的根本区别，就不能说清现在我国养老服务市场供给不足的问题。目前，养老服务行业运行依然按照准公共物品进行，不能适应大量商品化的服务已经存在需求的现实，导致了养老服务买卖无法可依。进入养老服务行业，前期投入成本较高，而进入之后的收益无法保证，甚至存在无法运行下去而被迫退出市场的情形，风险较大。而且兴办这类企业面临着贷款难的问题，只能得到一些政府补贴、税收优惠、水电费减免等，企业的运营资金不足，大多数难以盈利。

要解决目前的困难，从上述机理分析来看，行业规制和行业标准是第一步，转变人情和观念具体养老服务的性质是第二步，进而分类推进，市场化的按市场机制运行，福利保障型的按政策来实施。对于更高层的需求和供给，政府应制定规则，避免纠纷，保证市场平稳。

经济生产组织方式及其变迁是家庭养老传统得以存续千年、现在主体地位发生动摇，以及家庭养老向社会化养老过渡的根本原因。目前，我国家庭养老尚存在经济和现实基础，未来一段时间内还有可挖掘的较大潜力，以此为依据提出近期养老规划仍要以家庭养老为主，并支持商业化养老服务的发展，为向社会化养老过渡做好准备。

第 五 章

发挥居家养老的基础性作用

第一节　居家养老概述

一　居家养老的概念及缘起

促使老年人尽可能久地生活在家庭和社区中早已被广泛认为是养老服务政策的核心议题，就地养老的理念自20世纪70年代提出来以后就被广泛认同。因而，通过居家养老保障老年人“老有所养”必然成为养老保障体系中最为重要的制度目标之一。事实上，我国养老服务体系的构建正在经历从强调机构养老到强调居家养老的战略转型。从政策文件来看，自2000年以来，养老服务一体化逐渐受到有关部门的高度重视。《国民经济和社会发展第十二个五年规划纲要》提出“建立居家为基础、社区为依托、机构为支撑的养老服务体系”，要求“每千名老人拥有床位数达到30张”。与“十二五”规划纲要的提法有所不同的是，“十三五”规划纲要提出“建立以居家为基础、社区为依托、机构为补充的多层次养老服务体系”，对于机构床位数并未做出明确规定，机构养老的定位从“支撑”到“补充”。

（一）居家养老的概念

目前学界关于居家养老的主流看法是：居家养老是指老年人在家里居住但却享受社区为老年人提供的养老院式服务的一种社会化养老模式，即以家庭为核心、以社区养老服务网络为外围、以养老制度为保障的养老体系，也被称为“没有围墙的养老院”。从形式上看，居家养老仍保持着传统的家庭的养老格局，但在内涵上体现了从传统模式向现代模式的转变。

1. 居家养老的核心是“家”

家不仅指老年人长期居住的场所，也指与家庭成员共同生活的美好愿景。尽管国内外有关家庭的内涵有所不同，但不可否认的是家庭对老年人的保障功能尤其是精神慰藉功能是不可取代的。这在东亚和南欧国家中非常突出，居家养老隐含着家庭成员对老年人的养老支持。联合国文件指出，年长者的住房不仅仅是一个容身之所，除去物质部分外，它还有心理和社会的意义。①

2. 居家养老强调外界的介入以提供满足老年人养老需求的相应资源

这些资源主要包括服务、环境。除了家庭的支持，居家养老也需要来自社会的养老支持。在家庭保障功能不断弱化的背景下，老年人的居家养老越发需要社会化的养老支持。简单来说，居家养老就是指通过家庭和社会的共同介入实现老年人居住在家庭休养的过程。②

可见，居家养老简单地说就是老年人在自己的家里居住生活，作为一种养老类型，是与在专门机构中居住生活相对而言的。

（二）居家养老的缘起

二战之后，在发达国家所形成的国家福利体系制度框架内，“对老人提供照料是国家的一项重要职责，各国投入了大量的资源，为老人提供免费医疗，养老机构免费或低费入住”，机构养老一度成为“理想”的养老选择。然而，随着社会经济的发展，一方面，老年人口的增加使得政府的财政压力不断加重；另一方面，机构养老院式照顾的弊端不仅在实践中显现而且被理论研究所证实。于是，社会普遍认为老人应该留在家中养老，社区照顾理念开始得到政府的青睐。③

在20世纪末已成为欧美福利国家占主导地位的养老模式的社区照顾，最早产生于英国。20世纪50年代后期，英国政府开始面对老年人推行社区照顾的模式，并取得了相当不错的成效。70年代，社区照顾在英

---

① 姚远：《从宏观角度认识我国政府对居家养老方式的选择》，《人口研究》2008年第2期。

② 崔恒展：《居家养老的缘起演变及其内涵探究》，《山东社会科学》2015年第7期。

③ 祁峰：《英国的社区照顾及启示》，《西北人口》2010年第6期。

国各地已相当普及。90 年代初，英国颁布了《照顾白皮书》和《国家健康服务与社区照顾法令》，进一步强调社区照顾的目标是在“自己的家或像家似的环境中供养人们”①。

黄黎若莲提出，20 世纪 70 年代开始，社区照顾作为一种“把老人留在社区内与家人一同居住而非把他们送进安养院”的服务设计和提供的形式逐渐在西方福利国家流行。社区照顾的内涵兼有家庭照顾、非住院式服务、互助互济、支援网络及提倡区内居民和组织参与等意思。② 祁峰介绍，英国的社区照顾主要是通过居家服务、家庭照顾、老人公寓、托老所、老年社区活动中心等服务项目实现，并依据服务对象差别，分为“社区内照顾”和“由社区照顾”两种方式：“社区内照顾”的服务对象主要是生活基本不能自理的老人；“由社区照顾”的服务对象通常是有一定自我生活照顾能力的老年人。

社区照顾曾被翻译为社区帮助。所谓社区帮助是指为某些人提供服务和支持，这些人是受年龄、精神病、精神障碍、身体或感官伤残的影响，需要在家中或社区里如家一样的环境中尽可能独立生活的人。政府有责任制定社区帮助政策使这些人尽量发挥其潜能。据此可以说，针对老年人的社区帮助或社区照顾，就是所谓的居家养老服务。

二 居家养老的特征

（一）居家养老的特征

1. 准公共产品

公共产品是由政府（公共部门）生产和提供的用于满足全体社会成员共同需求的产品和劳务，具有非排他性和非竞争性。准公共产品是介于纯公共产品和私人产品之间，具有有限的非排他性或有限的非竞争性的公共产品。居家养老是老人居住在家里，以社区为基础，获取多元主体提供的养老资源和养老服务，其服务的提供者既包括政府，也包括个人、家庭、社区、非营利组织、企业等，因此提供主体是多元的；其面对的是全体老

① 韩燕琴：《英国：社区照顾》，《中国社会报》2013 年 9 月 25 日第 6 版。

② 黄黎若莲：《祖国大陆和香港社区照顾模式比较》，《社会工作研究》1995 年第 5 期。

年人，理论上，全体老人都有权享用其提供的物质设施和各项服务。因此，居家养老具有非排他性和非竞争性。但是在具体实施过程中，居家养老提供的服务主要包括生活照料、医疗保健、康复训练等，对老年人个体而言，这些只对“个体产生效益，利益可分”，且在目前服务供给有限的情况下，很大一部分是有偿服务，因此，居家养老服务又具有私人产品的特征，其非排他性和非竞争性都是有限的，是一种准公共产品。

2. 养老资源和服务提供主体的多元性

养老资源提供是指供给经济资源，在市场经济条件下，“拥有了养老的经济资源，就可以置换其他的养老资源”。[①] 养老服务提供是指为满足老年人各种需求的具体服务传递。居家养老资源和服务提供的主体是多元化的，既包括个人、家庭，还包括社区、国家、非营利组织、企业等，各主体“基于各自的功能特点对老年人的照顾进行责任分担，实现老年人照顾系统的均衡与稳定”。[②] 居家养老作为一种准公共产品，政府居于主导地位。政府一方面扮演着福利资金主要供给者的角色，另一方面扮演着规制与监督者的角色。也正因为如此，居家养老具有针对一定社会群体的社会福利的属性。

3. 养老服务以需求为导向

与其他养老方式不同，居家养老更强调从需求出发，以满足老年人养老需求为导向。老年人作为群体具有群体性的基本需求，作为个体又有具体而特殊的需求，涉及衣、食、住、行、乐、为、健、学等多个方面。居家养老以需求为导向，既要考虑老年群体的共性需求，又要根据不同老人的特殊需求，打造多层次、多元化、个性化的资源分配和服务供给模式，使得资源得到有效合理配置，服务灵活务实满足真正所需。居家养老的人本主义理念也非常注重服务对象的参与和选择权。服务对象有权参与服务制订、执行和评估的全过程，有权根据自己的需要和评判去选择自己满意的服务方式。

---

① 穆光宗：《家庭养老制度的传统与变革》，华龄出版社2002年版，第17页。

② 张奇林、赵青：《我国社区居家养老模式发展探析》，《东北大学学报》（社会科学版）2011年第5期。

4. 传统和现代价值观的融合

居家养老既符合传统的养老理念，又与现代价值观和生活方式的变迁同步，是传统与现代的有机融合。中国传统家庭观念是养儿防老，即父母养育子女，待子女成年之后，子女负责给老年人养老送终。传统家庭观念下，养老局限在家庭的内部，子女不仅提供养老资源，而且还要负责照顾老年人的生活，提供全方位的服务，实际上是“子女养老和在家养老的结合”。如果说“子女养老”是内容，那么“在家养老”只是一种形式。这与当时的小农经济生产方式和社会、家庭结构密切相关。其中，不脱离家庭、从家庭成员处获取精神支持和心理满足是传统养老最根本的理念，是家庭养老的本质；依靠家庭内部提供养老服务符合我国传统社会发展状况的养老方式，是家庭养老的形式。随着生产方式的发展，社会结构的转型、家庭功能的弱化和家庭类型的小型化，仅仅依靠家庭内部提供养老服务的方式已经不能满足社会的养老需求，养老服务提供需要社会化、专业化、多元化。而本质的东西，传统的养老并未发生根本性的变化。居家养老既遵从了传统的养老理念，又符合社会发展变迁的趋势，达到了传统与现代的融合。

（二）联合国老龄化议题中的居家养老

20 世纪 80 年代初期，老龄化问题已列入联合国大会的重要议题，形成了“联合国老龄化议题”。1982 年联合国在维也纳会议上批准《老龄问题国际行动计划》之后 20 年间，该计划在“各项重大政策和倡议不断演变的过程中一直主导关于老龄问题的思考和行动方向”。它强调“应该设法让年长者能够尽量在自己的家里和社区独立生活”，并建议“社会福利服务应该以社区为基础，向老年人提供预防性、补救性和发展方面的服务”。1991 年通过的《联合国老年人原则》，1992 年联合国大会通过的《老龄问题宣言》和《2001 年全球解决人口老龄化问题方面的奋斗目标》再次强调要支持以社区为单位，向老年人提供必要的服务与照顾，使他们尽可能长期地居住在家里。2002 年联合国马德里会议召开，通过了新的《老龄问题国际行动计划》。在《联合国第二次老龄问题世界大会的报告》中，居家养老有三个方面的问题值得关注和思考。

1. 为什么选择居家养老

在自己的家里养老是绝大多数老年人的理想追求，即“在所有国家，在自己的社区养老是人们的理想”。就政府而言，这是一种基于经济现状的理性选择，即“过去二十年中，社区照顾和就地养老已成为许多政府的政策目标。有时是基于财政上的理由，因为根据家庭提供大部分照顾这一假定，预期社区照顾比养老院照顾的费用低”。

2. 如何落实居家养老

“如果得不到足够援助，家庭照顾者可能不胜负荷”。因此，为使社区居家养老得到落实，除了营造良好的社区环境外，政府必须提供必要的公共政策支持。针对“住房和生活环境”问题，提出的目标之一为：充分考虑老年人的个人喜好和负担得起的住房选择，促进社区内“就地养老”。为此，提出了十项行动，其中两项为：（1）促进老少融合社区的发展；（2）协调多部门工作，支持老年人继续融入其家庭和社区。针对“照顾和对照顾者的支持”问题，明确指出：“照顾需要照顾的人，无论是由老年人提供照顾还是向老年人提供照顾，大多数是由家庭或社区进行，在发展中国家尤其如此。随着需要这种照顾的人口比例增加，应通过公共政策来加强和巩固这种提供照顾的制度”。

3. 居家养老不是养老的唯一选项

到目前为止，居家养老是被各国实践所证明了的养老的较优选择，但不是唯一选择。“即使在有正规社区照顾制度的地方，这些系统也往往由于资源匮乏和协调不善而能力不足。因此，年老体弱者和提供照顾者可能都愿意选择养老院照顾。鉴于上述种种问题，可取的做法是提供各类负担得起的照顾方法以供选择，从家庭照顾至机构照顾，不一而足。最后，在选择最有效的照顾方式时，必须由老年人参与评价自己的需要并监测所接受的服务。”

三　居家养老在中国的发展

（一）政府推动的居家养老的产生

1. 探索养老服务，提出居家为基础的发展方向

民政部推动的、肇始于1986年的社区服务，到1991年转变为社区建

设，社区服务成为社区建设的重要内容。社区服务主要是开展面向老年人、儿童、残疾人、社会贫困户、优抚对象的社会救助和福利服务。而“面对数以万计、以家庭居住区为主要活动场所的老年人，为他们提供养老服务和生活照顾是社区服务义不容辞的职责”。①

2002 年 2 月，国办转发的民政部等 11 个部门《关于加快实现社会福利社会化意见的通知》提出“在供养方式上坚持以居家为基础、以社区为依托、以社会福利机构为补充的发展方向，探索出一条国家倡导资助、社会各方面力量积极兴办社会福利事业的新路子”。居家、社区和机构三者相提并论的表述由此而产生。2002 年 8 月《中共中央国务院关于加强老龄工作的决定》中，“建立以家庭养老为基础、社区服务为依托、社会养老为补充的养老机制”，作为今后一个时期老龄事业的主要目标之一被提出。

2. 围绕着为居家养老提供支持，探索发展居家养老服务阶段

2001 年 5 月，民政部《“社区老年服务星光计划”实施方案》中，有“建立和完善社区老年福利服务网络，为居家养老提供支持，为社区照料提供载体，为老年人活动提供场所”的表述，“居家养老”一词在官方文件中首次被提出。

2006 年 5 月，《国务院关于加强和改进社区服务工作的意见》提出，“进一步推进社会福利社会化，加快发展社区居家养老服务业”，“社区居家养老服务业”等表述开始出现。2006 年 11 月，国办转发的全国老龄办和民政部等 10 个部门《关于加快发展养老服务业的意见》中提出“逐步建立和完善以居家为基础 、社区服务为依托、机构养老为补充的服务体系”，居家、社区、机构地位不同但“三位一体”的服务体系“雏形”初现。

2007 年 5 月，国家发改委、民政部联合印发《“十一五”社区服务体系发展规划》，明确要“大力发展社区居家养老服务，重点发展面向老年人及其家庭的商品递送，医疗保健，日间照料、陪伴等服务。具备条件的地方，依托社区服务体系开展老年护理服务，尤其要做好针对‘空

① 李森：《城市社区建设概论》，山东大学出版社 2001 年版，第 45 页。

巢老人'、高龄老人和生活不能自理老年人的社区服务"，居家养老服务的内涵开始明确。

2008 年 1 月，全国老龄委联合发改委、民政部等 10 部门下发《关于全面推进居家养老服务工作的意见》，提出全面推进居家养老服务工作的重要意义、基本任务和保障措施，首次对居家养老服务给出了明确的界定。

3. 以居家服务为重点，探索建立社会养老服务体系

2009 年 11 月，民政部《关于进一步推进和谐社区建设工作的意见》强调"大力发展居家养老服务，依托社区养老机构和社区老年人日间照料中心，逐步建立以居家为基础、社区为依托、机构为补充的社会养老服务体系"。居家、社区、机构三者地位的表述进一步精练，2006 年所提出的"服务体系"被明确为"社会养老服务体系"。

2011 年 9 月，国务院《中国老龄事业发展"十二五"规划》将"建立以居家为基础、社区为依托、机构为支撑的养老服务体系"作为主要发展目标之一，其中，机构在养老服务体系中的地位由原来的"补充"变为了"支撑"。2011 年 12 月，国办印发《社会养老服务体系建设规划(2011—2015 年)》，在对社会养老服务体系的内涵和定位阐述过程中，对居家养老的内涵和地位有了更为明确的界定。

2013 年 3 月 13 日十二届全国人大一次会议记者会上，时任民政部副部长的窦玉沛明确提出以居家为基础、社区为依托、机构为支撑的社会养老服务体系建设的重点是发展居家服务。

4. 养老服务体系初步建立的基础上，居家养老服务的实践探索

2013 年 9 月，《国务院关于加快发展养老服务业的若干意见》明确了"以居家为基础、社区为依托、机构为支撑的养老服务体系初步建立"，针对总体上"养老服务和产品供给不足、市场发育不健全、城乡区域发展不平衡等问题还十分突出"的现状，提出了加快发展养老服务业的意见。在随后一年多的时间内，中央部委多部门及地方各级政府密集出台了一系列的政策，在政府的强力推动下，居家养老服务实践有序展开。

一是从养老产业的角度提出加快推动居家养老服务的多元化发展。2014 年 11 月，《商务部关于推动养老服务产业发展的指导意见》（以下简

称《意见》）颁布。养老在我国一直是作为一项福利事业，但 2014 年，国务院重新定调了养老服务业的发展，商务部也提出要将养老事业发展成养老产业，并通过市场化的方式来推动养老服务业的发展，商务部出台的《意见》标志着养老服务产业化的开始。该《意见》提出要“依托非政府组织、社区组织、企业和社区医院等多种供给主体，建立健全省、市、县、乡镇（街道）村（社区）等不同层次的居家养老服务网络，满足多层次的居家养老服务需求”。

二是进一步明确了居家养老服务中政府的基础责任。2014 年 8 月，财政部、发改委、民政部、全国老龄办联合发布《关于做好政府购买养老服务工作的通知》，明确了政府购买养老服务的基本原则和工作目标，即应根据养老服务的性质、对象、特点和地方实际情况，重点从生活照料、康复护理和养老服务人员培训等方面开展政府购买服务工作，并分别从购买居家养老服务、购买社区养老服务、购买机构养老服务、购买养老服务人员培养、养老评估等五个方面明确了购买养老服务工作的具体内容。其中，“在购买居家养老服务方面，主要包括为符合政府资助条件的老年人购买助餐、助浴、助洁、助急、助医、护理等上门服务，以及养老服务网络信息建设”。

三是进一步推动居家养老服务法规划建设。主要在地方政府的工作实践中展开，如北京市人大在 2015 年审议通过了《北京市居家养老服务条例》，市政府专门出台了一个居家养老服务意见，有了一系列推进居家养老服务的政策，使老年人在家就能够享受到像养老机构一样的服务。

（二）居家养老与居家养老服务、家庭养老、社区养老和机构养老的关系

1. 居家养老与居家养老服务

居家养老是一种养老方式的选择，而居家养老服务是实现居家养老的关键要素和必要条件。居家养老服务的提供者既可以是家庭成员，也可以是专业服务人员，其内容一般包括护理、照料、交流三个方面。但是不能把居家养老等同于居家养老服务。

2. 居家养老与家庭养老

家庭养老强调养老的责任主体和服务来源是家庭成员，居住地点可

以在家也可以在机构。而居家养老强调的是家庭和非家庭的有机结合。

3. 居家养老与社区养老

居家养老是基于社区服务的居家养老方式。“家”总是处于一个社区环境之中，因此社区可以被看作是一定数量的家庭的集合，在地理上和管理上都具备为居家养老提供支持的优势。从需要社会化服务支撑的角度来看，居家养老与社区养老的内涵是相同的。英国等国家强调的社区养老是指由社区或在社区提供社会化的服务，是从制度安排的角度提出的，强调社会政策的导向应从发展机构养老回归到发展老年人所居住的社区养老，即去机构化的过程。从这一点上看，社区养老与居家养老的表现形式是一致的，都是居住在家中。并且，家庭作为一种额外的资源也逐渐被考虑在社区养老的体系中。因此，从结果上看，居家养老与社区养老也是相同的，只是各国的提法有所不同。

4. 居家养老与机构养老

严格意义上说，机构养老与居家养老是两种截然对立的养老方式。机构养老是指老年人入住养老机构实现养老的过程。但是，居家养老不应排斥养老机构提供的专业化养老服务。相反，居家养老需要日间照料中心、老年人日托机构提供服务支持。一些地区还有针对家庭照护者的“喘息服务”，如为老年人提供短期入住养老机构的服务，以缓解家庭日常照护的压力。[①] 这些由机构提供的养老服务并非严格的机构养老，其目的仍然是为了促进居家养老的实现。

居家养老需要具备一定的条件：一是老年人具备良好的经济条件，即收入有保障。二是有支持老年人自我决定、自理、自主行动的社区。具体包括：居住费用的负担与收入相当，拥有安全并且能安心永居的住宅；社区安定，社区人员相对稳定；有必要的医疗和保健服务；附近有托老所、老人福利院等各种福利服务设施；日常生活环境完备，交通方便等。由此可见，生活能自理的老年人主要应选择居家养老。

丧失或部分丧失生活自理能力的老人，患病需要长期医疗护理的老人，以及缺少家庭照顾的高龄老人，应选择机构养老，使他们在养老机

---

① 石琤：《居家养老概念辨析、热点议题与研究趋势》，《社会保障研究》2018 年第 5 期。

构得到多方面的照料服务和精神慰藉。养老机构主要是面向需要长期照护的老人。

老年人在生命周期的不同时段，应根据其身体健康状况选择不同的养老地点，选择不同的养老模式。在身体健康、生活能自理时，选择居家养老一般是较为合适的，也是值得推崇的。[①] 原因在于：居家养老针对的是生活能自理或部分能自理的老年人，其不仅可以满足老年人的生活照料，还可以满足精神慰藉方面的需求，同时具有成本相对较低等许多优点。

四 中国发展居家养老的意义

（一）发展居家养老符合民情与国情

首先，中国人讲求儿孙绕膝、天伦之乐。绝大多数老年人倾向于在自己的家中养老，只有很少一部分老年人选择机构养老。在老年人晚年入住养老机构比较常见的西方国家，因为享受家庭和社区氛围的老年人精神和身体状况更好，近年来也逐渐兴起“原居安老”的潮流，政府则注重依托各类非营利组织，大力完善社区照顾系统。

其次，虽然中国养老服务体系建设投入在逐年递增，“十二五”末每千名老年人拥有的养老床位达到了30张，但由于地区发展不均衡等因素的存在，这仍不能适应老年人入住养老机构的需求，很多地方存在城市养老机构一床难求，而郊区、县乡养老机构床位空置率较高的两种极端情况。

第三，与发达国家在经济高度发展基础上步入老龄化社会不同，中国呈现出典型的“未富先老”特征，居家养老服务费用较低，适合一般家庭的经济承受能力。

（二）减轻家庭养老负担，解除子女的后顾之忧

孝敬与否并不能仅仅从形式上来判断，在一个多元化的社会里，公众选择和表达对父母孝心的方式也需要多样化。当前，家庭养老真正的困难在于年纪较大或患病的老年人，他们需要有人照顾，尤其对于生活完全不能自理的老年人来说，更需要全天候的照护。在医疗、护理水平达不到的情况下，家庭养老实际上牺牲了老年人的生活质量甚至人格尊

① 陈友华：《居家养老及其相关的几个问题》，《人口学刊》2012年第4期。

严。所以，当子女不能亲力亲为照顾父母时，通过购买服务的形式，让专业机构和专业人员代理养老护理和服务，就不失为一种更好的孝敬形式。近年来，代孝行业悄然兴起，这既是对传统孝文化最有效的传承，也是社会进步的表现。

以往一家一户的养老方式，是一种“小而全”的模式，不论条件如何，各个家庭的配置都必须齐全，投入多而效率低，资源浪费大。养老服务的社会化和市场化使得养老趋向于集约化和专业化，用更少的人力照顾更多的老年人，集中、高效地使用社会资源，用更低的成本来达到更好的养老效果。所以，多元化养老体系的完善，不仅使需要照顾的老年人得到了较好的照料，也使子女可以解脱出来，安心工作，这对于提高工作效率、保证工作质量具有积极的意义，对整个社会代际关系的和谐及经济发展具有重要意义。

（三）缓解政府的养老压力

2017 年全国各类养老服务机构和设施 15.5 万个，比上年增长 10.6%，其中：注册登记的养老服务机构 2.9 万个，社区养老机构和设施 4.3 万个，社区互助型养老设施 8.3 万个；各类养老床位合计 744.8 万张，比上年增长 2%（每千名老年人拥有养老床位 30.9 张），其中社区留宿和日间照料床位 338.5 万张。根据民政部 2018 年 4 季度机构数据显示，老年人与残疾人服务机构共 29792 个。截至 2018 年底，全国养老服务机构近 3 万个。[①] 据中国老龄科学研究中心调查显示，当前要求入住养老机构的老年人约占老年人口总数的 5%，而我国养老机构的床位不到老年人口总数的 1%，不仅低于发达国家 7% 的比例，也低于一些发展中国家 2%—3% 的水平。因此，在当前形势下，由于公共投入不足，鼓励社会资本兴办养老机构便十分必要。

多元化养老体系的发展不仅有助于解决政府“缺位”的问题，也能较好解决政府“越位”的问题。公办养老机构本应该是针对“三无”老人或类似的老年群体而兴办的，但是现在一些公办养老机构为了管理方

---

① 《2018 年全国养老服务机构近 3 万个　养老服务床位共 746.4 万张》，2019 年 3 月，中商情报网（http：//www.askci.com/news/chanye/20190305/1605411142729.shtml）。

便和降低风险，倾向于接受生活完全能够自理的老人，而且建设标准过高，布局不尽合理，只能满足少数人的养老需求，非但没有起到“保基本、兜底线”的作用，反而抢占了本应由市场做的事情，影响了整个社会福利政策和资源的公平分配与共有共享。社会资本参与养老无疑有助于转变政府职能，营造平等参与、公平竞争的市场环境。

（四）满足多样化、多层次的养老需求，提高养老生活品质

老年人不仅有生活照料的需求，也有医疗卫生、保健护理等方面的需求。此外，老年人还有文化娱乐、健身休闲、学习交流等方面的需求。

（五）发展居家养老能产生更大的经济社会效益

首先，前面第二点我们已经提到，发展居家养老能减轻家庭负担，让家庭里面的劳动年龄人口能够有更多的时间和精力投入到工作之中。据统计，随着中国人口老龄化的不断加剧，高龄老人、失能、半失能老人也会越来越多。一个家庭如有失能或半失能老人需要照顾，子女必然会分散一大部分时间和精力，很难全身心地投入工作。雇佣保姆，不仅不专业，还会带来很大的经济支出。居家养老服务提供日间照料、托老等服务，能将社区服务和养老机构的养老服务延伸到家庭，不仅能切实改善这些失能老人的生活品质，也普遍降低了家庭的照料成本。

其次，与机构养老相比，居家养老是一种投入较少、经济和社会效益较高的养老方式。机构养老需要兴建或租赁基础设施，居家养老却能最大程度地利用老年人所在社区或家庭的住房资源，相当于建起了“没有围墙的养老院”。

第三，能创造更多的就业岗位，推动经济转型。居家养老的市场化、产业化发展能够提供大量的工作岗位，将成为调结构、惠民生、促升级的重要力量。

第二节 政府、非政府组织与家庭在居家养老中的责任定位

一 政府政策制定与财政支持

政府政策制定与财政支持是做好居家养老服务的重要保证。居家养

老服务工作应在政府主导下开展。全国老龄办等十部委办局2008年为此专门出台了《关于全面推进居家养老服务工作的意见》，目前的主要任务是做好政策落实工作。同时，在资金投入、资源整合上政府要有具体作为。比如，在财政预算中设立居家养老服务专项资金，对开展居家养老服务的中介机构给予财政支持，对符合条件的老人应有政府为其购买服务，对社区内的设施场地、服务机构进行资源整合等。

究竟谁应为居家养老服务埋单，则需要视老年人的经济条件、身体健康状况等具体情况而定。维护公民的生存权是政府的基本责任，而当个人或家庭缺少维持基本生存的能力时，政府应当承担起服务供给的责任。由此可见，为经济困难的孤寡、独居、高龄老年人提供基本居家养老服务是政府的基本责任。因此，政府应出资为经济困难的孤寡、独居、高龄老人购买无偿或低偿居家养老服务，其他老年人则应个人出资从市场购买居家养老服务。

目前，全国各地在开展居家养老服务过程中制定有明确的补贴办法和标准，对部分老年人提供无偿或低偿的基本居家养老服务。尽管这些补贴办法与标准因地而异，但还是有许多共同的内容。

无偿服务对象多为贫困、独居、孤寡、失能、半失能、家庭与子女无力照料的高龄老人。如许多地区的无偿服务对象是70岁以上的低保老人、城镇“三无”与农村“五保”老人、重点优抚老人和低收入家庭中生活不能自理或确需帮助的老人、二级以上肢体残疾的老人，其中许多属于传统的民政救助对象。

低偿服务对象多包括70岁以上的低收入家庭老人、享受生活费补助且未参保的城镇集体企业退休人员、享受定补的20世纪60年代退职职工中的“40%救济对象”、享受定补的革命“五老”人员及其遗孀、享受定补的矽肺病救济对象及80岁以上的“空巢”老人。

有偿服务由个人支付所需服务费用，政府不提供财政补贴，因而有偿服务对象应该是全体老年人。

政府基本责任范围内的公共产品与公共服务主要有两种基本的提供方式：政府直接提供与通过购买而间接提供。在政府埋单居家养老服务中，究竟采用什么样的提供方式，是政府直接运作还是委托给社会组织运作？居家养老服务这类细微、琐碎、需求多样化的工作，政府亲力亲为，直接提供往往事倍功半，效率低下，而唯一可行的办法就是政府服务外包，通过购买的方式，委托社会组织或市场提供居家养老服务。由此可见，在政府基本责任范围内的居家养老服务工作中，政府是服务购买者，社会组织或市场是服务提供者，家庭或个人是服务接受者。①

社会组织是居家养老服务的供给主体，社会组织发展的好坏对居家养老服务工作具有重要影响。目前我国能够承担居家养老服务的社会组织不多，发展很不完善。因此，政府应大力培育和发展社会组织，与其建立伙伴关系，并主动承担起政策制定、资源提供与服务监管的职能，使其有良好的发展环境，从而能承接政府的部分社会服务职能。政府对居家养老服务的政策与资金落实、服务质量等还负有监管的责任。

总之，政府是居家养老服务的管理部门，主要职责是制定居家养老服务的政策法规，确立居家养老服务整体发展规划和分步推进计划，做好居家养老服务的经费预算、社会组织培育、综合协调及有关的监管工作。

二 非政府组织和家庭的责任

非政府组织是居家养老服务的提供主体，它接受政府的委托，开展居家养老服务的具体组织、实施和评估工作，按时完成政府交办的任务。服务机构面向老年人直接开展面对面的服务，其职责是做好服务人员的选派、管理和职业道德教育以及服务质量监督等工作。

政府为特殊困难老年人提供居家养老服务，以提高这部分老人的生活品质，绝不意味着传统意义上的家庭养老服务由居家养老服务所代替，也绝不意味着家庭和子女赡养老人义务的解除。老年人需求包括经济供养、生活照料与精神慰藉等多个方面，尽管在现代社会，经济供养责任逐渐由家庭转向政府和社会，更强调政府和社会在养老中的责任，但是老年人的精神需求，如家庭中的亲情交流和天伦之乐是社会服务无法替

① 周丽娟：《培育发展民间组织，实现居家养老民营化》，《科学教育》2007年第11期。

代的。政府为部分困难老人提供基本的居家养老服务，是应对家庭养老功能弱化、弥补家庭养老服务功能不足的一种具体而有效的措施，目的是为了缓解家庭与子女的照料负担和压力，从而降低因家庭照料能力不足而把老年人推向社会的可能性，既提高了老年人的生活品质，又减小了机构养老的压力，还减轻了政府财政支出的负担。

三　政府购买居家养老服务的运行流程

政府购买居家养老服务的运行程序为（图5－1）：一是制定享受政府埋单居家养老服务对象标准，即准入门槛。二是社区（村）居委会根据准入标准排查筛选出符合条件的、能享受政府购买居家养老服务的对象。在实际工作中可以参照低保对象排查筛选、认定方法与程序来确定政府埋单居家养老服务对象。三是乡镇、街道民政或老龄机构审核批准。四是确定居家养老服务的内容。五是政府委托社会组织对政府埋单居家养老服务对象提供服务。六是政府对居家养老服务的质量进行检查监督，并委托第三方对社会组织所提供的服务进行质量评价。七是培训居家养老服务人员和志愿者。八是民政或老龄部门向社会组织支付相应的服务费用。

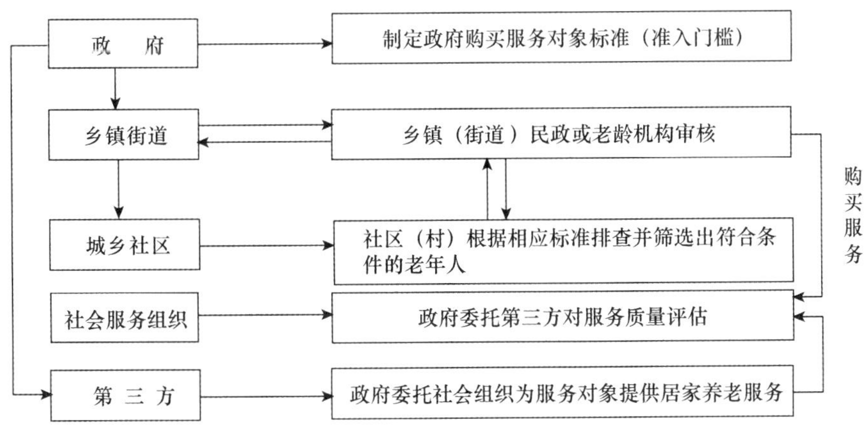

图5－1　政府购买居家养老服务运行程序

第三节 中国居家养老发展中存在的困难及改善策略

一 居家养老发展中存在的问题

自2000年在部分省（区、市）开展试点以来，中国居家养老工作已经走过了十几年的历程。其发展过程呈现出政府主导、循序渐进和城镇化优先的特点。然而，整体而言，我国居家养老工作仍不完善，还存在一些突出的困难和问题。

（一）居家养老服务项目少

我国居家养老服务开展的时间短，服务方式单一，主要依托社区为老人提供基本日常生活服务，专业化的养老服务项目不多，如临终关怀、康复治疗、心理疏导等。首先，老年人之间存在较大的个体差异。由于受经济水平、文化素质、身心健康程度等多方面的影响，老年群体对养老的需求存在较大的差异，这就直接导致养老需求的多样化。但我国目前养老服务项目单一，无法满足多元化的养老需求。其次，需要专业化的养老服务。随着人口的老龄化，高龄化趋势也很明显，养老服务需求逐渐增加，为老年人提供具有一定专业性水平的养老服务人员更是必不可少的事情，而我国在老年人护理服务专业化方面发展缓慢，无法满足老人尤其是高龄老人的养老需求。最后，老年人在精神方面也存在较高的发展需求。近年来空巢老人越来越多，没有儿女的陪伴，独居老人的孤独感更为严重，甚至还存在患上心理疾病的隐患。要想真正解决老年人的养老问题，不仅要重视养老的物质提供和社会支持层面，更需要了解老年人的心理需求，但老人们精神层面的问题还没有得到重视，也没有找到恰当的方式去应对和解决。

（二）居家养老服务资金投入不足，配套不到位

居家养老的经费来源主要依靠政府部门的资金投入，但单一的经费渠道、不完善的相关配套设施，使居家养老的发展与需求不相适应。我国居家养老的经费来源主要包括以下几个部分：一是社会福利彩票的福利金。2001年民政部实施“星光计划”，发行福利彩票，把筹集到的福利

金用于社区老年人福利服务设施上，为居家养老解决了一部分经费。二是居家养老服务补贴。为从根本上解决养老问题，更好地发展养老服务事业，各地民政部门提出了直接性养老补贴政策，并由相关部门负责出资发放。三是政府购买居家养老服务。享受服务的对象为困难老人、特殊贡献老人、80 岁以上老人，服务项目包括助餐、助洁、助医等。四是时间储蓄模式。具体做法是组织身体健康的老人帮助照顾身体不健康的老人，并将服务时间记录在册，当帮助者需要养老护理时，其拥有被提供同等养老服务时间的权力，从而逐渐形成互帮互助的良性循环。

(三) 居家养老服务设施欠缺

一是服务设施缺乏适用性。一些社区在建设养老服务设施时，缺乏无障碍设施，忽略了防碰撞、防滑、防摔跤等功能，如楼道、卫生间没有安装扶手等，布局也不合理，使老年人的行动与生活很不方便。老年人体弱多病、行动不便，所以在建设居家养老服务设施时，应本着交通便利、就近的原则。但有些社区设置老年服务设施时，设置不合理，远离居民区，造成老年人使用不便，使资源无法被有效利用，没有起到应有的作用。二是养老设施不齐全。社会对养老服务投入过少，而老年群体数量逐年上升，老人晚年需要丰富多彩的生活，社区也需要种类齐全的养老服务设施，如老年人健身设施、图书阅览室、老年大学等，但现有条件无法满足老年人的需求。三是社区医疗保健资源匮乏。老年人的身心健康是养老最为关键的一个问题，但社区卫生服务存在设备简单、布局不合理、医务人员不专业等问题，很难满足老年人在医疗保健方面的需求。

(四) 居家养老服务人员流动性大，工资、社会地位低

1. 居家养老专职服务人员构成复杂

居家养老专职服务人员主要包括下岗职工、退休人员、待业人员、农民工、家庭主妇等，这部分群体的文化层次不高，缺乏专业化服务知识和技能，专业度不足。

另外，专业护理人才匮乏。从表 5 - 1 中 2015 年到 2018 年底的数据来看，虽然我国注册护士的比例逐年上升，但是近三年涨幅分别为 8.2%、8.3%、5.3%。

表 5-1　2015—2018 年我国护士队伍相关数据

	2015 年	2016 年	2017 年	2018 年
注册护士总数	324.1 万	350.7 万	380 万	400 万
每千人口护士数	2.36	2.54	2.74	3
全国医院医护比	1∶1.07	1∶1.45	1∶1.1	N/A
基层护士数	64.6 万	69.6 万	80 万	N/A

我国在老年护理方面存在的问题首先是人力供给不足，一方面是总量不足，另一方面是护理方面的优质资源也比较短缺。护理方面的优质资源是指能够精准对接满足需求的资源，护士的要求是“三贴近”，即贴近患者、贴近临床、贴近社会。现在优质的护理资源主要集中在二级以上特别是三级医院，基层护士人力资源相对缺乏。其次是护士的职业荣誉感、职业认同度较低。很多医疗机构出现年轻护士的离职问题，这既有主观因素也有客观因素，客观因素主要是有关工资待遇的问题。护士的劳动价值不能得到体现，待遇和付出不匹配，都是影响护士队伍稳定的重要因素。

2. 劳动报酬低

居家养老服务人员没有法定的工作时间、规范的休假制度，劳动关系、工资待遇等缺乏制度保障。实际上，居家养老服务工作者在工资、医疗、住房公积金等方面缺乏制度保障和激励机制，阻碍了居家养老工作的专业化发展。

3. 人员流动性高

从事居家养老服务工作强度大，服侍老人的工作又脏又累，社会认可度低，劳动报酬低，导致服务人员数量难以满足需求，服务人员离职、换工作频率较高，不利于居家养老服务专业化的发展。

（五）观念落后，法律法规不健全

居家养老是立足我国基本国情、解决养老问题的有效途径之一。但相关部门的观念还比较落后，没有把居家养老服务事业的发展提高到关系人民幸福度、保持社会稳定的高度来认识。老年人也不了解居家养老服务的相关政策。一部分老人认为养老是自己的事情，让老人在自己家中被子女照顾更为稳妥、更让人放心。还有些老人认为，政府出资为老年人提供福利服务是应该的。另外，居家养老的法律法规也不健全。我国推行居家养老的时间不长，迫切需要建立针对居家养老服务的政策和法规。我国虽有老年人权益保障法，但过于简单、可操作性不强，因此需要健全为居家养老保驾护航的相应政策和法律法规体系，使居家养老真正受到法律法规的保障。

（六）社会力量参与居家养老不充分

由于政策措施实施需要有一个过程，再加上一些政策刚性不足等原因，总体上看，长期制约养老服务业发展的一些深层次问题仍未得到解决，社会力量参与居家养老的潜力还没有得以充分释放，居家养老在资金投入方面仍以政府为主。概括起来，当前社会力量参与居家养老主要有五方面的障碍。

1. 并轨难

民办养老机构主要注册登记为民办非企业和企业两种类型。与公办养老机构相比，民办非企业机构在土地、租金等硬件方面的投入较大，管理经费无保障，在养老服务市场中处于劣势。社会力量为享受现行优惠政策，大多选择登记为民办非企业机构，但在实际运营中，一些机构则提供高价服务，转移机构盈利，通过会员制方式融资等，往往偏离了非营利的性质。

2. 用地难

由于养老服务比起商业开发项目收益回报率低，地方政府缺乏积极性，部分地区养老机构建设用地需求得不到有效满足。此外，由于城镇老城区开发早，人口密度大，用地紧张，设施改造难度大，发展养老服务空间有限，许多养老机构或设施建设项目也难以落地。

3. 融资难

养老服务行业属于投资大、回报周期长、见效慢的微利行业。按照现行规定和各地做法，民办养老机构只有登记为民办非企业单位才能享受有关优惠政策，但登记为民办非企业单位后，其资产就不能作为抵押从银行获得商业贷款，投资主体不能对营利进行分红，不能设立分支机构，相当程度上影响了社会力量进入养老服务行业的积极性。

4. 运营难

一方面，由于公办养老机构条件好、收费低，一些收入高、身体好的老年人也想入住养老，形成“一床难求”的局面；另一方面，大部分民办养老机构依靠收取入住老人的服务费来维持日常运营，运营成本较大，一些地区资金补助、税收减免、水电气热费用等优惠政策落实不到位，严重影响了养老服务市场的发育。民办养老机构老年人走失、意外伤害等事件时有发生，容易引起纠纷，运营风险大。

5. 用人难

从业人员素质不高且流失严重，是限制民办养老机构可持续发展的重要因素。一些民办养老机构因收费较低，难以承受运营中的人工成本，加上从业人员工作时间长、劳动强度大、社会地位低等原因，招人留人十分困难，更无力招收医疗、康复、心理等高素质人才。

二　完善居家养老的对策

居家养老以其独特的优越性得到广大老人的认可，但在我国居家养老发展过程中还存在诸多不完善的方面，需要采取相应的措施。

（一）在养老服务体系建设中优先发展居家养老

一是提高居家养老支持政策的“含金量”。国家加大居家养老的资金投入力度，明确各级政府每年对居家养老服务的投入比重，确保资金能够落实到位。每个居（村）委会都应建设居家养老服务设施，既要重建设，也应重视制度的持续运营。全面建立针对经济困难的高龄、失能老人的补贴制度。二是精准施策，细分居家养老服务对象。按照年龄、经济状况、身体状况，摸清服务需求层次。重点提高居家养老服务在满足失能和部分失能老人需求方面的能力。三是整合资源，形成合力。要把统筹规划下沉到社区的各类公共服务，实现资金投入、人力资源的互联互通。四是积极总结地方实践中形成的好经验、好做法，尽快把其上升为全国性政策。

（二）拓宽资金筹资渠道

要不断扩宽资金筹集渠道，增加资金来源。一方面要不断加大财政投入，另一方面可以通过福利彩票、国有股转持等途径扩大资金筹集渠道。

居家养老从本质上具有福利性、公共性，为居家养老投资是政府责无旁贷的义务，政府应把养老经费纳入公共财政的具体支出明细中，列出相应的标准，以便发展居家养老事业。另外，仅靠财政来解决居家养老资金是远远不够的，还需要动员社会力量积极参与，让企业及个人的资金投入到居家养老事业中，聚集社会闲置资金，为居家养老提供更好的资金环境。

（三）全面放开养老服务市场，撬动社会资本的参与，提高居家养老服务的供给能力

一是有效发挥财政资金对民间资本的撬动作用。进一步提高社区老年人日间照料中心的建设补贴标准，吸引社会投资；建立健全政府购买养老服务机制，吸引社会力量参与居家养老服务；设立养老服务产业政府引导基金，加快培育居家养老服务产业优质项目。二是探索政府与民间资本的多种合作的方式。政府投资兴建的服务设施，可交由企业或社会组织运营管理，给予税收优惠、水电费用补贴等优惠。可以探索股权合作、PPP等多种能够合作的方式，将社区居家养老服务项目整体打包与民间资本进行合作开发和经营。三是完善优惠政策。在市场准入、政府补贴、税费减免、土地保障、金融支持等方面，尽可能给予优惠，并对执行情况进行监督，确保落实到位。四是有针对性地培育居家养老服务主体。建立居家养老服务信息平台，开展“互联网+”养老行动，推进智慧社区建设，引导各类商业服务在社区落地；引导物业、家政等相关行业企业利用自身优势，进入居家养老服务领域；引导住宿型养老机构利用专业优势向社区延伸，向周边社区老人提供“喘息式”的短期照护服务或上门服务，乃至直接进入社区举办的日间照料中心；鼓励居家养老服务机构连锁化、品牌化经营，形成规模效应，推动市场主体公平竞争，增加优质养老服务产品供给。

（四）完善配套制度，优化居家养老发展环境

一是逐步提高老年人的消费能力，形成对居家养老服务的有效需求。建立长期护理保险制度，吸引更多的社会资本进入。二是制定医护人员为居家老人提供上门服务的服务规范和技术规范，在社区层面推进医疗与养老服务相结合。三是规范家政、餐饮等相关服务行业，确保通过居家养老服务平台所对接的商业服务的质量。四是推进老年宜居环境建设，

加强社区和老年人家庭适老化无障碍改造；研究物权法、物业管理条例等法律法规有关规定，破除为老旧住宅加配电梯的制度瓶颈。五是弘扬中华民族敬老、养老的优良传统，创造条件让家庭成员更多地服务老人，更好地衔接家庭照料与社会养老服务；鼓励子女与老人共同居住，放宽户口迁移，打破随迁方面的政策障碍；进一步完善养老保险转移接续、医疗保险异地就医保险结算等制度；鼓励邻里互助和老年人之间相互帮助。

（五）制定和完善相关法律法规

世界各国养老服务的发展都走法治化道路。英国先后制定了《社区照顾法》《国家健康服务与社区照顾法令》。美国也制定通过了“监察预算调解法案”。总之，这些国家都有较完善的法律保障体系。我国的居家养老还处于起步阶段，相关的管理及规章制度还不完善。所以我国应根据经济发展状况，制定和完善这方面的法律法规。特别是要把居家养老工作制度化、规范化，应加快居家养老相关政策和法律法规的出台，为养老服务事业的发展提供法律法规方面的保障。

（六）合理挖掘和利用各种为老年人服务的资源

充分利用现有的设施与资源，提供更好的硬件资源和文化氛围。健身馆、公园等设施免费向60岁以上老人开放，在社区及公共场所设置一些适合老年人的健身器材，便于老年人锻炼身体。企事业单位的各种活动场所应面向老年人开放。改造社区内已有的闲置设备，为养老所用，把分散在社区的设施结合起来，组成统一的社区养老服务设施体系，以低偿或无偿的方式向老年人开放所有的养老资源，发挥其最大的效益。这既可让社会资源得到充分利用，还能减少老年设施建设费用，更好地为老年人服务。

（七）培养优质服务人才

我国的老年护理服务人员短缺。2018年底，全国注册护士总数超过400万，每千人护士数达到3人。在护理队伍的素质方面，全国注册护士总数占卫生专业技术人员的近50%，具有大专以上学历的护士近70%，护士专业素质和专科护理服务能力不断提高。但我国有2亿多老年人口，其中患有慢性病的老年人口就高达1.5亿，失能、半失能老年人口达

4400万，我国突出的问题还是专业护理人才的短缺。今后，应建立人才培养计划和制度，开设居家养老服务人员培训课程，通过课程培训考取相关资格证，合格者持证上岗；在大专院校设置老年护理专业，开设护理相关课程；定期对老年护理服务人员进行培训，特聘一些社区工作经验丰富的专家授课，提升养老服务人员的专业素质和业务能力；提高社区工作人员的待遇，并向社会公开招聘高素质的社会工作者，鼓励社会工作专业毕业生从事居家养老服务行业。

在医疗分级诊疗的大框架下，护理服务也应朝着“分级诊疗”的形态前进。在分级诊疗的框架下，应倡导护理服务也要由相应的分级提供。护理分级和分级诊疗的大医改方向和制度建立是相匹配的。现在医疗服务体系的组织要实现分级诊疗，对于三级医院来说其主要是发展专科护理，培养专科护士，通过专科技能提升护理服务质量。二级医院、康复医院、护理中心、基层医疗服务机构，则需要有针对性地进行功能定位，如二级医院可能更多地承接三级医院下转的康复期、慢性病恢复期和手术后的病人，针对这样的功能定位有针对性地提供相应的护理服务，培养护士的专业技能；而对于基层的社区服务中心、乡镇卫生院，其主要是提供老年、康复、临终关怀、安宁疗护等护理服务。

第六章

促进医疗卫生与养老服务的结合

第一节　医养关系及结合模式

一　医养结合的概念

医疗卫生与养老服务相结合，是把生活照料和医疗康复融为一体的新型养老服务模式。这一模式在强调对老年人提供生活照料服务的同时，将满足老年人健康与医疗服务方面的需求放在同等重要的位置，旨在实现医疗资源与养老资源的结合、医疗服务与养老服务的融合。

随着我国人口老龄化、高龄化的不断加剧，老年人的医疗卫生服务需求和生活照料需求呈叠加趋势。而家庭结构的小型化又导致家庭养老功能明显弱化，特别是在老年人患病时，家庭成员在时间投入、经济负担、精神慰藉等方面都会力不从心，迫切要求建立健全社会化养老医疗照护体系。加快推进医疗卫生与养老服务的结合，有利于满足人民群众日益增长的多层次、多样化健康养老服务需求，有利于扩大内需、拉动消费、增加就业，是积极应对人口老龄化的长久之计。

二　医养结合养老创新的行动逻辑

医养结合是集医疗、护理、康复和基础养老设施、生活照料、无障碍活动为一体的养老模式，其优势在于能够突破原有医疗和养老相分离的状态，为老年人提供及时、便利、精准的医疗服务，并最终将医疗服务、生活照料服务、健康康复和临终关怀等整合，实现提供一体化的医养结合服务的目标，从而满足老年人的整体养老需求。因此，医养结合养老创新的逻辑集中体现为两种资源相向而进的连续过程。

（一）健康养老需求论

健康老龄化是全球应对老龄化问题的有效举措。这一举措的宗旨是促进老年人在晚年能够保持躯体的、心理的和社会的完好状态，将疾病或生活不能自理情况的出现推迟到生命的最后阶段。根据发达国家的经验可知，健康已成为养老的核心问题之一。当前中国养老的最大难题也是能否实现维持健康体魄的持续性与获取医疗护理的便捷性，老年人将对医疗服务资源产生巨大需求，迫切需要为老年人构建综合的、连续的、适宜的医疗服务。一方面，伴随着老龄化与人口预期寿命延长，对健康维持的保健预防与医护要求越来越迫切。预期寿命的延长并不意味着健康的延长，长寿并不健康的状态在老年人当中较为普遍。[①] 第四次国家卫生服务调查报告显示，我国近 50% 的老年人患有各种慢性病，65 岁以上老人耗费了近 30% 的医疗总费用，老年人消耗的医疗费是全部人口平均消耗卫生资源的 1.9 倍。另一项来自世界银行的预测，预计到 2030 年，对老年人来讲慢性病的负担将增长 40%。当前我国人口平均预期寿命是 75 岁，健康的预期寿命约为 68 岁，这其中有七年时间老年人将会与疾病相伴。保持“健康余命”不仅是老年人的健康需求，也是社会发展的一项指标，成为养老与医疗政策的发展目标之一。因此在养老领域，有效延长老人的自理期，以降低老人陷入失能和失智的风险，这对医疗资源的配置，尤其是提前介入与注重预防等相应医疗服务有着广泛的需求。另一方面，由于养老机构风险回避与老年人支付能力限制造成当下需要入住养老机构获得养护照顾的失能失智老人被排斥在养老资源之外，现有养老资源闲置、浪费与不恰当利用的现象并存，直接导致了政府投入的有限养老资源无法精准有效地满足高龄、失能和半失能状态老人的照护需求，故如何避免这一失配现象，避免逆向选择，充分发挥有限的养老服务资源兜底作用，就不仅仅是靠增加养老机构和养老床位数量便可解决的问题了。另外，即便老年人入住到养老机构，但由于当前养老机

① 赵晓芳：《健康老龄化背景下“医养结合”养老服务模式研究》，《兰州学刊》2014 年第 9 期。

构普遍不具有医疗服务的资质，老年人健康养老的需求还是不能得到有效满足，所以迫切需要医疗和养老服务的整合。

（二）整合照料服务供给论

整合照料服务是强调“针对具有相似需求或问题的群体提供、多方位全面的一套计划详细、实施落实的服务和照料”。[①] 这一服务供给模式在发达国家被广泛应用，其具体做法是将输入、提供、服务的管理和组织连接起来，目的是提供高质量和高效的养老服务。即由单一组织提供医养结合服务，这一组织既可以是配建医疗机构或卫生室的养老机构，也可以说具备养老功能、开展老年护理的医疗机构。这一供给模式是以被照料者为中心，整合基本照料、社区照料和社会照料，提供不间断的、高质量的照料，这需要各机构的联合而不是竞争。

从这个角度来看，医养结合是作为“整合照料”的一种实现形式，将老人的生活照料服务和医疗健康服务这两种最基本的需求进行整合，并将医疗需求置于更重要的位置，以期在养老过程中老人可以享受到质优、便捷和可承受的健康医疗服务，从整体上提高老年人的养老质量。医养结合中“医”的概念不单指医院等形式的实体机构，而是强调作为一种“医疗服务”的“医”，即能够提供从预防保健到治疗，再到康复护理与临终关怀等内容的医疗护理一体化服务。既包括一部分急性医疗，诸如在养老项目中设置医疗室、急救设施等，搭建大医院就医的绿色通道，在出现紧急状况时为亟须急救的老人群体提供及时的救助治疗，同时还包括康复护理服务和健康管理服务，尤其是针对老年人的慢性病进行管理，以及日常类的健康管理，在社区卫生服务中心构建健康管理档案的服务。医养结合中的“养”也包括生活的方方面面，既有生活照护服务又有心理服务、文化服务等。“医”“养”两者的结合相对于只提供基本生活服务的养老模式而言有着独特的优势。

此外，整合照料不仅能够保障照料的专业性与服务质量，更为显著

---

① Henk N. & Philip C. B, *Integrating services for older people: A resource book for managers*, Dublin: European Health Management Association, 2004, p. 168.

的创新是能够保持照料的无缝隙性和连续性。医养结合，作为整合照料的子概念关注的是横向整合，即健康与社会照料的整合。这一目标要借助组织性整合、功能性整合与专业性整合来实现，既需要在各医疗机构与养老机构之间创建网络或策略性联盟，同时还需要在各组织之内或之间的医疗照料专家间形成协同工作或策略性联合的模式。是否有效整合的关键又受制于各种层次的组织在理念、规范、组织规则和政策方面的协同一致。在纵向整合上，医养结合也需要构建垂直网络，即在初级照料、次级照料和专业性较强的照料之间形成服务序列。以上两个维度的整合能有效实现医养结合创新中的服务无缝隙性与连续性，克服当前照料和医疗两部门提供养老服务的碎片化难题，从而提高资源的利用率和服务质量。

从这个角度来看，整合照料已成为各个国家卫生和社会照料政策改革的核心组成部分；而医养结合作为我国养老服务体系中的一项改革政策，其迫切性不容置疑。

三　医养服务关系：医养服务划分

一般来说，疾病发生后会经历以下几个阶段：危重期、急性期、亚急性期、稳定期、恢复期（也称为慢性医疗期）、维持期（也叫作长期照护期）和最后的临终关怀。年轻人患病往往只经历急性期即可治愈；而老年人患病具有病程长、病情复杂等特点，对应的医疗护理服务也具有多样性。

（一）医疗服务需求与养老服务需求之间的关系

1. 医疗服务需求

医疗服务指的是医疗机构提供的疾病诊断、治疗活动。医疗服务需求指的是对疾病诊断治疗活动的各种服务需求，包括疾病治疗、医学护理、医疗康复等。由于疾病复杂、病程长短不一，医疗服务需求的时间也随着疾病的不同而不同。

2. 养老服务需求

6个月以后，疾病进入维持期状态，这个时期医疗服务需求明显减弱，生活照护服务需求增加。因此日本等许多国家通常将失能状态在6

个月及以上的时间点界定为长期照护保险申请条件，也就是我国医养结合中所说的“养”的时间点，也就是“long - term care”的时间点。这个时间点的老人病情复杂、需求多样化，因此需要提供的服务也具有多元性。这个阶段的需求主要有生活照料、慢性病管理、社会康复、生活支援等。

（二）医疗服务与养老服务的划分

根据疾病的发生以及发展特点，疾病一般可以分为急性期与非急性期两个阶段。急性期通常是指短期的入院治疗时期。欧美国家规定，14天以内的疾病治疗，通常称为疾病急性期治疗。14 天以后需要继续治疗疾病（原发病治疗或康复训练）的，可以转介到护理院进行医疗或康复护理，对应的护理称为亚急性期的医疗护理；或是转介到其他以慢性病治疗为主的医疗机构接受医疗护理，对应的护理称为急性期后的医疗护理。例如，美国医院分为短期急性期医院和急性后期医院，其中急性后期医院包括长期急性期医院（一般住院时间为 14—21 天）、住院康复机构（一般住院时间为 3—6 个月）、专业护理机构（6 个月以上）和家庭健康照顾机构（6 个月以上）。患者入住哪种类型机构需要通过居民评估工具对其需求进行评估，评估结果决定相应的服务。日本则是将疾病期分为急性期、亚急性期、稳定期、恢复期、维持期和临终医疗，临终医疗又被称为缓和医疗。一般以 26 个住院日为节点来划分急性期和非急性期。非急性期的医疗护理包括亚急性期医疗护理服务和急性期后医疗护理服务，还包括养老服务机构提供的长期照护服务。医疗的评估主要由医生来决定，病程 6 个月以上的长期照护服务需求评估则是通过照护需求评估软件来进行的，依据评估结果决定是否予以补偿。符合介护保险支付范畴的服务属于“养”的范畴；属于医疗保险支付的服务，则为医疗服务，由专业医务人员提供。

目前我国对医疗服务分期界定的不明确，导致医养服务的界限不清，医保基金被不合理使用。医疗保险支付的方式也是以疾病急性期为主，对疾病稳定期、恢复期的支付方式缺少，导致试点地区医养结合实践中医养界点不清。

（三）医疗服务与养老服务提供之间的关系

根据我国《医疗机构管理条例》和《医疗机构管理条例实施细则》，医疗服务由具有独立资格的医务人员担任，由国家卫生部门监督管理，由医疗保险购买服务。养老服务可以由养老机构提供，也可以由社区或家庭提供。养老服务提供者可以是专业护理员，也可以由家属等一般人员提供。根据《养老机构设立许可办法》，养老服务机构属于为老年人提供集中居住和照料服务的机构，服务内容包括生活照料、康复护理、精神慰藉、文化娱乐等。由此可见，医疗机构与养老机构提供的服务彼此独立、互不兼容。

四　医养服务体系之间的关系

医养结合服务体系是由医养服务主体、客体、筹资与支付、提供机构、监督管理等构成。

（一）医养服务主体与客体

医养结合相关主体主要涉及医疗机构、养老机构、社区服务中心、家庭和政府。目前，我国有关医养结合的相关研究存在主体认知不一致等现象。例如，有学者认为：医养结合型长期照护机构是由老年公寓、护理院、临终关怀院、各级医院、社区卫生服务中心和社区居家养老服务中心等构成；有学者认为是由护理院、护理型医院、大型综合医院的照护单元、具有双向转诊功能的医疗机构等构成。① 我们认为这种由医疗机构主体构成的医养机构是急性医疗与慢性医疗服务的结合，不属于现有医养结合政策含义的范畴。

医养服务的客体是指医养结合服务的对象。一般来说，医养结合中的医疗服务通常为疾病稳定期或恢复期时需要提供的医疗护理或慢病管理；医养结合中的养老服务则属于长期照护服务和康复服务。所以，医养服务结合就是医学护理、康复护理与长期照护服务的结合。长期照护服务对象由照护需求评估来确定。

① 于卫华、林丹、陈雪羚：《医养结合型长期照护的研究现状》，《中国护理管理》2013年第13期。

（二）医养服务内容与支付

1. 医养服务内容

不同功能机构内服务的重点各不相同。如日本疗养型病床属于医疗机构，以医学康复训练为主，照护服务为辅，适用于医疗保险。而介护疗养型医疗设施、介护老人保健设施、介护老人福祉设施分别以提供医疗护理服务、老人社会康复服务、老人长期照护服务为主要目的。医生人数、护士与护理员的配置比例也会因机构服务内容的不同而不同。

目前我国养老机构提供的服务主要以健康老人的日常生活照料和不能自理老人的照护为主。由于法律机制不健全，政府资源配置不足，多数养老机构在收住服务对象时更多地运用市场法则和定位，拒绝痴呆老人入住；另一方面，一些高收入但身体健康的自理老人占据了养老机构大量床位，使得我国养老机构的养老服务出现了与社会福利、公益法则相悖行的现象。在服务内容方面，养老机构内既缺少基本的医疗护理处置，也缺乏对老人的身体康复训练，更缺少对痴呆老人的专业康复，照护服务内容单一，无法满足老人多层次的服务需求。

2. 医养服务的支付形式

美国、德国、日本等发达国家具有明确的医养服务需求评估标准，可针对老年人不同阶段的不同需求，提供相应的服务，并由政府或保险机构埋单。购买的形式可以是提供服务，也可以是提供货币支持。例如德国养老照护服务的购买方式就是采取提供服务＋货币补贴，而日本则是由专业人员提供服务。在购买服务种类方面，根据评估标准，归属于医疗服务的内容由医疗保险购买，符合介护保险支付范畴的则由介护保险支付。介护保险支付内容不仅包括社区康复、社区服务、日托康复、短期入院，还包括社区医疗管理指导；介护保险对养老机构内提供服务的购买不仅包括所有的照护服务，还包括 12 项长期慢性医学护理内容：入静脉注射、中心静脉营养、透析、人造肛门的护理、吸氧疗法、气管切开或使用呼吸机的呼吸管理、气管切开的处置、疼痛护理、鼻饲护理、监护仪的管理、褥疮的处置和导尿管的管理。

目前我国养老机构内没有配置医生的要求，这导致机构内老人慢性病管理和日常医疗服务的缺失。养老机构与社区医疗机构的合作，由于缺少对医疗机构的激励机制而难以有效开展。虽然养老机构内设医疗机构，但由于对养老机构内医疗服务的内容与质量缺少相应的管理，所以医疗保险无法使用；又由于缺少照护保险补偿，所以养老机构缺少提供医疗服务管理的动力。同时，缺少老年人长期照护服务需求评估体系，又使需求与提供无法做到有效对接。

3. 医养服务质量与监管

目前我国医养结合主体监管路径不明。例如，第一，医疗服务与养老服务隶属于不同管理部门，如何对其服务质量进行监管？第二，试点地区出现营利性医疗机构下设非营利养老机构，谁是法人？又由谁来进行监管？第三，医疗机构内部是否可以提供非医疗的养老服务？养老服务的内容与《医疗机构管理条例》是否冲突？是否违背医疗保险诊疗目录？第四，养老机构内应当提供哪些种类的医疗服务？如何监管质量？等等。

在市场主体监管方面，目前我国养老服务补偿政策为按床位补贴，这种补偿方式给养老机构增加床位带来了动力。养老机构为减轻经营压力，大量收住健康老人，而真正有照护需求的失能老人、失智老人却被排除在外。同时，对医养机构组织属性与法人治理机制认识不清，给质量监管带来了困难。由于在组织建设、流程管理、质量管理、信息管理等方面相关制度尚未建立，又缺少约束与激励机制，所以一些养老机构将养老服务医疗化，出现了套用医保基金等违法违规行为，造成医保基金的浪费。一些医疗机构内设养老机构，不仅违反了《医疗机构管理条例》的规定，也增加了医疗保险基金的管理难度，导致医疗服务质量监管出现漏洞。

五　医养结合模式探讨

（一）医疗服务与养老服务提供主体的结合模式

医养结合的模式主要包括机构之间的合作、协作、整合。根据机构主体的性质，我们可以将结合模式分为三大类：非营利机构之间的结合，营利机构之间的结合，营利机构与非营利机构之间的结合（包括营利医院与非营利养老机构之间、非营利医院与营利性养老机构之间的结合）。

1. 合作

是人们或组织为了实现同一目标，相互帮助，共同行动的一种方式。强调的是双方具有共同的利益和共同目标，强调个体目标与群体目标一致，强调个体间的相互配合与协调。医养结合中，营利性机构之间通常会采取合作的形式提供医养服务，以达到利益共赢。

2. 协作

是指主体之间互相配合一起工作。根据主体之间目标的关系以及协同的程度，可将协作分为五种类型：完全协同型、协同型、自私型、完全自私型、协同与自私共存型。在医养结合体系构建中，如果仅仅通过行政手段推动公立医疗机构与养老机构联合提供服务，会导致医疗机构与养老机构没有共同利益目标，而出现自私型或协同与自私共存型的协作模式，影响医养结合的实施效果。如果补偿与激励机制较为完善，各利益主体具有共同目标，实现利益共赢，那么可能会出现合作或协同型模式。

3. 整合

是一种系统论的战略思维方式。在战术选择的层面上，资源整合就是优化配置的决策，目的就是要通过组织制度安排和管理运作协调来增强企业的竞争优势，提高服务水平。

（二）医养结合体系构建中的整合模式

第一种是由政府进行区域整体规划，对医养结合主体机构进行功能定位，采用公办或公建民营的方式对服务资源进行整合，从而形成一体化服务网络。对于那些没有区域整体规划，机构功能定位不清的现有医疗机构与养老机构，可采用协作的方式构建服务网络。

第二种，民营机构可以采取整合方式构建一体化服务网络，从而降低成本、提高管理效率、提高服务品质。例如，日本 80% 的养老机构的母体就是医疗法人机构，医疗法人机构通常采用这种集医疗、保健、福祉服务为一体的复合体方式进行经营，提供整合性、无缝式医疗服务与养老服务。

第二节 国外“医养结合”模式介绍

目前我国学术界对“医养结合”概念的界定并没有统一的标准，一部分学者认为“医养结合”是一种新的养老模式，能为患病老人提供一定的医疗服务，为健康老人提供养老服务，也有学者将“医养结合”等同于国外的“长期护理”。然而国外并没有“医养结合”这一说法，但由于发达国家进入老龄化较早，故其社会福利及养老服务发展较完善，为老年人提供的养老服务多为医疗服务与养老服务相结合的模式，并且针对具有不同级别疗养需求的老年人有相应的“医养”服务可供选择。

一 国外“医养结合”模式介绍

（一）美国医养结合照护模式

1. 老人全包服务项目

该模式是一种由政府主导的以社区为基础的长期护理模式，是目前美国最古老、最成功的养老院替代模式之一，其前身是1971年在旧金山的美籍华人社区启动的名为“ON LOK”的以虚弱的老年人的需求出发的独立社区成人日间保健中心计划。1986年“ON LOK”项目推出了“PACE”，为老年人特别是体弱的老年人提供急性和慢性保健服务。在1997年的美国“平衡预算法案”中，PACE进入医疗保险和州医疗补助计划下永久提供之列，2006年PACE改名为On Lok Lifeways。目前有超过118个PACE在全美31个州开展。自PACE模式被广泛应用以来，入住者及家属满意度高，并且也有研究表明其能很好地降低老年人护理院入住率、入院率，节约资金及提高生存质量，改善残疾，减缓认知障碍的发生，因此被公认为是一个成功的综合性护理照护模式。2015年11月，奥巴马总统签署了“PACE”创新法案，该法案扩大了“PACE”医疗服务模式，将其用于服务高成本和高需求人群。①

---

① Cortes TA, Sullivan - Max EM, “A case exemplar for national policy leadership: expanding Program of All - Inclusive Care for the Elderly (PACE)”, *Gerontol Nurs*, Vol. 12, No. 3, September 2016.

“LOK”的理念认为，通过向日间保健中心或家庭提供包括预防保健和康复在内的服务，可以实现减少使用昂贵的医疗护理服务的目的。早期的“LOK”主要提供日间健康中心服务，后来逐渐地增加了家庭服务，住房、技术性护理和住院医疗服务。服务范围比美国传统的医疗保险和医疗补助计划更广泛，并且几乎所有的客户都有资格享受医疗补助和医疗保险。与传统的长期护理模式不同，“LOK”的核心是一个由初级保健医生、护士、诊所护士、家庭健康护士、社会工作者、职业治疗师和物理治疗师、营养师、保健工作者、娱乐治疗师和运输工人组成的跨学科团队，既提供管理又提供护理。LOK 模型有六个工作原则。一是重点关注需要持续护理的虚弱老年人。要求入住者必须是 55 岁以上的老年人，并且生活在项目所在区域内，除此之外还需要其被国家医疗补助机构认证是符合国家补助计划标准的老年人。二是提供全面的医疗、康复、社会和支持服务，共同解决相关复杂问题。PACE 提供的服务包括急性和慢性保健服务，是一种全面综合的涵盖老年人所有医疗、养护需求的服务模式。医疗服务所能提供的项目包括住院、门诊医院、治疗、眼科手术、家庭健康、临终关怀、实验室检查、放射科检查、救护车服务、医疗器械、心理学服务、监护疗养院、处方药等。提供的护理服务包括临终关怀、个人护理、营养咨询、病例管理、临时护理、成人日托、长期个人护理、长期家庭健康助手、长期家庭健康护理等。照顾服务包括社会服务、家政服务、陪伴服务、照护者培训、家庭送餐等在内的服务。三是对客户的需求应作出全面综合的协调回应。由跨学科团队的成员对入住者的各项服务需求进行协调。四是完全由服务团队控制所需的全部服务，即入住者必须接受由 PACE 授权人员的服务。五是强调参与者可以继续在社区居住，即服务可以是在 PACE 中心、家里、住院场所进行，每个 PACE 中心都设有一个日间保健中心和全方位医疗诊所。六是风险管理，即通过评估参与者的需求，制定适当的治疗计划，分配适当的资源，直接提供所需的服务，监测治疗计划的有效性，并适时调整护理计划。

2. 老年人评估与照护资源

该模式由印第安纳大学的研究人员研究开发，是一种针对高风险、低收入的老年人的家庭老年护理管理模式，与初级保健提供者和以患者为中心的医疗院合作，提供以老年人常见老年病综合征和社会心理问题为中心的照护，以提高护理质量并减少急性护理使用。弱势老年人护理评估被当作评估护理质量的指标，通过互联网访问的医疗记录使患者与当地的医疗服务相结合。老年人评估与照护资源的提供关键在于参与者注册后，由职业护士和社会工作者组成的支持团队，即支持小组在病人家中对其进行初步综合性老年病评估，然后将信息带回并与跨学科团队会面，跨学科团队再根据十二项以证据为基础的护理方案来制定护理计划，这十二项护理方案包括：高级护理计划，健康维护，药物治疗，步行困难/跌倒，慢性疼痛，尿失禁，抑郁症，听力丧失，视觉障碍，营养不良或体重减轻，痴呆及照顾者负担。在整个项目中，支持小组、参与者及参与者的初级保健提供者共同讨论和修改计划，支持小组与初级保健提供者合作并且计划的目标与病人的目标保持一致，最终由支持小组实施该计划。该模式不仅协调初级保健医师和专科医生之间的关系，还协调他们与药房及精神保健提供者之间的关系，在电子病历和跟踪系统的帮助下，该项目支持团队提供持续的综合护理管理。该模式还强调老年人的过渡性管理，如果老年人有需要住院的情况，由团队工作人员与医院团队就病人的基线状况、健康护理目标和护理计划进行沟通，在病人出院前制定过渡计划，然后团队确保计划是完全实现的。

多项研究表明，该模式有效改善了老年人健康状况和生活质量，提高了护理满意度，并降低了成本。该模式的优点还在于其拥有跨学科团队的协作，护理人员与社会工作者及专业医师团队的协作贯穿整个护理过程，护理人员与社会工作者实施对老年人的评估并反馈给跨学科团队，协调团队与老年人及其家属的意见达成一致，传达护理计划并实施，护理过程成为一个整体链条。

3. 指导护理模式

该模式是在2001年由约翰·霍普金斯大学的研究团队开发，以应对日益严重的美国老龄化的挑战。该模式的核心团队主要由护士、医生、家庭护理人员组成，其成功的关键是对护士的培训，护士要能够实施该模式所包含的护理技能，包括使用、指导、护理电子健康记录，过渡性护理，动机性访谈，循证指南管理慢性病，健康保险及与家庭照顾者和社区机构的合作。

该模式的具体实施者是注册护士，其接受一个教育计划，并使用定制的电子健康记录与2—5 名初级保健医生合作，以满足 50—60 例多发病老年患者的医疗保健需求。该模式是通过在护理过程中灌输和实施七项创新的慢性护理操作原则即疾病管理、自我管理、病例管理、生活方式改变、过渡性护理、照顾者教育和支持及老年人评估和管理来增强初级保健内容的。其对每个老年患者提供以下八种服务：居家综合评估；创建循证护理指导；每月监测和指导患者；协调所有卫生保健提供者的工作；协调病人不同护理地点之间的转运；促进病人自我管理；培训和支持家庭照顾者；促进社区资源的使用。相关研究指出该模式能改善患者护理质量以及家庭照顾者对质量的看法，提高患者对慢性护理的满意度，提高医生护士对工作的满意度，并可能减少昂贵的医疗服务的使用。

4. 老年人社区居家服务

该模式以家庭和社区为基础，是在病人的住所或社区内的非机构设施中提供保健服务，提供的服务包括家庭保健、成人日托、专家保健咨询、医疗设备服务或其他干预措施。老年人社区居家服务涵盖了 6 项分别服务于各种具有针对性的群体的方案，这些群体包括自闭症者、衰弱老年人、智力和发育障碍者、身体残疾者、严重情绪障碍者、需技术辅助者、创伤性脑损伤患者。该模式体现了以人为中心的服务计划，其规划过程也是由个体来推动的，具体表现在以下几方面：一是由个人选择环境并融入其中，具有机会参与社区生活，并且有机会在有竞争力的综合环境中寻找工作或就业，控制个人资源；二是为个人提供必要的信息和支持，确保个人最大程度地参与指导服务过程，提供的服务是及时便利的；三是服务过程要反映文化因素，使用通俗易懂的语言，提供解决分歧的策略，为个人提供关于服务的选择；四是选择是否参与及参与什么样的服务，取决于个人优势、偏好、需求及期望，反映个人在服务中的重要性；五是最大程度地降低风险；六是必须按照每 12 个月对功能的需求重新评估并审查和修订服务过程，当个人的情况或需求发生重大变化时，应以个人的需求为基准。自 1984 年推出以来，该模式一直是支持美国多个地区从机构到家庭和社区服务巨大转变的主要手段，例如在此期间，明尼苏达州入住护理机构的人口快速减少。并且，美国长期护理体系相互冲突的压力增加的，这也要求不断提高医疗机构对老年人的照顾及家庭健康方面的支出。

5. 绿色之家

受欧洲护理模式启发的绿色之家项目，最初来源于自称为“养老院废除主义者”的威廉·托马斯和社会老年医学家朱迪思·拉比格提出的构想，他们构想了一种以活力、尊重、自主和尊严为中心的小房子养老模式。美国的第一个绿色之家在密西西比州的图珀洛建成，该养老护理模式试图使长期护理脱离机构，为老年人创造一个支持性环境。绿色之家以个体住宅模式提供照护服务，绿色之家养老院的组成特点与运行基本要素主要包括以下几方面：第一，物理结构。规模小（不超过 12 间房），每间绿色之家个体住宅服务 7—10 名有家庭护理需求的老年人；有私人客房、浴室、壁炉、家庭用餐区、厨房、洗衣房或洗衣区等区域，房屋设计方便出入，并有户外活动区域。第二，餐饮。提供非机构的住宅式厨房。第三，人员配备。按护理院标准一致分配所需的所有专业人员，包括护士、医生、社会工作者、营养师、药剂师、治疗人员和活动人员，组成临床支持小组，由他们提供专业评估和秩序，并在其专业领域内进行监督和护理。最主要的核心人员为经过培训认证的护士助理，其不属于护理人员范畴，而是负有监督职责的管理员，在该模式中被称为指导。由团队中的老年助手向管理员报告管理活动，而不是向护士报告，临床工作人员则定期访问家庭。第四，多样老年病例管理。服务多元化（急性/慢性，身体/认知障碍，私人医疗/医疗补助），主要维持老年人机体功能稳定。第五，以老人为中心的护理。每间绿色之家的认证护士助理的工作多样化，包括监督烹饪、家政、个人洗衣、个体居民照护、护理计划等的执行，使实施这些工作的人员的角色更贴近被照顾者的生活。第六，活动参与。通过规范但并不是有组织的活动、协助居民按照自己的喜好度过时间等来凸显照护者作为老人观察角色的作用。

（二）英国的“全国老龄服务框架（NSFOP）”

1997 年，英国工党在大选中获得压倒性胜利，主要是因为工党承诺改善和扩大其在 50 年前推出的国家卫生服务（NHS）。NHS 是一项始于 1948 年的覆盖广泛的公共卫生服务，它包括三个核心原则：一是满足每个人的需要；二是所提供的服务是免费的；三是服务基于临床需要，而不是支付能力。而改善和扩大 NHS 计划中最重要的部分则是增加经济投入以提高计划的医疗保健功能，包括医疗、护理和辅助医疗人员的大规模扩展（7 500 名顾问，2 000 多名全科医生，2 万名护士，更多的床位，尤其是提高中间护理水平），目前投资还在继续。

NHS 计划的另一个关键要素是构建了国家服务框架（NSF），旨在改进主要客户群体的服务。迄今为止，它已经为精神卫生疾病、糖尿病、冠心病、癌症患者和老年人制定了相应的 NSF，还有一些框架也正在编定之中，其中 NSFOP 关注的对象是老年人，并且其主要目标是减少年龄所带来的歧视。NSFOP 制定了一个为期 10 年的工作计划，它的工作基础是由一个中心的外部参考小组和下属的任务小组组成，每个小组都覆盖了一个关键领域，如脑卒中或精神健康，这些小组成员都是某一领域的权威人士。

NSFOP 分为四大类共八项标准来保证服务质量。第一项，消除年龄歧视。卫生和社会服务将不分对象年龄，只根据其需要与否提供。第二项，以人为本的关怀。通过评估，以综合的方式提供服务。第三项，中级护理。应提供一系列的服务以防止不必要的入院和促进康复出院，着重于促进保持独立和康复。第四项，综合医院护理。这部分应提供专科护理，并由具有相应技能的专业人员来完成。第五项，脑卒中。强调预防，脑卒中患者将接受专业脑卒中护理服务，并辅之以二级预防和康复治疗。第六项，跌倒。应给予跌倒者有效的治疗和康复。第七项，老年人的心理健康。应提供综合心理健康服务，提供诊断、治疗和心理支持。第八项，促进老年人的健康和积极生活。应由卫生服务和地方政府提供协调健康促进的计划。

但需指出的是，老年人健康的某些方面不包括在这个 NSFOP 框架中，而是包括在其他 NSF 计划中，如心血管疾病。同时，NSFOP 这个服务框架也存在很多问题。首先，是各合作部门的统筹与地方事物安排、角色与责任分配、合作路径等不清晰。[1] 其次，是资金管理混乱，最终政府与私营部门在提供服务的过程中并未真正达成一致。尽管政府宣布与私营部门“协调一致”，但英国政府在这一计划中的态度却是矛盾的，一方面，国家医疗服务体系鼓励私营医疗机构帮助实现目标，并邀请私营和志愿机构在适当的时候帮助制定当地的健康改善计划；另一方面，新聘请的合作 NHS 顾问在“最初几年”被禁止进行私人执业，因此给计划的实施带来了很大的阻力。

（三）加拿大的医养结合照护模式

1. “老年综合护理系统模式（SIPA）”

该模式是一项为虚弱老年人提供的基于社区的综合护理的基础护理系统。其包含了机构和社区服务两部分，提供包括护理计划和个案经理监督在内的服务，参与者接受了来自跨学科团队的全面老年医学评估，服务提供者负有通过社区卫生和社会服务提供护理及协调医院和疗养院护理的全部责任。基于机构的服务包括医院急诊室服务、短期和长期住院治疗、康复住院治疗、制度化的姑息治疗；基于社区的服务包括开具医疗处方、普通和特殊临床治疗预约、家庭援助、为有一定依赖性的老年人寻找适合的住房、家庭技术支持、日间医院和日间中心服务。

SIPA 是由包括家庭医生在内的健康与社会服务专业人员组成的跨学科团队对老年人进行评估及提供基于证据的老年干预措施，以最适当和最有效的方式使用服务和资源。老年人与其家庭医生共同达成一系列以证据为基础的跨学科协议，包括营养、跌倒、充血性心力衰竭、痴呆、抑郁、药物、疫苗接种等。并且 SIPA 将所有用于公共卫生和社会服务的公共资金进行整合，再由新的组织对提供服务而产生的所有费用负责，实践证明这样的方式能很好地减轻老年人的经济负担。由于 SIPA 是基于社区的模式，因此某些部门或地区会将其安排在如本地社区服务中心这样的以社区为基础的组织中，以便于管理。

SIPA 有严格的准入原则，如果在以下领域中有一个严重残疾或者有

---

① 罗婧、罗玉茹、鞠梅：《国外“医养结合”照护模式介绍及经验启示》，《中国老年学杂志》2019 年第 5 期。

两项中度残疾评分被认为符合条件则被允许进入，具体 5 个领域即日常生活活动、功能性日常生活活动、失禁、精神状态、活动性。

SIPA 服务范围不仅涵盖了有资格获得养老院照护的老年人，还包括帮助残疾老年人尽量留在社区，并且受益于积极的干预、预防和康复措施。还有一点值得借鉴的是 SIPA 十分重视质量评估，提出了基于信息系统的临床护理和行政及财务活动的持续评估，并且该系统不仅在内部进行监测，而且还由独立的外部组织进行监测。Béland 等对 SIPA 展开的实践研究也表明 SIPA 护理人员的满意度得到提高，并且该模式可以减少医院和家庭护理的使用而不增加成本。

2. 自主功能维护综合服务研究计划（PRIS – MA）

加拿大除了 SIPA 这样的基于社区的综合护理系统，还有另外一个被称之为“PRIS – MA”的综合服务模式，最早是在加拿大魁北克三个地区中实施的。PRIS – MA 的结构是与当地医疗保健和社区服务合作的一种创新的统筹型综合服务系统，该模式的核心是各机构之间的协调，以此提高服务水平，特别是提高服务老年人和残疾人的连续性、有效性和效率。PRIS – MA 提供了六大服务内容，包括家庭护理、康复服务、医院服务、日间中心服务、志愿服务（个人护理、家居维修、送餐、社区交通和自愿护理等）及社会服务，PRIS – MA 这些功能的实现主要依靠六个组成部分：第一部分，决策者与管理者之间的协调。统筹协调战略层面（包括卫生保健组织、社区服务组织、决策者）、策略层面（由公共及社区服务代表及老年人组成的服务统筹委员会）、操作层面（多学科团队），实现提供服务的连续性。第二部分，单一切入点。形成区域内所有卫生保健机构和社区组织为脆弱的老年人提供所需服务的机制。第三，个案管理流程。负责对客户需求进行全面评估，规划所需服务，安排客户接受这些服务，指导个案管理的多学科团队重新评估客户。第四，个性化服务计划。必须由案件管理员领导，在包括所有参与照顾老年人的主要从业人员在内的多学科小组的会议上制定。第五部分，基于客户功能自主的单一评估工具。由卫生专业人员实施功能自主测量系统。第六部分，计算机化。所有从业人员都可以快速访问完整的、不断更新的信息，并可以将干预计划中的客户进展情况和变化及时通知其他临床医生。与其他前面介绍的几种综合保健提供服务模式不同的是，Hébert 等认为 PRIS－MA 是第一个使用协调式综合服务交付（ISD）系统的模式。他们对 PRIA－MA 进行了评估，结果显示衰弱老年人功能下降的频率降低了，老年人满意度增加及对急诊和住院治疗的访问和使用减少，并且没有显著的额外成本增加。这些均体现出了该模型的优越性。

二　国外“医养结合”模式经验总结

从上述发达国家的“医养结合”照护模式不难发现，一个高效的综合照护体系是包括照护接受者、照护提供者、管理人员、照护提供场所、照护内容、各职能部门的协调等在内的完整链条，主要具备以下十一个特点：第一，严格的准入标准；第二，以社区或家庭为主，并强调老年人在社区居住；第三，照护者由跨学科团队组成，部分经专业培训的核心成员起到联络团队与客户及其家庭成员的作用；第四，以人为本，个性化的照护；第五，提供持续的高级保健，强调照护的连续性以及过渡性护理；第六，制定基于循证的管理和护理方案；第七，以区域为单位形成联动的单一切入点；第八，协调决策制定者与实际管理者之间的关系；第九，完善的资金管理与社会支持体系；第十，计算机化的完整信息系统；第十一，完备的法律制度保障。

随着近几年“医养结合”理念的正式提出及综合护理照护模式的发展，我国学者对“医养结合”展开了诸多研究，逐渐从最初的理论研究、现状调查到之后的实践的开展。我国在该领域尚处起步探索阶段，缺乏相关经验，学者们在各地展开的“医养结合”相关研究指出，现阶段我国“医养结合”的发展还尚未解决诸如专业人才缺乏、管理模式混乱、基础设施不达标、政策保障缺失、资金投入不足等问题，更别说建立标准规范的“医养结合”养老照护体系了，与国外的发展程度存在着较为明显的差距。因此，为了避免在摸着石头过河的过程中走过多的弯路及从担忧我国老龄化发展速度的角度出发，我们有必要对国外先进的理念及经验展开学习，但不是单纯地复制和移植，而是要在结合我国国情及社会文化背景的基础上探索出一条适合我国老年养老照护的“医养结合”道路，建立健全“医养结合”养老保障机制。

第三节 我国医养结合养老模式的顶层设计和实践探索

一 我国医养结合养老模式的顶层设计

2011年9月17日，国务院颁布了我国第一个专门针对老龄事业发展问题的指导性文件——《中国老龄事业发展“十二五”规划》，明确提出未来医养结合型养老机构的发展方向，强调“政府要投资和鼓励社会资本兴办具有长期医疗护理、康复促进、临终关怀等功能的养老机构，以加强老年护理院和康复医疗机构建设”，要求“加大财政投入和社会筹资力度，推进供养型、养护型、医护型养老机构建设”。同年12月16日，国务院办公厅发布《社会养老服务体系建设规划（2011—2015年）》，明确指出现阶段我国社会养老服务体系的基本内涵，即面向所有老年人，提供包括“生活照料”“康复护理”“精神慰藉”“紧急救援”在内的设施、组织、人才和技术要素形成的网络，以及配套的服务标准、运行机制和监管制度。

2013年9月6日，国务院颁布的《关于加快发展养老服务业的若干意见》指出，将“积极推进医疗卫生与养老服务相结合”列为加快发展我国养老服务业的六大任务之一，强调“推动医养融合发展，探索医疗机构与养老机构合作新模式”，要求“各地要促进医疗卫生资源进入养老机构、社区和居民家庭。卫生管理部门要支持有条件的养老机构设置医疗机构。医疗机构要积极支持和发展养老服务，为老年人就医提供优先优惠服务，有条件的二级以上综合医院应当开设老年病科，增加老年病床数量，做好老年慢病防治和康复护理。”《意见》还规定：“对于养老机构内设的医疗机构，符合城镇职工（居民）基本医疗保险和新型农村合作医疗定点条件的，可申请纳入定点范围，入住的参保老年人按规定享受相应待遇”。同年9月28日，国务院发布《关于促进健康服务业发展的若干意见》，再次强调“推进医疗机构与养老机构等加强合作”，“在养老服务中充分融入健康理念，加强医疗卫生服务支撑”，并对建立健全医疗机构与养老机构之间的业务协作机制做出具体规定。

2014 年 6 月 16 日，国家发展和改革委员会发布《关于组织开展面向养老机构的远程医疗政策试点工作的通知》，批准北京市、湖北省、云南省开展“建立面向养老机构远程医疗发展的长效机制，提高养老机构健康管理服务水平，探索养老机构与医疗机构的合作机制，推动医养融合发展”的试点工作，要求各地区发展改革、民政、卫生计生等部门建立试点工作协调机制，并对各部门的相关具体职责做出了明确指示。

2015 年 3 月 6 日，国务院办公厅印发《全国医疗卫生服务体系规划纲要（2015—2020 年）的通知》，其中专门单列章节强调发展“医养结合”，提出“推动中医药与养老结合，充分发挥中医药‘治未病’和养生保健优势”，“发展社区健康养老服务，提高社区卫生服务机构为老年人提供日常护理、慢性病管理、康复、健康教育和咨询、中医养生保健等服务的能力，鼓励医疗机构将护理服务延伸至居民家庭”。同年，国务院转发的《关于推进医疗卫生与养老服务相结合的指导意见》更是对医疗卫生与养老服务结合提出了更明确的指导意见，鼓励通过建设医疗养老联合体等多种形式，整合医疗、康复、养老和护理等多种资源，为老年人提供治疗期住院、康复期护理、稳定期生活照料及临终关怀一体化的健康和养老服务。

2016 年 3 月 17 日，《国民经济和社会发展第十三个五年规划纲要》再次明确提出，“十三五”期间要建立以居家为基础、社区为依托、机构为补充的多层次养老服务体系，推动医疗卫生和养老服务相结合。

综上，中央有关部门颁布的政策文件已明确指出“医养结合”养老模式在我国的发展方向及具体的发展思路，为我国“医养结合”养老模式的快速发展创造了良好的制度环境。

二　我国医养结合养老模式的实践探索

2014 年，国家发改委、民政部、卫计委联合印发了《关于同意在北京、湖北、云南开展面向养老机构的远程医疗试点工作的通知》，支持建立面向养老机构的远程医疗技术和服务体系，确定 25 个省市的 50 个市（区）作为第一批国家级医养结合试点单位，鼓励医养结合体制机制创新，积极推进医养结合工作。试点地区将在创新医养结合管理机制和服务模式中先行先试，提供经验。具体工作包括六大方向：一是完善投融资和财税价格政策，加大金融支持；二是统筹考虑医养结合发展需要，做好规划布局；三是探索长期护理保险制度和多元化保险筹资模式；四是符合规定的医疗、康复和护理费用纳入医保，推进医保全国联网和异地结算；五是制定医养结合人才政策，与医护人员同等待遇；六是探索基于互联网的医养结合服务新模式。

在试点中要重点发展养护型、医护型养老机构。近年来，我国养老服务机构和设施增长很快，根据民政部公布的年度社会服务发展统计公报，截至 2017 年底，全国各类养老服务机构和设施有 15.5 万个，各类养老床位合计 744.8 万张（每千名老年人拥有养老床位 30.9 张）。在养老服务机构快速增长的同时，养老服务的核心已由解决“老有所养”向医养结合转变。民政部 2018 年 10 月份公布的数据显示，全国已有 93% 的养老机构可以通过不同形式为入住老年人提供医养结合服务，护理型养老床位占床位总数的 47% 。但这些服务仍停留在粗浅的层次上，养老机构为入住老年人提供医护服务的能力和水平亟待提高（见表 6－1）。

表 6－1　　现行医养结合养老模式的主要运行情况

基本模式	运营形式	典型个案
整合照料	由养老机构增设医疗机构提供“医＋养”服务	北京市第一社会福利院（二级甲等医院）、青岛福山老年公寓（内设二级康复专科医院）、烟台芝罘区广济颐养中心（开办广济老年病医院）
	由医疗机构开办养老机构提供“医 ＋ 养”服务	重庆市医科大学附属一院青杠老年护养中心（全国第一家大型公立医院开设的养老机构）、郑州市第九人民医院爱馨医院、河北省医科大学第二医院西院医养一体化项目
联合运营	养老机构与医疗机构签订合作协议，实行“双向转诊”，建设“医养合一”的高端养老机构	云南省老年病医院与昆明市官渡区妙音老年公寓签订合作协议，共同开展医养结合试点；安徽省东至县中医院老年养护中心（托管县老年公寓）；北京市“双井恭和苑”（民资建设的营利性“医养结合”养老机构，内设具有医疗资质的“保健服务中心”）

续表

基本模式	运营形式	典型个案
支撑辐射	建立“助医”制度，社区卫生服务站及其他医疗机构定点联系需要医疗保健服务的机构和居家老人，提供“上门”服务	湖南省长沙市天心区、山东省青岛市李沧区、江苏省南京市等地均开设了医护型居家养老服务机构，向居家老人提供健康服务

三　我国医养结合的主要模式

在以上试点地区探索过程中，我国医养结合主要形成了五种模式。

（一）签约合作

养老机构和医疗机构签订合作协议，由医疗机构定期派医护人员到养老机构巡诊，为老年人提供医疗服务；有的试点地区还签订双向转诊机制，由综合性医疗机构提供医疗服务，养老机构提供康复或疾病恢复期的护理服务，实现资源的合理利用，有效衔接。

（二）养老机构内设医疗机构

一些规模较大的养老机构设置了老年病医院、康复医院、护理院、医务室等，由专业医疗团队运营或招聘专门医护人员提供服务，比如，北京市第一社会福利院、和熹会老年公寓等都开办了自己的医院，可随时为入住老年人提供医疗服务。

（三）医院直接举办或经营养老机构

比如，重庆医科大学附属第一医院投资兴建了集生活照料、医疗护理、康复理疗等功能为一体的青杠老年护养中心，规划设置养老床位3000张，医疗床位1000张，入住老人生病可直接在该中心获得治疗，如病情加重，可以通过绿色通道直接转送重庆医科大学附属第一医院救治。青杠老年护养中心设置了慢病区和护理院，重点针对已经度过了急性期和危重期的病人，他们已经不需要过多的医疗干预，而是需要后期的康复训练和专业护理（图6－1）。通过与综合医院的功能互补，帮助综合医院减少了病人长期“压床”的压力，缩短了病人平均住院日，也降低了病人的住院费用，同时还解决了养老区老年人医疗救治的问题，弥补了下级医疗单位在处理复杂病症时能力的不足。青杆老年护养中心是全国第一家享受国家医疗覆盖的老年护养中心，老人所有的医疗活动都可纳入国家医疗保险。其中，设立的“重医一院护理院”成为重庆市第一家纳入医疗保险定点医疗服务的护理院，所产生的医疗费用和床位费都可按照国家医保报销比例报销，进一步降低了老人的医疗费用。

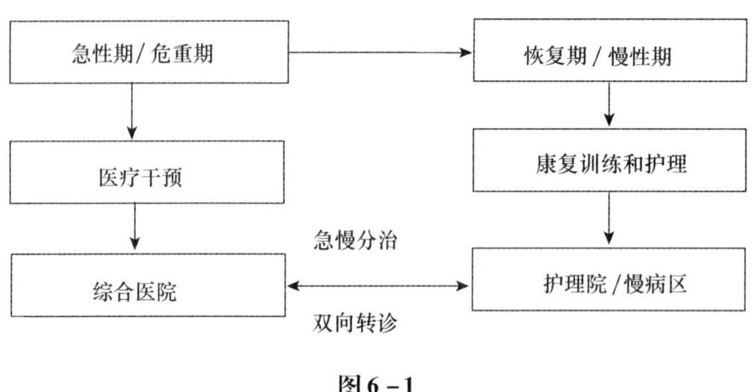

图6－1

（四）两院一体模式

医疗机构和养老机构同地、同时建设，同时运营。比如青岛胶州市，在新建卫生院的同时建立敬老院，统筹规划，统一建设，实行“两院一长”，卫生院院长兼敬老院院长，从而形成了比较有特色的医养结合型农村养老新区。

（五）社区支撑辐射模式

在基层政府的整合下，社区养老服务中心和社区卫生服务机构开展合作，共同为居家老年人提供生活照料、医疗保健等服务。

苏州不仅探索了独具特色的沧浪区“虚拟养老”居家养老服务模式，而且在探索“医养结合”新路径方面也走在了全国的前列。2015 年，苏州市出台了《关于加快发展医养融合养老服务的实施意见》，拉开了构建医养结合养老服务体系的序幕。目前，苏州已经基本形成了“3 + X”医养结合模式，即在机构、社区和居家三个层面实现医养结合的实践模式。第一，在机构医养结合层面实现医养结合的实践模式。该层面医养结合主要通过以下三种路径实现：养老机构内设置医疗机构或与医疗机构签订服务合约；医疗机构内设老年护理区域；推进护理机构的建设。第二，在社区医养结合层面实现医养结合的实践模式。该层面医养结合主要是通过社区日间照料中心、托老所实现的，具体做法是：在建设社区日间照料中心时，配备医务室、护理站等设施设备，或就近与社区医疗服务中心签订合作协议。如太仓市“医养结合”模式向社区养老延伸，2015年竣工的太仓璜泾镇孟河村老年人日间照料中心首设了养老护理站。第三，在居家养老层面实现医养结合的实践模式。该层面医养结合主要是通过全面建立家庭医生签约制度和借力“互联网 + ”来完成。2016 年苏州“智慧健康”一期工程正式上线，其中包括区域远程病理诊断平台、区域远程心电诊断平台等多个医疗信息化平台，通过“互联网 + ”推动了全市医疗资源的加速共享。

四　我国医养结合养老服务在实践中形成的有益经验

（一）医养资源融合方面

主要通过机构内设、签约合作等方式实现医养结合。虽然以上五种典型模式推进医养结合的路径各不相同，但五种模式在统筹整合医疗卫生资源与养老服务资源、实现医养结合方式等方面又有一些共同之处，即五种模式都是通过机构内设、签约合作等方式实现医养资源的整合，且机构内设方式是实现医养结合的主要方式。机构内设方式又分为养老机构内设医疗机构、医疗机构内设护理机构两种形式。各地都鼓励具有一定规模的养老机构内设医疗机构。上海采取了“以奖代补”的政策扶持养老机构开展护理院，并将养老机构的老年护理床位纳入医保支付的范畴，目前上海 660 家养老机构中，有 139 家设立了医疗机构，其中 103 家被纳入医保联网结算范围；青岛在二、三级医院设立医务室、门诊部、护理站、老年护理院，开辟绿色通道；苏州的医疗机构也探索了在医院内设置老年护理区域这一形式，太仓娄东街道陆渡社区卫生服务中心内设的养老护理床位就有 60 张。签约合作方式是推进医养结合的重要形式。

签约合作就是医疗机构与养老机构通过签约方式建立业务协作机制，

确定医养机构服务项目、服务方式以及权利与义务等事项。很多地方医养机构签约合作主要表现在三方面：第一，医疗机构委派医生上门为养老机构提供医疗护理服务，为入住养老机构老人提供巡诊、康复护理指导等服务。第二，将家庭医生签约服务作为推进医养结合的重要形式。鼓励社区卫生服务中心全科医生与社区、居家老人建立签约服务关系，推行健康管理服务模式，开展包括家庭病床、健康档案管理、社区护理、健康教育等基本医疗与基本公共卫生服务。第三，综合性医疗机构为养老机构开通急救绿色通道，建立转诊机制。积极推进综合性医院与护理院（站）、老年病医院、老年康复机构、养老机构内设医疗机构之间的双向转诊与合作服务。

（二）激励机制方面

通过扶持性政策，吸引社会力量参与医养结合。为了确保医养结合养老试点工作的顺利开展，政府在政策、资金、人才等方面都给予了大力支持。

1. 扶持性政策方面

2016 年 6 月，青岛市下发了《青岛促进医养结合服务发展若干政策》，出台了 30 条新政促进医养结合的发展，其中涉及规划、登记管理及人才队伍等扶持政策。苏州专门制定了《加快发展医养融合养老服务的实施意见》，对医养结合型养老机构在财政补贴、税费优惠、土地供应、家庭病床开设、日间照料中心护理站建设等方面的优惠政策都做出了明确规定。2015 年 8 月，上海市出台了《关于全面推进本市医养结合发展的若干意见》，提出了推动医疗卫生和养老服务结合发展的总体目标、基本思路、任务措施、配套政策与组织领导。

2. 资金支持方面

在推进医养结合实施过程中，为鼓励养老机构内设医疗机构，各地不断加大财政支持力度，不仅解决了医养结合的资金难题，而且有效调动了民间资本参与医养结合的积极性。苏州各级财政对在日间照料中心内设置护理站给予一次性 50% 的建设经费补贴，对老年家庭病床每张每年给予不低于 500 元的运营补贴，对介护、介助性质的护理型床位建设每张床位一次性给予 4000—10000 元不等的补贴，并又分别给予每月

200 元、120 元的运营补贴。上海市对非营利性养老机构采取“以奖代补”扶持政策，对非营利性养老机构内设医疗机构给予一次性补贴（其中门诊部、护理院补贴 50 万元，护理站、医务室补贴 10 万元）。青岛市采取政府优先购买医养结合类公共服务的方式推动医养结合的发展，允许分阶段支付购买服务经费，规定社会福利彩票公益金 50% 以上的资金用于支持发展养老服务业，其中，支持民办养老服务发展的不低于 30%；同时，对符合条件的医养结合企业在证券市场融资给予一定的补助。

3. 人才引进及培训方面

苏州专门设立了养老服务业发展引导基金，对符合相关条件的护理院护理人员，财政给予每人每月 100—800 元不等的特岗补贴。青岛专门设立“养老护理员教育培训专项基金”用于养老护理员队伍的教育培训，所需资金由政府教育培训基金和福彩公益金按比例分担。同时，青岛还建立了养老护理员免费教育制度，大中专院校毕业生在医养结合机构连续工作达到 5 年，由专项基金分期返还其学费，并由民政部门给予最高 3 万元的一次性护理工作岗位补贴。上海市对医养结合机构招用专职医护人员的，按医护人员数乘以上海市上年度最低工资 40% 的标准给予补贴奖励。

（三）组织保障方面

在组织保障方面建立了一体化的行政协调机制，打破了部门壁垒。由于医疗服务机构与养老服务机构分别隶属不同的管理部门，健全的管理机构与服务体系就成为医养结合健康养老模式建构的重要支撑。为了全面推进医养结合工作，各地探索建立了以行政系统为主体的层级组织管理系统，通过搭建医养一体化运作平台，实现医养服务机构间的沟通与协调。

上海市建立了医养结合工作协同推进机制，卫计部门牵头负责医疗服务的规划、业务监管、技术指导与支持，民政部门牵头协调其他非医疗服务工作，人社、财政、发展改革等部门全力配合，形成了齐抓共管的推进机制。各区（县）政府负责制定医养结合的地方性政策和规范，不仅给予其引导和扶持，而且将该工作纳入年度重点工作任务予以考核。苏州市不仅专门成立了由相关部门组成的协调推进机构，明确各部门的工作职责，而且建立了联席会议制度，研究制定相关政策法规，指导和协调解决医养结合推进工作中存在的困难和问题，确保医养结合的稳步推进。跨部门协调机制的建立，厘清了各部门的责任，打破了行政壁垒，逐步理顺了医养结合中的各项政策，保证了政策的有效衔接。青岛市在《青岛市长期医疗护理保险管理办法》中，明确市人力资源社会保障行政部门负责护理保险的行政管理工作，市、区（市）社会保险经办机构按照社会医疗保险管理权限，分别负责辖区内护理保险业务经办管理，市财政、民政、卫生计生、老龄办等部门按照各自职责做好护理保险的有关工作，实现了医疗服务、养老服务、社会保险等各项政策的有效衔接。

第四节　我国医养结合实施中存在的困难和问题

一　医养结合实施中存在的问题

（一）政策保障不够

与医养结合有关的医疗、养老和医保政策受财力等因素限制，对高龄、失能老年人的生活照护、医疗护理保障不够。大量养老机构内设卫生室难以获得医保定点资质，即使获得资质，看病老人能够报销的比例也十分有限，为了享受医保待遇，许多入住老人仍然不得不到医院就诊。另外，有些地方医保对接养老机构的“隐形门槛”较多，存在“想进的进不了、政策放开的进不起”的问题。

（二）服务能力不足

很多社区养老服务设施与社区医疗卫生服务结合不紧密，通常只能提供日间照料服务，不能满足高龄、失能老年人生活照料和医疗护理叠加的服务需求，难以做到为老年人提供有效的健康管理和上门护理服务。在机构养老中，一方面，公共资源配置效率不高，床位空置率居高不下；另一方面，养护型、医护型养老机构建设不足，护理床位比例低，养老机构内设医疗设施功能不完善，加上工资待遇低、职称评聘受限较多等原因，故养老机构高端管理人才和医护人员匮乏，医疗服务能力难以满足入住老年人的需求。

（三）服务主体参与积极性不高

建设康复院、护理院等医养结合养老机构成本较高，运营难度大。养老机构并非专业医疗机构，其受制于发展空间、职称晋升等因素，很难吸引到水平较高的医务人才。综合能力强的医院附设养老床位比较受欢迎，但由于自身医疗资源紧张，加上养老行业本身利润较低等因素，故大型医疗机构开办养老机构的积极性不高。

（四）医保监管压力大

由于监管机制不健全以及利益驱动，部分已过治疗期的老年人借医养结合政策，用医保基金支付常规的养老服务费用。某些已被纳入基本医疗保险试点、开设养老服务的民办医疗机构，把“养老床位”变为“医疗床位”，套用医保资金支付养老床位费；把入住老人一般的康复护理服务变相为“医疗诊治”服务，套用医保基金保险产生的费用；用医保名义给老人开营养液等保健处方，变相套取医保基金。这些行为造成了医疗保险基金的损失、浪费，损害了其他参保人的社会保障权益，也制约了医养结合产业的健康发展。

（五）工作机制不健全

医养结合相关职能分散在民政、卫生、人力资源社会保障、住房城乡建设、国土资源、消防等多个部门，不同部门之间的政策、标准不够统一，既存在“多头管理”现象，也存在“多头不管”现象，管理过程中难以形成合力。比如，虽然国家鼓励利用闲置的社区幼儿园、企业厂房等举办医养结合型养老机构，但由于政策之间缺乏衔接，部门之间协调机制不顺畅，迄今为止成功的案例不多。

二　发展医养结合的几点思考和建议

（一）进一步完善促进医养结合健康发展的政策措施

医养结合产业投资周期长、融资困难、利润率低、回收成本慢。因此，各级政府要进一步完善和落实相关扶持政策，发挥政府在制定规划、出台政策、引导投入、规范市场、营造环境等方面的引导作用，促进医养结合服务机构举办主体、资金筹措渠道的多元化和运作方式的市场化。通过财政补助、购买服务、特许经营、共建民营、民办公助等方式，支持社会力量举办医养结合养老机构。对民间资本投资举办的护理型养老机构，在财政补贴等方面予以倾斜。推动开展国家级医养结合试点，鼓励养老机构与医疗卫生机构开展多种形式的协议合作，建立健全协作机制，实现互利共赢。鼓励综合医院与养老机构开展对口支援、合作共建。同时，建设医养结合机构，要以老年人需求为导向，建立养老机构建设评估机制，提高资金使用效益和医养结合机构服务水平。鼓励消化吸收发达国家康复护理技术，提升失能、失智老年人养老康复护理水平。

（二）完善医疗保险制度

将符合条件的养老机构内设医疗机构纳入基本医疗保险定点范围。加快推进基本医保异地就医结算，完善市级统筹，规范省内异地就医，逐步实现符合转诊条件的老年人跨省异地就医住院医疗费用直接结算。尽快建立长期照护保险制度，让居家护理或在养老机构接受照护的老年人都能依照规定获得保险基金支付。加强医保基金监管，既为符合条件的老年人提供及时的医保政策保障，又要坚决杜绝套用医保基金支付常规的养老服务费用、将“养老床位”变为“医疗床位”的现象，确保医保基金的合理有效使用。

（三）积极推进医养结合进社区、进家门

从我国目前的情况来看，90%以上的老人都是居家养老，老年人特别是失能、半失能老年人最需要日常护理、慢性病管理、健康教育等服务。因此，要推动医疗卫生服务向社区、家庭延伸，鼓励执业医师到社区医疗机构和养老机构内设医疗机构多点执业。破除制度壁垒，在有条件的地区优先推动家庭医生签约服务，完善社区全科医生上门服务制度。规范医疗卫生机构为居家老人提供的医疗和护理服务项目，将符合规定的医疗费用纳入医保支付范围。

（四）健全工作体制机制

明确部门责任，加强部门协作，提升政策引导、服务监管等工作的系统性和协同性，促进行业融合发展。整合审批环节，明确并缩短审批时限，鼓励有条件的地方提供一站式便捷服务。规划、消防等部门要为社会力量举办医养结合机构提供便利。加快政府职能转变，创新服务供给和资金保障方式，激发各类服务主体的潜力和活力，提高医养结合服务水平和效率。

第七章

我国长期护理保险政策分析与优化

第一节 老年护理服务与长期护理保险

在人口老龄化的冲击下，高龄、失能正成为现代社会越来越突出的一项社会风险。与养老、医疗、失业等传统社会保障项目相比，各国提供的长期护理保障覆盖面还处于较低的水平。根据国际劳工组织的分析统计，在全球46个主要国家的人口中，仅有5.6%的人群享有法定长期护理，平均而言，各国用于长期照护的社会公共支出不足GDP的1%。造成长期护理保障不足的一个重要原因是老年护理服务业的发展不足，大多数国家普遍存在护理服务设施和人才不足，服务水平较差的问题。相对于以发放现金待遇为主的社保项目，长期护理保障对于服务供给体系的依赖程度更高，在很多时候会遇到“花钱买不到服务”的情况。

21世纪以来，中国经济社会和人口结构正经历深刻的变化，在供给侧结构性改革的大背景下，养老服务业的发展是促进经济社会转型的一个重要抓手。人口老龄化预示着老年消费和护理服务需求的增长，老年护理服务必将成为带动经济社会发展的一个重要行业。但从现实情况看，我国的老年护理服务业发展很不充分，难以满足数量巨大的老年人的服务需求，无论是在支出水平、覆盖面，还是在机构设施和护工人才供给等方面，中国的护理服务供给都存在着巨大缺口。因此，新形势下，如何促进老年护理服务供给的扩大是一个非常紧迫的任务。2016年6月，人力资源和社会保障部发布《关于开展长期护理保险制度试点的指导意见》，护理保险制度开始在全国各地多个城市试点。作为一项新的社会保障项目，护理保险制度的实施必将对老年护理服务业的发展起到巨大的推进作用。一方面，制度的实施使得高龄失能人口享受护理保障的覆盖面快速扩大，有效需求得以释放；另一方面，稳定的参保收入将为护理服务机构的业务开展提供偿付来源，使之成为一个潜力巨大的市场。

一 老年护理服务的特点

长期护理作为一项社会服务，和医疗服务、养老服务等行业相近，都面临着市场上的信息不对称问题。由于老年消费者与服务提供者之间的信息不对称，消费者对市场上提供的护理服务质量通常很难进行准确鉴定。护理服务产品通常可被划分为“信任品”和“集合品”两大类。[①]例如，护理服务中的上门服务和日常照料属于信任品，属于劳动密集型服务，并不需要太多的服务设施，消费者和服务提供者之间的信任非常重要；而养老服务机构提供的正式照护则属于集合品，需要有大规模的服务设施投入。正是由于护理服务的“半公共产品”性质，该市场在大多数国家受到严格监管，竞争局限在特定范围之内。例如，在部分实施护理保险制度的国家，长期护理服务的价格在同一区域内是固定的，服务机构成立的标准、服务内容、人员和设施配备也必须符合严格的准入条件。同时，监管部门对机构提供的服务质量进行严格监督，违规或违法行为通常会受到处罚。因此，从一般意义上来讲，护理服务的市场竞争主要围绕服务质量展开，但服务的水平通常难以观测到，这也是长期护理市场监管中存在的难点。

从供需两方面分析，长期护理服务行业存在着结构性矛盾。一方面，失能老年人对护理服务存在巨大的需求，但由于护理服务的不可观测性和失能风险的不确定性，老年人对护理服务的支付意愿不足，特别是年轻人对购买私人护理保险产品的储蓄不足；另一方面，在有效需求不足

① Ben - Ner A, Van Hoomissent, “Nonprofit organizations in the mixed economy”, *Annals of Public and Cooperative Economics*, Vol. 16, No. 4, August 1991.

的情况下，护理服务的供给方发展受限，竞争者出于成本最低化和利润最大化的考虑，对服务对象的选择存在“撇奶油”现象，低收入和高度失能的老年人通常被排斥在市场之外。供需双方的特点造成了护理服务供给的结构性矛盾。例如，针对高龄失能老年人的服务需求，市场供给往往不足；而针对70岁以下健康老年人的养老服务则存在着供给过剩的情况。

二 老年护理服务的供给模式

从性质上来看，提供老年护理服务的机构主要分为三类：第一类是政府建立的服务机构；第二类是非营利性社会组织；第三类是营利性的社会组织或企业。由于三类机构的性质不同，其行为方式和追求目标自然也不一样。一般而言，政府设立或提供融资的服务机构追求社会福利目标，主要面向低收入和弱势群体；非营利性社会组织可以享受税收优惠，行使社会公益目标，通常的行为假设是追求自身业务量的最大化，对降低成本的意愿并不强，服务质量会高于营利性组织；而营利性组织追求的是利润最大化，具有降低服务成本的内在要求，服务效率较高，具有规模效应。

从融资角度来看，国际上的长期护理保障制度安排主要有税收融资的救助型制度、社会保险制度和商业保险三种方式。前两种属于公共保障的性质，一个来源于税收，另一个属于强制性的社会保障制度；而第三种则属于私人领域的商业保险方式，商业长期护理保险发展比较发达的有美国、法国等。一般而言，救助型护理保障主要面向社会低收入群体，而商业保险的覆盖面主要集中在中产和富裕阶层。社会护理保险是缴费型的，具有覆盖面广、待遇水平统一等优点，从理论上讲，社会保险制度是适合应对老年护理风险的一项最优制度安排。[①] 从全球范围看，荷兰、德国、日本、韩国、以色列等国家引入了护理保险制度。传统上，在实施社会救助和社会保险制度的国家中，护理服务的提供者主要为政

① Barr, Nicholas, “Long - term care: A Suitable Case for Social Insurance”, *Social policy & administration*, Vol. 15, No. 4, August 2010.

府福利机构和非营利性社会组织；出于防范风险和对于私人市场的忧虑，营利性组织在这一领域的介入受到很大限制。20 世纪 80 年代以来，随着人口老龄化的加速，面对巨大的护理服务需求，公共服务机构面临着越来越大的压力，独木难支。一方面，政府预算不足，财政难以负担高额的福利成本支出；另一方面，公共服务中存在着效率低、客户排队和资源浪费等现象。这种情况下，在护理服务领域引入社会组织参与，加强市场竞争成为一种趋势。在新自由主义理念的支配下，欧洲福利国家开始强调福利的多元主义战略，在医疗健康和老年护理等公共服务领域引入私人竞争因素。从德国、日本和韩国引入社会护理保险制度的情况看，三国在制度推行的过程中，都不同程度地实行了“亲市场型”的护理服务发展政策。

三　长期护理保险

世界卫生组织（WHO）将长期护理（Long Term Care，LTC）定义为：“由非正规照料者（家庭、朋友或邻居）和专业人员（卫生和社会服务）进行的照料活动体系，以保证那些不具备完全自我照料能力的居民能继续得到其个人喜欢的以及较高的生活质量，获得最大可能的独立程度、自主、参与、个人满足及人格尊严”。这也是目前学术界广为接受和认可的一个界定。而长期护理保险（Long Term Care Insurance，LTCI）是指被保险人因为年老、严重或慢性疾病以及意外伤害，失去部分或全部日常生活能力，生活无法自理，需要接受专业护理机构服务或者在家中接受护理，对由此产生的服务费用进行补偿的一种健康保险。其特点在于保险金给付有持续期，一般从三年到终生不等。①

四　建立长期护理保险的必要性

老年人长期护理是介于老年人生活照料服务和专业医疗机构提供的医疗服务之间的一种照料服务，目的是让那些不具有完全自理能力的老年人获得所需要的生活照料、康复护理、精神慰藉和临终关怀等服务，

① 陈红：《北京发展商业长期护理的必要性及途径》，《人口与经济》2012 年第 6 期。

从而使他们能保持较高的生活质量。老年人长期护理不仅重视为老年人提供服务的多样性，还强调尊重老年人的自主选择权利、参与权利和人格尊严。德国、法国、荷兰、美国、日本以及韩国等人口老龄化程度较高的国家已经相继建立了长期护理保险制度。

2016 年 6 月 27 日，国家人力资源和社会保障部颁布《关于开展长期护理保险制度试点的指导意见》，决定在全国 15 个地区开展长期护理保险制度试点工作，开启了国家层面长期护理保险制度试点的先河。

（一）失能老年人照料护理的需要

在高龄阶段即个体生命的终端，失能和失能忧患具有普遍性。据测算，高龄老人从开始失能到去世，平均会持续 5 年左右的时间。这一时期往往是个人感觉生命质量最低的时期，离不开他人提供的照料，包括生活照料和护理照料。但由于家庭的少子化、小型化，家庭照料能力持续下降，如果没有完善的长期护理保障制度，老年人的照料和护理需求就很难得到满足，生活质量就难以有效保障。另外，临终是人类个体的必经阶段，因此长期护理制度可以看作是人类个体生命周期中的最后一道安全网。

（二）促进医疗资源优化和合理利用的需要

我国现行医疗保险制度的支付范围不包括日常生活护理等服务性项目费用，老年人要想获得由医保支付的医疗护理服务，只有选择住院治疗。相当一部分老年患者原本只需接受康复护理和临终关怀服务，但却在二、三级医院甚至重症监护室长期占据床位，医院同样会使用大量药品，这不仅占用了有限的医疗资源，也给患者和家庭带来了巨大的经济负担和陪护压力，还增加了医疗保险基金的支付压力。只有建立长期护理保险制度，让符合条件的失能老年人在非医疗机构或者家庭中接受康复护理和临终关怀服务的同时能获得医疗费用的补偿，才能促进医疗资源合理利用。

（三）提高临终老年人生命质量的需要

医学研究证明，高额的医疗费用支出在老年人寿命的增加和生存质量的提高上并无显著效果，过度治疗反而会增加老年人的痛苦，降低其生活质量，甚至会加速一些临终老人的死亡。医疗环境对于处于非治疗期或者没有治疗意义的老年人来说，显然不是“宜居环境”。居家或者在护理机构进行护理照料和姑息治疗，不仅可以降低其医疗支出，还可以让他们生活在更熟悉和舒适的环境中，这有助于提高其生活质量，延长生命。

第二节　国外长期护理保险实践

一　社会保险为主的模式

社会保险模式主要以德国、日本、韩国等为代表。以日本为例，1997 年日本国会通过《长期护理保险法》，2000 年通过了《照顾保险法》，建立了一套流程鲜明、体系完备的长期护理保险制度。根据日本法律规定，被保险者是有固定住所的 40 岁以上的全体国民，其中 65 岁及以上的国民为第一类保险者，40 岁到 64 岁的医疗保险加入者为第二类保险者。第二类保险者的护理需求则限制在痴呆等 15 种疾病范围之内，并且费用是从医疗保险中扣除的。在日本，长期护理保险的平均缴费率约为工资收入的 1%，国家、都道府县、市町村在财政上予以补贴。在长期护理保险的筹资中，个人缴费占 50%，三级财政以 2：1：1 的比例负担剩下的 50%。老年人长期护理产生的费用，除了利用者自身需要支付 10% 以外，其余 90% 由长期护理保险费给付。日本长期护理保险制度的一个重要特点即“国家动员，全民参与”，而且“只交不退”。根据法律规定，日本 40 岁以上的人必须全部加入长期护理保险，即使一生中一次也没有使用过长期护理保险费用，其缴纳的保险费也不予返还。个人如果需要获得长期护理服务，必须在市、町、村接受评估和鉴定。实践表明，日本《长期护理保险法》在实施过程中虽然遇到了很多困难，但也逐渐体现出了其前瞻性和优越性，长期护理制度作为个体生命最后一道安全网的作用日益凸显，而且还极大地推动了养老服务业的发展。

（一）德国：新公共管理理论下的混合发展战略

德国是现代社会保险制度的发源地，其社会保险计划由准公共性的社会保险基金会管理。在1995年引入长期护理保险制度之前，德国的老年护理保障为社会救助型制度，服务主要由政府公立机构和五家大的社会福利协会提供，这五家机构为非营利性社会组织，政府给予大量的财政补贴。① 20世纪90年代德国引入长期护理保险制度之时，“新公共管理”运动正在欧洲国家兴起，其核心是强调社会服务中的公私合作，通过私人部门的参与，为消费者提供更多的自由选择权，以提高效率、降低成本。在此理念下，德国护理服务业的运营模式开始发生转变：（1）护理服务市场面向社会上的非营利组织和营利组织平等开放，各类机构间公平竞争；（2）之前由政府补贴的福利性组织的运营方式发生变化，社会保险基金与这些组织之间需要通过合同管理来重新界定运营关系；（3）护理保险基金作为一个准公共性的社会机构，根据谈判协议向各类护理服务的提供商划拨用于补偿服务的资金。1994年颁布的《长期护理保险法案》对进入市场的各类护理服务机构的资质条件进行了详细规定，要求护理保险基金和服务机构之间签订协议，并对居家或机构护理服务的内容作出规定。护理保险制度的参保受益人可以自由选择经过注册的护理服务机构，也可以自费购买社会护理保险之外的商业护理服务项目。德国的护理服务市场开放建立在福利混合发展策略的基础之上。基于社会团结的目标，德国社会保障项目为三方融资制度，国家、市场、家庭和社会第三部门都承担一定责任，这些部门在福利提供中扮演着不同的角色，各有优缺点。20世纪80年代以来，德国护理服务市场的开放政策带来了一系列积极变化。首先，营利性护理服务机构在全国范围内大幅增加。截至2009年，营利性组织占到了居家护理服务市场份额的61.5%，尤其是在大城市，私人服务机构占据了主导地位；在养老服务机构方面，传统的非营利性组织仍占有54.8%的市场份额，但营利性组织的份额也在快速增长，达到了40%，其余5.2%则为政府福利性机构所占。其次，护理服务市场的价值理念发生了深刻变

① Hildegard Theobald, “Combining welfare mix and New Public Management: The case of long-term care insurance in Germany”, *International Journal of Social Welfare*, Vol. 12, No. 21, November 2012.

化。由于引入了竞争因素，传统体制下社会福利协会占垄断地位的局面被打破，在新的环境下，它们需要和私人营利性组织一起参与市场竞争。在此背景下，这些非营利性机构的运营取向开始发生转变，在经营目标上具有了追求服务质量和成本节约的意识，并将一些服务内容外包给市场专业机构以提高效率。从这种意义上说，将“新公共管理”理念引入长期护理服务领域还是取得了很大成就的：它不仅仅是一种管理技术手段上的创新，而且对整个护理服务行业的价值文化起到了引导作用。第三，护理就业岗位增加。在引入护理保险制度后，经过注册的正式护工数量由 1995 年的 32 万增加到 2009 年的 89 万，其中 40% 的护工受过 3 年以上的职业培训。① 但护工工作环境却出现整体下降，这主要是因为非正规部门护理从业人员的大幅增加，相对于正式护工，他们的工作环境和工资都缺乏保障。

（二）日本：政府严格监管下的市场政策

1963 年，日本出台《老年福利法》，规定地方政府需建立相应的养老机构和居家护理服务机构，为无家庭成员赡养的老年人提供救助型服务。20 世纪 70 年代和 80 年代经济的快速增长为福利计划的推广提供了强有力的经济保障，到 1989 年，日本推出了福利发展“10 年黄金计划”，大力推进老年人的健康保障福利设施建设，在市县层面的老年护理服务设施逐步得到完善。由于这些福利机构建设大都由财政融资，随着老年人口的增加，地方政府的财政负担越来越重。同时，在一些偏远地区，护理设施仍然匮乏。单纯的老年护理救助并不足以解决老年失能的社会风险，到 20 世纪 90 年代，大规模的老年人社会性住院问题成为一种普遍的社会现象，造成医疗费用的过快上升。在此背景下，日本于 2000 年开始推行长期护理保险制度，在其后的 15 年内，享受该保险待遇的老年人由 149 万人增加至 490 万人，65 岁以上的老年人口受益比例达到 18% 左右，护理保险制度得到了快速发展，其覆盖面和待遇水

① Nobuko Kanaya, Hiromasa Takahashi and Junyi Shen, “The Market Share of Nonprofit and for Profit Organizations in the Quasi Market: Japan's Long Services Market”, *Annals of Public and Cooperative Economics*, Vol. 5, No. 2, February 2015.

平甚至超过了德国。

与德国的情况类似，日本的传统护理服务主要由地方政府和社会福利公团提供，部分医疗机构也参与其中。由于该护理服务行业是一个封闭的供给体系，面临着服务效率低，对用户需求缺乏反应等问题。护理保险制度实施后，日本政府开始选择性地放开护理服务市场，营利性机构也可以到地方政府的主管部门申请注册，开展护理服务业务。与德国等国家有所不同的是，日本政府对护理服务行业实行更为严格的管制，采取有限度的市场政策，主要体现在以下几个方面：（1）开放的市场主要局限于居家护理和上门照护等服务领域，正式的养老机构服务仍然由非营利性机构主导；（2）对服务价格进行管制，在同一地区内提供同类护理服务内容的机构，收费价格基本一致，机构间的竞争主要围绕服务质量展开；（3）对服务机构的准入条件进行严格限制，对营利性机构资质条件要求较高。长期护理服务是日本实行公共服务私有化的首个领域，制度实施后行业有了快速的发展，尤其体现在居家护理服务机构的发展上。居家护理服务机构的总量由 2000 年的 9833 家增加至 2014 年的 33911 家，其中营利性机构的市场份额占到了 65% 以上，该市场已演变为一个混合性参与的服务行业。①

日本长期护理保险市场上主要有三类服务机构：第一类是地方政府建立的福利护理院；第二类是非营利性社会组织，其中又分为政府设立的非营利性机构和民间发起的非营利性组织以及半公共性质的医疗合作社等组织；第三类是营利性机构。2000 年制度启动时，非营利性组织占据了居家护理服务市场的绝对主导地位，但到 2007 年，营利性组织已占到市场份额的半壁江山，地方政府发起的福利组织和社会非营利性组织的份额都呈逐步下降趋势。

（三）韩国：宽松监管下的自由市场模式

相比德国和日本的人口“超级”老龄化情况，韩国在 2008 年建立长

---

① Theobald H., Szebehely M., Saito Y., "Marketisation Policies in Different Contexts: Consequences for Home-Care Workers in Germany, Japan and Sweden", *International Journal of Social Welfare*, Vol. 6, No. 5, October 2017.

期护理保险制度时的人口结构相对年轻得多，但未来 50 年内其老龄化速度将会是经济合作与发展组织成员国中最快的国家之一。因此，韩国在 2008 年建立长期护理保险制度时，考虑更多的是长远应对快速老龄化的问题。与德国和日本的情况不同，韩国在启动护理保险制度前，国内从事护理服务业务的医院、养老院和社区服务中心等机构供给严重不足，社会非营利性机构也很少从事护理服务领域。与日本和德国的福利传统不同，韩国实行发展主义的福利政策，强调福利政策服从于经济增长的需要。因此，韩国历史上就有抵制大规模建设公共服务设施的传统。在启动护理保险制度的酝酿过程中，韩国国内非常担心稀缺的护理服务资源难以满足社会服务需求，从而影响制度的实施。从 2005 年开始，韩国政府宣布了一系列措施，希望能新建一批护理服务设施。但同时，政府的经济管理部门却在担心国家出钱会带来预算成本的上升。在这种情况下，韩国政府决定通过市场化政策，通过推动民间机构的参与，弥补供给的不足，随后采取了一系列市场开放和放松监管的政策。首先，在全国范围内放开居家护理、社区护理和机构护理服务的市场准入。其次，对新进入的服务商提供一系列鼓励措施，包括放松最低劳工标准和最低服务设施等方面的最低设立门槛。例如，政策允许单个社工或护士人员只要满足有一个小办公室和三个雇佣护工的条件，就可以设立一家上门服务机构。第三，通过市场手段促进公平竞争，政府有意识地减少了对传统福利护理服务机构的补贴力度，各类服务机构的收入都要基于客户的服务规模和时长。为了扩大护工队伍，政府采取了由服务机构自主培训护工人员的做法，并放松对培训机构的资质要求。2008 年，政府出台了护理人员上岗资格证书的强制性要求，但对服务人员的年龄、教育背景和从事服务的资历等不做限制性的规定。

韩国宽松的市场政策极大促进了护理服务设施的发展，其效果远远超出了政府预期。在 2008—2012 年间，护理服务机构从 8300 多家快速增加到 15000 多家。尤其是居家护理服务机构得到快速发展，众多的小型社区照护中心遍地开花，主要原因在于这些设施所需投入和人员数量要求门槛都很低，行业的充分竞争促进了机构的大规模增加。护理保险制度实施带来的另一个积极效果是就业机会的增加，70% 以上的护工为 40—

50 岁的中年妇女。服务机构和人员的大规模增加为制度的推进创造了条件，制度受益人口由 2008 年的 3.8 万人增加到 2011 年的 28 万人，达到了老年人口的5%。[①] 低成本是影响需求快速上升的原因之一，不仅贫困老年群体，许多富人也开始使用价格低廉的护理服务设施。但过于宽松的市场监管也带来了一些负面问题，受到韩国社会的广泛批评。第一，过多服务机构涌入市场，造成市场过于分散，客户规模难以扩大，经营面临困难。例如，2012 年，每家居家护理服务机构和养老服务机构的平均客户规模仅为 21 人和 40 人。第二，过度市场竞争中存在一些违规问题。例如，一些机构为拉拢客户，采取低收费或避免客户自付费用的做法，通过串谋获取保险待遇等行为相当普遍；同时，还有很多机构存在着拒收低收入和重度失能老年人的现象。第三，与德国和日本的情况不同，韩国缺乏一个有效的护理管理体系，政府主管部门参与护理保险的管理职责有限，老年人直接与市场上的服务商对接并对其服务质量进行监督，由于信息不对称和机构过多等原因，老年客户很难做出比较和选择。第四，服务质量参差不齐。由于行业监管的放松和准入门槛过低，许多服务机构的护工人员素质较低，服务水平较差。第五，在某些偏远农村地区，由于护理服务的营利性较差，仍然存在着服务供给不足的难题。这些问题都反映了政府过于放松监管的弊端，造成了相应的市场失序问题。虽然运用市场手段可以有效促进护理服务设施的快速扩张，但也面临着竞争过度和市场失灵的负面影响。

通过以上对德国、日本、韩国三个国家长期护理保险制度的实施状况分析可以看出：日本长期护理保险的福利支出水平最高，在护理服务供给上，地方政府的福利性服务机构奠定了良好的发展基础，护理服务市场开放幅度较小，仍然实行较为严格的政府监管；德国具有悠久的合作主义福利传统，20 世纪 90 年代护理服务市场的改革主要基于新公共管理理论，旨在加强公私合作，提高效率，服务市场上的公私机构各占

---

① Yongho Chon, "The Development of Korea's New Long - Term Care Service Infrastructure and Its Results: Focusing on the Market-Friendly Policy Used for Expansion of the Numbers of Service Providers and Personal Care Worker", *Journal of Gerontological Social Work*, Vol. 56, No. 2, February 2013.

一半；而韩国则是典型的发展型福利主义，护理服务业的历史基础薄弱，在扩大供给政策上采取了完全市场化的路径。在政策效果上，三国长期护理保险制度的实施及其市场化供给政策都对护理服务机构的发展起到了明显的推进作用，尤其是在韩国，服务供给市场经历了“从无到有、从有到多”的快速转型，但其却面临着放松监管所带来的市场失序问题。对德国和日本而言，主要是通过营利性机构的市场参与，提高护理服务行业的竞争效率，但两国仍面临着较为沉重的福利支出问题。

二 商业保险为主的模式

拥有长期护理商业保险制度的典型国家是美国。在长期护理商业保险制度之外，美国还有社会性长期护理制度，分别由医疗照顾和医疗救助两大保障计划覆盖，二者都只包含部分长期护理项目费用的补偿，前者是老年医疗保障计划，只包含不超过 100 天的短期康复护理费用补偿；后者虽然提供范围更广的长期护理服务费用补偿，但仅限于贫困人群。由于社会性长期护理并不能满足本国老年人的长期护理需求，在医疗照顾和医疗救助涵盖范围外的老年人就选择购买长期护理商业保险。长期护理商业保险主要由投保人通过购买护理保险的方式自愿参加，该保险可单独承保个人，也可以通过团体保险形式向团体提供承保。近年来，团体保单的增长明显快于个人保单的增长，体现了团体保单的未来发展势头。从个人角度看，团体保单可以鼓励年轻人及早为自己的未来作准备，而且分期支付的保费比到老年时参保的费用低得多。不过，美国商业性长期护理保险的覆盖率仅为 10% 左右，这说明即使在美国这样商业保险发达的国家，单靠商业保险也远远不能解决老年人长期护理问题。

三 社会福利为主的模式

在澳大利业和北欧诸国，老年人长期护理费用被纳入社会福利范畴，产生的费用主要由政府财政承担。

第三节 国内的实践和探索

近年来，面对人口老龄化的压力和日益增长的老年人照护需求，国内不少地方开始探索试点长期护理保险。

一 长期护理保险的地方性探索

（一）青岛方案

青岛市于2012年颁布实施《关于建立长期医疗护理保险制度的意见（试行）》，提出以城镇基本医疗保险为平台，以“医养结合”的养老机构、社区医疗机构为主体，开展居家医疗照顾和在院医疗护理，满足老年人的医疗护理需求，护理保险覆盖所有参加城镇基本医疗保险的居民。2015年城乡并轨后，从职工基本医疗保险历年节余基金中一次性划转19.8亿元作为长期医疗护理保险制度的启动资金；当期的护理基金，职工按个人账户计入基数0.5个百分点，城乡居民按当年基本医保筹集的10%划入，均从医保基金中直接划入。也就是说，护理保险基金的筹集主要通过调整基本医疗保险统筹基金和个人账户结构，设置长期医疗护理保险基金统筹账户，并根据基金使用情况由财政给予适当补助，用人单位和个人不再额外缴费。参保人因病、伤残卧床完全失去生活自理能力的，经过评估后，由定点护理机构提供医疗护理费并纳入护理保险支付范围。护理费实行每床日包干定额管理的办法，探索了四种形式：一是家护，即居家接受医护照料的参保人每天50元；二是院护，即在专业护理服务机构或具有医疗资质的养老机构接受医疗护理的每天65元；三是专护，即在二、三级医院接受服务的参保人每天170元；四是巡护，即依托乡镇卫生院和村卫生室进门入户发生的医疗护理费按每年800—1600元进行结算。制度开始实施以来，全市已有4万多名参保老年人享受了护理保险待遇，享受者平均年龄为80.4岁，累计支出护理保险资金9亿多元。护理保险制度的实施不仅减轻了老年人的医疗负担还缓解了医保基金的支出压力。比如，作为定点护理机构的青岛市南区人民医院接收的长期护理病人60%转自三级医院，其中来自重症监护室的约占12%，这些患者有的单次住院费用就高达50万元，住院时间长达180天，个人负担超过10万元，而在转入长期护理病房后，一年的总护理费用仅6万元，个人只负担6000元左右。该制度实施以来，护理保险基金支出的费用累计购买了1584.2万个床日的护理服务，同额的资金，如果在二、三级医院只能购买112万个普通床日的护理服务。

（二）南通方案

2015年，南通市颁布了《关于建立基本照护保险制度的意见（试行）》，决定自2016年1月1日建立基本照护保险制度。它以个人缴费与财政补助相结合为主，多渠道筹集资金。每人每年筹资标准为100元，其中个人缴纳30元（城镇最低生活保障家庭、特困职工家庭、重度残疾人员、未成年人、学生儿童个人缴纳部分由政府全额补贴），职工医保基金按参保人数每人每年30元标准拨付照护保险基金账户，政府按每人每年40元标准予以补助。经过评估符合条件的参保人员可以享受照护保险待遇，其中在具有定点照护服务资格的医疗机构中接受照护服务的，照护保险基金支付60%照护费用，同时按规定享受基本医疗保险待遇。在具有定点照护服务资格的养老机构中接受照护服务的，照护保险基金支付60%照护费用，居家接受上门照护服务的，月度支付限额为1200元。

（三）北京海淀区方案

2016年6月，北京海淀区制定了《海淀区居家养老失能护理保险试点办法》（简称《办法》），建立了失能护理互助保险制度。该《办法》规定，具有海淀区户籍且18周岁以上的城乡居民，以及在海淀区行政区域内各类合法社会组织工作的具有本市户籍的人员，均可自愿参加长期护理互助保险。保险费用按年缴纳，采用个人缴费及政府补贴相结合的形式。政府补贴20%的保费后，个人每年缴费912元，累计缴纳不少于15年。参保人员达到65周岁以后，经过评估符合条件的，按照轻度、中度、重度失能的标准，每月可以分别获得900元、1400元、1900元的护理服务。享受护理待遇前缴费不满15年的，需一次性补齐剩余保费。55岁以上享受低保的家庭、生活困难补助人员、计划生育特殊困难家庭等参保人员的费用由政府全额负担。如参保人员未享受护理待遇，在其去世后，个人账户可以继承。

从上面介绍可以看出，青岛、南通和北京海淀区的做法各有特色：青岛将长期护理限定于医疗护理，没有涉及生活照料，而南通、海淀区的方案均涵盖了生活照料；青岛的长期护理保险基金主要来源于医疗保险基金，个人、企业都不需再另行缴纳，而南通参保市民需要每年缴纳一定的保费，海淀区属于商业互助保险性质，保费主要由个人缴纳；青岛和南通的长期护理保险实现了全覆盖，具有一定的强制参保性质，具有明显的社会保险性质，而海淀区是个人自愿参保，具有比较典型的商业保险性质。

二　长期护理保险在全国范围内试点

在总结地方经验的基础上，人力资源和社会保障部办公厅于 2016 年 6 月印发了《关于开展长期护理保险制度试点的指导意见》，明确了开展长期护理保险制度试点的指导思想、基本原则、目标任务、基本政策、管理服务等重要问题，决定从 2016 年起，选择承德、长春、齐齐哈尔等 15 个城市作为长期护理保险制度试点城市，利用 1—2 年试点时间探索改革路径，积累经验，力争在“十三五”期间基本形成适应我国社会主义市场经济体制的长期护理保险制度政策框架。

（一）保障范围

《关于开展长期护理保险制度试点的指导意见》指出“试点阶段，长期护理保险制度原则上主要覆盖职工基本医疗保险参保人群，试点地区可根据自身实际，合理确定参保范围并逐步扩大”。通过梳理和比较首批 15 个试点城市长期护理保险政策的保障范围和资格认定概况，大致可把长期护理保险分为两种类型：全覆盖型和选择型。

1. 全覆盖型

全覆盖型指的是凡已参加医疗保险的城乡居民全部纳入长期护理保险。如表 7 - 1 中的上海、南通、苏州、上饶等 9 个地区实现了长期护理保险的全覆盖，即长期护理保险保障对象既涵盖参加城镇职工医保的人员，也包括参加城乡居民医疗保险的人员。

2. 选择型

选择型指的是仅有参加特定的医疗保险的人员才具备加入长期护理保险的资格。目前，承德、齐齐哈尔、宁波、安庆和广州等地区规定长期护理保险的保障范围仅包括参加城镇职工基本医保的人员。长春则限定只有参加医疗保险的城镇居民方可纳入长期护理保险（见表7－1）。可见，尽管首批试点城市的长期护理保险政策遵循了“跟从医疗保险”的参保原则，但各地在参保范围资格的设置方面仍呈现出较大的差异。

表7－1　试点地区长期护理保险覆盖范围

覆盖范围	城市
城镇职工医保的参保人	承德、齐齐哈尔、宁波、安庆、广州
城镇职工医保＋城镇居民医保的参保人	长春
城镇职工医保＋城乡居民医保的参保人	上海、南通、苏州、上饶、青岛、荆门、重庆、成都、石河子

（二）资金筹集

在资金筹集方面，《关于开展长期护理保险制度试点的指导意见》指出：“试点阶段，可通过优化职工统账结构，划转职工医保统筹基金结余、调剂职工医保费率等途径筹集资金。”从各地区出台的筹资规定看，当前各地长期护理保险资金筹资机制差异较大。这具体可从筹资主体和筹资形式体现出来。

1. 筹资主体

从资金筹集主体来看，个人、用人单位缴费，医保基金划转，财政补贴是当前各地长期护理保险资金的重要筹集渠道。目前，除青岛、长春两市资金主要依靠医保统筹基金划转外，大部分试点城市如上海、南通、承德、上饶、荆门等地建立了多元化的资金筹集模式，即个人缴费、单位缴费、医保统筹基金划转、政府财政补贴责任共担的筹资机制，但各地市资金主体构成却存在一定的差异。如南通、承德、荆门等地用人单位无须承担缴费责任，而成都、上海等地规定用人单位承担缴费责任。

此外，安庆、齐齐哈尔、上饶等地缺乏政府财政补助。

2. 筹资形式

从资金筹集形式来看，首批试点可分为两类：定额筹资和比例筹资。采用定额筹资的主要有齐齐哈尔、南通、苏州、安庆、上饶、广州、重庆、石河子等，即参保个人、医保基金、用人单位以及政府财政，分别按照制度规定的特定标准来划转资金或缴纳保费。以南通为例，长期护理保险的保费筹资标准是每人每年100元，其中，参保个人承担每人每年30元。政府财政补助为每人每年40元，医保基金承担每人每年30元。采用比例筹资形式的主要有青岛、荆门、上海、成都、长春等。在比例划分模式下，参保个人、医保基金、用人单位以及政府财政按照一定比例划转或缴纳保费和护理基金。以荆门为例，其长期护理保险筹资标准为荆门上年度居民人均可支配收入的0.4%，其中参保个人、医保基金以及政府财政补贴分别承担37.5%、25%、37.5%。

（三）护理服务形式与内容

整体来看，首批试点城市长期护理保险提供的服务形式主要有居家护理、养老机构护理、医疗机构护理等，不同护理服务形式会根据参保人员的需求提供必要和适度的护理服务。目前，各地根据自身实际分别规定了相应的护理服务形式。大多数试点城市选择以居家照护和机构照护为主的护理服务形式。如苏州的长期护理服务形式主要包括社区居家护理、养老机构护理、医疗机构住院护理三类。其中，社区居家护理是指失能人员在社区的养老服务机构、护理院（站）、门诊部、社区卫生服务中心等接受上门服务；养老机构护理主要是指失能人员在指定的养老服务机构接受护理服务；医疗机构住院护理是指符合条件的参保人在医院、护理院（站）接受护理服务。三种护理服务形式主要包括的服务项目有：清洁照料、睡眠照料、饮食照料、排泄照料、安全照料、病情观察、康复护理、管道护理及清洁消毒等。齐齐哈尔确定了居家护理、养老服务机构护理和医养护理服务机构护理三种服务形式，符合条件的参保人可申请选择上述其中一种护理服务形式。齐齐哈尔着重强调护理服务机构护理，主要解决重度失能老人的基本生活照料问题，具体服务内容包括但不限于以下项目：安全护理、清洁护理、饮食护理、排泄护理、压疮预防护理等。在重庆，失能人员可根据自身实际选择入住长期保险协议机构享受集中护理服务或由协议机构提供上门护理服务，具体的服务包括符合规定的饮食照料、排泄照料、行走照料、清洁照料等基本生活护理服务项目。

（四）待遇支付水平

待遇支付水平是长期护理保险的重要内容。目前，首批试点城市长期护理保险待遇支付水平主要是根据参保人员的失能等级及所选择的护理服务形式进行确定。从待遇支付水平上看，《关于开展长期护理保险制度试点的指导意见》提出了"对符合规定的长期护理费用，基金支付水平总体上控制在70%左右"。其中，长春、上海等地的报销比例达到了90%左右。在此基础上，长春特别强调向高龄老年人倾斜，规定85周岁以上90周岁以下（含85周岁）未完全失能老人凡是参加城镇职工医保或居民医保的即可享受长期护理待遇，可报销其入住定点养老照护机构的床位费，报销比例为50%。90周岁及以上（含90周岁）老年人全部纳入失能人员医疗照护保险范围之内，部分失能和未失能的老年人按照现行标准的70%享受待遇。相比而言，齐齐哈尔、南通与安庆的待遇保障水平则比较低，齐齐哈尔的居家护理报销比例仅有50%，养老机构护理和医疗机构护理的报销比例分别为55%和60%。安庆的居家护理服务的报销比例也非常低，协议机构上门服务仅报销25元/天/人，而非协议机构服务报销15元/天/人。从不同护理服务形式的报销比例看，居家护理服务的报销比例往往比较高，这表明各地长期护理政策更倾向于鼓励参保人选择居家护理服务，如宁波明确规定会向居家护理倾斜。部分试点城市政策上也比较倾向于居家护理。以上海为例，上海居家护理报销比例为90%，而养老机构护理报销比例则为85%。此外荆门、广州、成都等地的居家护理报销比例均高于机构护理（见表7-2）。从发达国家长期护理保险的管理经验来看，国外较为重视居家护理与社区护理，遵循的是"预防先于照护，居家服务先于机构服务"的理念。如在美国的商业长期护理保险中，有4/5的被保险人选择在家中或社区接受护理服务；德国的社会长期护理保险倡导"居家护理优先"，其在政策制定时要求居家护理提供更高的支付水平。

表7-2 试点地区护理形式与待遇支付水平

城市	居家护理	养老机构 护理	医疗机构护理
长春	—	职工90%，居民80%	另定
齐齐哈尔	50%（日定额20元/人）	55%（日定额25元/人）	60%（日定额30元/人）
上海	90%	85%	按医保执行
南通	月度限额1200元/人	50%	60%+医疗保险住院待遇
苏州	重度失能30元/天/人，中度失能25元/天/人，	重度失能26元/天/人，中度失能20元/天/人	重度失能26元/天/人 中度失能20元/天/人
宁波	—	定额40元/天/人	定额40元/天/人
安庆	750元/月/人，15元/天/人（非协议）	50%（限额40元/天/人）	60%（限额50元/天/人）基本医保住院待遇
荆门	80%（限额100元/天/人），100%（非全日限额40元/天/人）	75%（限额100元/天/人）	70（限150元/天/人）
广州	90%（限额115元/天/人）	75%（120元/天/人，（床位费限额35元/天/人）	75%（限额1000元/月/人）
重庆	50元/天/人	50元/天/人	50元/天/人
成都	75%	70%	70%
石河子	70%（全月限额750元），自行护理	70%（限额750元/月/人）	70%（限额750元/月/人）

（五）失能评定标准

《关于开展长期护理保险制度试点的指导意见》指出“探索护理需求认定和等级评定等标准体系和管理办法”是长期护理保险试点的主要任务之一。由于《关于开展长期护理保险制度试点的指导意见》中尚未明确规定失能等级评定标准，首批试点城市在失能评定标准方面展开了积极探索。长春、齐齐哈尔、南通、安庆、青岛、广州、荆门、石河子等8个试点城市以Barthel指数作为失能评定的主要标准。同时，尽管上述城市以 Barthel 指数作为失能评定标准，但对何种程度的失能才能享受长期护理保险待遇的规定仍有所不同。如长春、齐齐哈尔、安庆、荆门、广州、石河子要求按照《日常生活活动能力评定量表》进行评分，达到重度失能标准的参保人方能够享受长护险待遇。而南通则将“40 分以下的重度失能人员与 41—50 分的中度失能人员全部纳入照护险保障对象”。青岛实行长期护理保险较早，失能评定标准最低，低于 60 分且符合其他标准要求的即可享受长护险家护、巡护、院护、专护待遇，上海、苏州、上饶、成都各自出台了失能评定办法及标准。如上海出台了《上海市老年照护统一需求评估标准》，其主要依据线性判断法和支持向量机法等方法进行评估，具体评估结果可分为：正常、照护一级、照护二级、照护三级、照护四级、照护五级、照护六级、建议二级及以上医疗机构就诊等标准。苏州由市人社局、民政局、卫生计生委和财政局联合制定了《苏州市失能等级评估参数表（试行）》，将其作失能评定办法及标准，失能等级评估达到中度或重度的参保人员享受长护险待遇。上饶则按照《上饶市长期护理统一需求评估调查表》对失能人员进行失能等级评估，将重度失能失智人员纳入长护险保障对象。成都按照《成都市成人失能综合评估技术规范》进行评定，将重度失能人员列为照护对象。重度失能又分为重度一级、二级、三级，照护对象根据重度失能等级的不同享受不同等级的照护服务（见表 7 - 3）。

表 7 - 3 试点地区失能评定标准

失能评定标准	城市
Barthel 指数评定分数为标准	长春、齐齐哈尔、南通、安庆、青岛、荆门、广州、石河子
自行出台失能评定标准	上海、苏州、上饶、成都
尚未明确失能评定标准	承德、重庆、宁波

三 长期护理保险试点地区经验总结

通过对首批 15 个试点地区长期护理保险政策的梳理和比较可知，首批试点地区大多遵循人力资源和社会保障部《关于开展长期护理保险制度试点的指导意见》的要求，并结合本地区经济社会发展、人口结构等制定了各自的长期护理保险政策，基于上述比较发现，首批试点城市在保障范围、资金筹集、长期护理服务形式与内容、待遇支付水平、失能评定标准等政策设计方面存在共性，也表现出诸多差异。由于首批试点城市长期护理保险政策实施时间较短，政策的实际成效尚未充分体现，在此对首批试点城市的长期护理保险政策存在问题进行分析，并提出优化建议。

（一）保障范围较窄，亟须扩大覆盖面

作为一项重要的社会保险制度，长期护理保险旨在通过社会互助共济的方式，缓解参保人员的长期护理问题，因而，长期护理保险制度首先要确保机会公平，让城乡居民均能享受长期护理服务。从目前首批试点的保障范围来看，大多试点地区并未实现参保人群和区域的全覆盖。如南通规定在崇川区、港闸区、市经济技术开发区开展试点，齐齐哈尔明确规定不含梅里斯区等。承德、齐齐哈尔、宁波、安庆、广州仅覆盖了城镇职工，农村居民被排除在外。众所周知，受城乡双轨制的制约，与城市相比，农村医疗保健水平、卫生资源、农村居民收入水平都比较低。单从收入方面分析，2015 年第四次中国城乡老年人生活状况调查数据显示，城镇完全失能老年人平均年收入为 20188 元，而农村失能老年人平均年收入仅为 5176 元。由于农村社会保障体系不完善，老年人一旦失能基本就丧失了收入来源，只能依靠家庭成员的支持，会给家庭成员带来较大的压力，尤其在当前农村年轻人普遍外出务工的背景下，空巢失能老人的护理服务可及性很差。所以，农村失能老年人口对长期护理服务的需求更为强烈，因而，未来应进一步扩大试点覆盖面，实现制度区域和人口的全面覆盖。

（二）资金筹资主体单一，应拓宽筹资渠道

多元化的资金筹集渠道是长期护理保险制度持续发展的关键。尽管首批试点均在尝试着构建社会互助共济的资金筹集方式，但从具体实施情况来看，划转职工基本养老保险统筹基金和调整医保统账结构仍是各试点地区资金来源的主要渠道。除上海外，用人单位在长期护理保险筹资体系中责任缺位，而个人缴费责任在部分试点地区要么直接豁免，要么从个人账户中直接划拨，长期护理保险中个人参与率非常低。[①] 此外，长期护理保险政策具有较强的正外部性，政府理应承担筹资责任，但从各地政策规定来看，政府财政补贴责任要么缺位，要么筹资比例较低，如上饶政府财政补助为每人每年 30 元，南通和苏州政府财政补助分别为每人每年 40 元、50 元，显然当前筹资体制无法应对未来的长期护理服务需求。

为确保长期护理保险制度平稳运行，首先，需要明确政府的财政补贴责任，政府财政补贴标准应随着经济社会发展进行调整。随着长期护理保险制度在全国范围内推行，中央财政可根据各地区失能人口规模、财政实力建立合理的财政转移支付机制，保证财力较弱地区的长期护理保险制度的推行。其次，明确个人和用人单位的筹资责任。个人和用人单位（农村集体）是长期护理保险的重要筹资主体，一方面要明确个人和单位的筹资比例，增强缴费主体的责任性；另一方面还要建立个人和用人单位缴费的激励机制。最后，还应进一步拓宽资金来源渠道，积极鼓励个人、社会组织、企业等捐助长期护理保险，构建多元和稳定的筹资渠道。

（三）提升待遇标准，保证护理基本需求的实现

整体来看，首批试点长期护理保险待遇支付水平较低。尽管多数地区护理服务项目报销比例达到了 70% 以上，但是待遇支付项目往往存在额度限制。如南通居家护理的限额为 40 元/天/人，齐齐哈尔医疗机构护理费仅为 30 元/天/人，显然当前待遇支付水平很难满足失能人员的高额护理费用，长期护理保险难以实现“保基本”的目标。首批试点地区长期护理保险待遇水平较低的根源在于筹资标准比较低。目前南通长期护理保险基金按照全市上半年度城镇居民人均可支配收入的 0. 3% 确定。因而，提升长期护理保险水平的关键在于充实长期护理基金。随着筹资主体缴费责任的明确分工、缴费标准的提升，长期护理待遇支付水平将会不断提升。尤其是人口老龄化的加剧，失能老龄人口的增多，加之长期

① 海龙、尹海燕、张晓囡：《中国长期护理保险政策评析与优化》，《宏观经济研究》2018 年第 12 期。

护理保险待遇水平的刚性特征，都将给长期护理保险基金的可持续带来巨大的挑战，因而未来如何在提升护理待遇支付水平的条件下确保长期护理保险基金的收支平衡将是长期护理保险推行的重大挑战。

（四）统一失能等级标准，确保认定程序和结果的公正

失能等级标准事关参保者申请遴选、保险缴费率、基金收支平衡，可谓牵一发而动全身。而《关于开展长期护理保险制度试点的指导意见》中并没有明确失能评定标准和管理办法，因而，在探索过程中首批试点地区的失能等级标准基本上是各行其是，尚无统一的标准可循。尽管各地区大多把《日常生活活动能力评定量表》（Barthel 指数评定量表）作为失能等级评定的标准，但失能评定划分标准细化不够导致其实际操作性不强，如安庆市文件指出“因年老、疾病、伤残等导致失能，经过不少于 6 个月的治疗，符合《日常生活活动能力评定量表》（Barthel 指数评定量表）重度失能标准，生活不能自理、需要长期护理”，规定中并未给出量表分数，操作性比较差。部分试点地区对失能评定标准的政策规定却存在较大差别，如齐齐哈尔、荆门等地规定低于 40 分，青岛规定低于 60 分。由于失能等级标准在长期护理保险中处于基础地位，德国、日本、荷兰等国均建立了全国统一的失能等级标准和管理规范，以确保失能等级认定的客观、科学和公正。因此，人力资源和社会保障部应联合相关部门，参照国外失能等级认定标准，结合中国实际，尽快出台统一的失能等级评定标准和管理规范。

四　完善中国长期护理保险的建议

（一）我国建立长期护理保险制度的原则设想

1. 跟从社保原则

我国长期护理保险制度应采取“政府主导、商业保险经办、社会化参与”的模式。政府主导主要是指政府应负责制度设计、提供政策资金支持和履行监管职能；商业化保险经办是指在长期护理保险运行过程中要通过个人自主选择、经办机构之间及服务提供商之间的竞争机制，提高制度运行效率；社会化参与是指要实现资金来源与护理服务社会供给多元化，保障制度可持续发展。在这一过程中应坚持跟从社保原则，主

要是因为长期护理保险相对复杂，涉及风险因素多、资格认定工作繁杂、支付方式多样、道德风险较大，营销相对困难，难以由商业保险单独提供。国内自2004年开始开发这类商业险种后，截至目前其保费收入几近于零。美国制定了长期护理保险税收优惠政策且发展近40年后，55岁以上老年人的保险覆盖率也仅为10%；在商业护理保险尚不发达、老龄化程度迅速加深、中重度失能老人占比较高的情况下，长期护理保险采取社会保险的形式，可以迅速惠及广大民众。

2. 市场化运作原则

参照大病保险经办模式，通过政府购买服务的方式选择2—3家有实力的商业保险机构，具体经办长期护理保险的基金运营、管理、支付服务工作，可使政府有效摆脱事务性工作，专门从事制度设计与监督执行，促进长期护理保险的健康发展。具体来讲，长期护理保险市场化运营具有以下四个好处：一是降低基金运营成本、提升服务质量；二是合理控制基金运营风险；三是保障经办机构长期高效运转；四是促进形成护理服务供应商之间的竞争，保障合理的服务价格及品质。当然，在这一过程中，政府还可引导商业保险机构投资兴办社会化养老护理机构，为社会提供高端医疗护理服务或承包经营现有护理机构，满足多元化护理需求，提升服务质量；同时，鼓励企业和个人提前预防失能风险，缓解因意外伤害引发的老年人失能，发展意外伤害医疗护理保险和长期护理商业团体保险。

3. 社会化参与原则

长期护理保险作为社会保障体系的组成部分，既要依靠各级政府，充分发挥政府的主导和引领作用，又要坚持社会化的发展方向，有效整合各种社会资源。政府应负责做好顶层设计、推动社保立法、合理配置资源、维护制度统一等工作。同时，充分调动企业、社会团体与个人及家庭的积极性，不仅要让其承担缴费等相应的责任与义务，而且要让代表不同群体利益的工会、雇主组织、残联等参与制度设计、监督制度运行。[①] 只有动员社会各方力量参与，充分发挥社区居民、社会组织在养老

---

① 郑功成：《全面理解党的十九大报告与中国特色社会保障体系建设》，《国家行政学院学报》2017年第6期。

服务中的协同作用，才能形成长期护理保险制度更广泛的社会基础，促进其健康有序地运转。

首先，要完善各项配套政策。通过构建社会整合机制，最大限度地整合社会护理资源，形成区域养老服务资源的共享；建立居民参与社区共治机制，完善多元共建机制，打造舒适宜居的社区生活环境和活动空间，加快社会福利和居家养老场所的建设；构建养老服务人才培育机制，形成专业社工制度，支持养老服务机构吸纳下岗失业人员就业，壮大养老服务队伍，提高护理服务专业化水平；强化对社会力量投资建设养老服务的监管，保证服务质量。

其次，引导社会资本进入养老护理服务领域。落实和完善有关优惠政策，降低准入门槛，简化登记程序，规范管理制度，强化市场监管，促进社会力量兴办养老服务机构，实现养老服务机构运营的规模化、品牌化、连锁化。

最后，推进公办养老机构改革。积极支持“公建民营”“民办公助”等多种方式兴办养老服务机构，优化其设施设备配置，使其逐步为老年人提供生活照料、康复护理、精神慰藉、文体娱乐等服务。同时，鼓励慈善组织参与养老服务机构建设，调动慈善组织参与养老服务业建设的积极性，促进政府将部分养老工作职能转移给慈善公益组织。

（二）完善我国长期护理保险的几点思考

1. 提升长期护理保险的立法层次

立法先行是国外社会保障制度发展的一条重要规律，法律法规是社会保障制度稳定运行的重要保障。相比养老保险和医疗保险，长期护理保险制度是一项全新的险种，2010 年《中华人民共和国社会保险法》（简称《社会保险法》）颁布时，长期护理保险制度尚未试点，该法并没有涵盖长期护理保险的具体内容。首先，《关于开展长期护理保险制度试点的指导意见》的发文单位是人力资源和社会保障部办公厅，仅是厅级级别，部分首批试点城市为市人社局，发文级别不高会影响到政策的号召力与动员效力。此外，从管理上看，长期护理保险主要由人力资源和社会保障部门负责组织实施，实际上长期护理保险的具体细则制定和政策落实涉及卫生、财政、老龄、红十字会、养老院等多个部门，多个部门之间的分工和协作直接影响到长期护理保险制度的运行效率。因而，目前《关于开展长期护理保险制度试点的指导意见》和首批试点部分城市人力资源和社会保障部门的单方发文将不利于部门之间的协作。因而，一方面要尽快修订《社会保险法》，将长期护理保险纳入《社会保险法》，从根本上做到有法可依；另一方面，要提升发文级别，人力资源和社会保障部门应联合卫生、财政、民政等部门共同制定长期护理保险文件，提升长期护理保险的动员效力，增强部门之间的协同性。

2. 建立护理服务人力资源保障机制

同养老保险相比，长期护理保险不仅要提供现金支付，还要提供相应的护理服务。专业和便捷的护理服务离不开高素质的护理人才队伍。由于失能人员的居住地点比较分散，护理服务需求的时间比较随机，因而，长期护理服务对人力资源具有高度依赖性。由于失能人员的需求体现在生活照料、医疗护理、精神慰藉等方面，要满足其需求，既需要有专业护理人员，也需要有非专业护理人员。以医疗护理为例，医疗护理服务业对从事护理人员的技能和知识要求比较高。护理人员往往需要具备诊断病人、提供康复服务、药物管理、心理干预、护理服务规划制定等方面的专业素养。[①] 相对而言，失能人员的生活需求，如穿衣、饮食、洗澡、如厕等对护理人员的专业技能要求不高，但却要求护理人员具备相应的职业道德素养。然而，受传统文化的影响，护理从业人员的社会认可度并不高，薪资水平普遍较低，职业发展空间有限，这些均导致护理人员的流动率比较高，护理服务人才储备不足。鉴于此，政府应一方面高度重视护理人才，提高其社会地位，督促教育部门与培训机构协同培养专业化护理管理人员和职业化护理员，同时，加强对现有护理人员的培训，提高其专业素养；另一方面不断提升护理人员薪资待遇，为护理人员设定职业生涯规划，留住和吸引更多护理人才。

3. 促进服务项目规范化、标准化

在试点过程中，多数试点城市只是简单列出长期护理保险的服务项

① 王群、汤未、曹慧媛：《我国长期护理保险试点方案服务项目的比较研究》，《卫生经济研究》2018 年第 11 期。

目，并未具体说明每项服务的内容和标准。相比而言，广州、上海关于长期护理保险服务项目的内容陈述最为全面，不仅包括了服务项目的频次和工时，而且还包括了对服务内容的具体要求。规范长期护理保险服务项目的内容，不仅有利于完善失能人员的护理服务标准，而且有利于推动护理服务行业的不断规范。日本的长期护理保险强调服务项目的规范化，而且由专门的组织负责考评与验收。[①] 所以，我国各城市在设计长期护理保险服务清单时，应注重服务项目标准化和规范化，力求为护理对象提供安全、专业、规范的服务，全面提升护理水平。

---

① 戴卫东：《长期护理保险——理论、制度、改革与发展》，经济科学出版社 2014 年版，第 86 页。

第八章

“互联网+”背景下的智慧养老

第一节　智慧养老的特点及服务内容

一　智慧养老的概念及特点

（一）智慧养老的概念

智慧养老是指融合现代物联网、云计算、智能科技的高端信息技术，主要为老年人的健康检查、休闲娱乐、生活方式等提供服务，可以利用智能设备对老年人的身体状况进行实时检测，同时也可以根据老年人的兴趣爱好以及健康程度提出合理性建议，有助于其养成良好的生活习惯，也使现代智能科技融入老年人生活中，使老年人在智能科技中感受现代科技的魅力，同时身心得到愉悦，拥有丰富的物质文化生活，获得生活幸福感。

从它的发展历程和背景时代可知，智慧养老的产生和国际智慧城市建设战略的提出息息相关。智慧养老的实质囊括了三个方面：目标群体设置、技术应用和功能实现。首先，智慧养老针对的目标是老年人群体，尤其是以空巢老人、失能和半失能老年人为重点对象，这也是所有的智慧养老产品和服务系统重点设计的关键所在；其次，技术水平是智慧养老的关键依据，物联网、互联网等各类信息化技术的混合作用支持着智慧养老服务；再次，智慧养老在功能设定上重点开展为老年人的需求和风险信号提供即时传递、满足老年人养老服务的需求和支持风险处理服务，以及扩大人工养老服务的能力。换句话说，智慧养老应体现出其在安全监控、健康服务、生活护理等功能方面的独特优势。

对于智慧养老，可以这样形象地描述：“为老人配备智能手表，内置的传感器能够及时发出求救信号，可以有效地解决老人摔倒不能及时通知子女或者医护人员的问题；厨房中配备煤气探测器，遇到老人忘记关煤气厨房中的煤气含量达到一定值时，探测器会提示老人关煤气，如果无人回应，就会触发自动处置开关；'智能筷子'能够监测老年人每天所食食物中是否有过敏源以及血糖含量的多少，帮助老年人预防和监测血糖的正常与否，根据异常情况启动远程医疗和家庭健康服务。"智慧养老是解决目前养老问题的新方向。

（二）智慧养老的特点

1. 智慧养老是对传统养老模式的创新

随着我国近年来互联网技术的不断发展，朱勇认为"互联网"已经极大地影响了众多行业，其中对养老服务行业的影响最为明显，现有的家庭养老方式已日渐成为社会主要矛盾之一，成为家庭幸福的主要障碍，家庭养老服务迫切需要进行改革换新，而互联网技术为家庭养老服务业带来了新的发展机遇和改革。

传统的养老服务效率低下已成为不争的事实，随着时间的推移其体现出来众多弊端，现有的发展模式亦难以维持。将互联网技术与养老服务紧密地结合起来可以极大地提高养老模式效率，充分发挥互联网的高端信息技术优势，为养老服务提供具有现代化的改革点和发展方向，推动养老服务进行创新发展，使养老服务行业成为新兴行业。

2. 智慧养老具有融合性

目前将多个产业、人才、科学领域等进行融合是我国创新型发展的趋势，"互联网 +"就是通过互联网将不同领域的知识和经验进行融会贯通，去其糟粕、取其精华，互相借鉴有价值的信息，打破不同领域的界限，学习先进的科学知识并结合自身发展进行创新型改革。智慧养老就是充分地利用互联网技术对现有的养老方式进行创新性改革，充分发挥云计算、智能技术的优势，去除现有模式的弊端。智慧养老的发展模式应该具有融合性与跨界性，以不断吸收其他领域的先进知识与管理经验，实现创新发展。

3. 智慧养老尊重人性

改革开放以来随着社会道德的不断提升，人们的生活方式和理念潜移默化中也发生了改变，人们更加注重物质文化生活与精神文明的提高。互联网是一个尊重、敬畏、包容人性的现代科技平台，人类的创造力能够在这个科技平台得到充分发挥。人性是推动社会和谐发展的主要力量，随着人们道德理念的不断提高，社会对老年人的生活也有了更高的要求。智慧化养老就可以通过互联网这个科技平台，以老年人为本，充分利用互联网的优势，满足老年人的基本需求，不断提高老年人的物质文化生活。

二 智慧养老的服务内容

（一）健康管理服务

养老服务内容的核心是健康管理，健康管理信息化已发展成为智慧养老服务的改革重点。健康管理服务通过利用智能移动终端来采集老年人的健康信息并进行数据统计分析，构建老年人健康服务管理体系，并且针对不同的老年人用户提供对应的个性化健康解决方案。但是这需要大数据与云计算作为基础，互联网可以通过智能移动终端设备将医疗机构、社区养老服务中心、家属等紧密地结合起来，将老年人的身体健康数据、家属数据、医疗服务机构数据实现同步，有利于医护人员实时查询老年人身体健康数据，可以根据数据及时提醒和治疗，同时，家属也可以及时了解老年人身体状况，老年人也可以通过智能移动设备随时查询自身的健康数据，老年人及其家属也可以通过智能设备与医疗专家进行远程沟通，专家也可以根据老年人身体状况提供医疗服务，这极大地提高了老年人健康体检效率，充分发挥了互联网的优势。

（二）生活照料服务

养老服务产业的重要内容是生活服务，利用互联网进行大数据收集与云计算是智能养老模式的优势所在，根据老年人的生活方式、兴趣爱好以及经济水平，互联网可以对不同的老年人提供针对性的生活服务。现代信息技术的发展打破了时间与空间限制，老年人可以在任意时间与地点享受到各种生活服务，及时地了解生活发展趋势，学习和接触具有现代化气息的智能科技。例如，通过智能移动终端设备老年人可以自查身体健康数据、专家提供的具有针对性的健康生活建议等。

（三）精神慰藉服务

精神文化需求近年来也已成为老年人的基本需求，一方面，随着现代智能科技的不断发展，社会生活方式发生了巨变，以网络为主体的精神文化休闲服务日益增长，老年人也在潜移默化中受到了感染与影响；另一方面我国空巢老人的数量不断增加，长期的独居生活使得老年人容易心情压抑、情绪烦躁，甚至罹患心理疾病，这就促使老年人对于精神慰藉的需求强烈，需要与人沟通交流进行社交活动，丰富自己的精神文化生活。互联网能够构建一个“虚拟社区”使老年人在此进行活动交流，也可以组织老年人开展文体娱乐活动，让他们在锻炼身体的同时精神方面也得到释放与缓解。建立的养老信息平台也可以定期对老年人进行心理测试，为心理不健康和具有心理障碍的老年人提供针对性服务，对老年人进行心理疏导，帮助他们打开心扉，能够更好地享受生活，愉悦身心。

（四）信息交互服务

智慧养老服务必须建立多元主体交互系统，将健康管理、生活服务与精神慰藉紧密结合在一起，政府、社区、医疗机构、老年人及其家属和服务提供者是构成交互系统的主体。多元化的养老服务交互系统是由互联网、智能移动设备、生命体征监控仪、即时通信工具等构成，交互系统可以为老年人提供健康管理、生活服务、精神慰藉等全方位保障。其中政府是“互联网+”的提出者与监督者，在交互系统中处于主导地位，社区养老服务中心在政府的领导下推动智慧养老模式的建立与发展，社区负责养老大数据的信息平台建立，对养老服务机构进行监督。养老服务的需求者在养老服务系统中需要输入自身的个人基本信息和需求信息，同时医疗服务的提供者也需要在系统中提交对应的服务信息与护理信息。

（五）养老产业链延伸服务

目前社会上越来越多的企业在“互联网”的影响下开始尝试智慧养老服务，多个领域也逐渐开始参与到养老服务行业中，社会上新兴的老年娱乐项目、老年金融项目以及老年医疗项目都是受到互联网的影响而产生的，“互联网+”养老模式的产业链形成亦与科技发展息息相关，这种模式将金融、保健、娱乐、医疗等与养老服务行业进行深度融合，构成一个密不可分的整体。政府作为养老服务交互系统的提出者应当充分发挥政府的力量，加大对养老服务的资金投入，积极引导社会各界力量推动智慧养老模式的发展，构建多功能化、现代化、智能化的养老服务平台，不断推进产业链的延伸。

第二节 河北省石家庄市智慧养老可行性分析

一 政治环境

（一）国家产业政策

人口老龄化已成为我国严重的社会问题，养老成为日常生活中关注的焦点话题，已成为政府改善民生的一项重要工程。为解决人口老龄化问题，建立与经济发展水平相适应的养老服务体系，党的十七大和十七届五中全会都提出了发展养老服务的目标。表8-1是对国家有关智慧养老政策的整理。

表8-1 有关智慧养老的国家政策

政策	目标
关于开展国家智能养老物联网应用示范工程的通知〔2014〕	通过建设示范工程，形成一批技术应用成果，从而促进智能养老物联网相关产业健康发展
关于加快推进养老服务业人才培养的意见 教职成〔2014〕	培养一支数量庞大、素质较高的养老服务人才队伍，以满足我国养老服务业发展的需求
关于鼓励民间资本参与养老服务业发展的实施意见〔2015〕	推动养老服务信息化建设，支持民间资本利用现代信息技术手段为老年人提供紧急呼救、健康咨询、生活服务等养老服务项目。经济发达的地方，可以为居家老年人免费配置“一键通”等呼叫设备
关于全面放开养老服务市场提升养老服务质量的若干意见〔2015〕	提出“互联网+”创新养老的服务，并实现医疗和养老之间的结合，促进老年智能产品的开发和升级
关于进一步做好养老服务业发展有关工作的通知〔2015〕	加快发展现代养老服务业，应紧跟信息化前沿，大力运用互联网、大数据、物联网等现代信息技术手段，探索并创新养老服务模式

续表

政策	目标
关于加快推进养老服务业放管服改革的通知〔2017〕	降低企业准入的制度性成本，营造规范的发展环境，培育和打造一批品牌化、连锁化、规模化的养老服务企业和社会组织
关于印发《智慧健康养老产业发展行动计划（2017—2020年）》的通知	到2020年，打造一批智慧健康养老服务品牌。提升智慧养老服务质量，不断完善智慧养老产业，大幅度提升信息安全保障力

（二）地方法规

为促进智慧养老在石家庄市的快速发展，2011年，石家庄市人民政府印发《关于加快推进社会养老服务体系建设意见》，指出要依托信息网络平台，整合专业养老服务机构、居家养老服务组织、社会各类中介服务机构等，优化养老服务资源配置，提高服务效率。推广“一键通”、为老服务热线、12349社区服务热线等呼叫信息服务项目，为居家养老提供便捷、周到的服务。

2014年石家庄市人民政府印发《关于加快养老服务业发展的实施意见》，明确提出本市养老服务发展的目标，即到2020年，全面建成以居家为基础、社区为依托、机构为支撑、信息为辅助，功能完善、服务优良、覆盖城乡的养老服务体系。大力发展居家养老服务，按照资源整合、就近就便、功能配套、方便实用的要求，大力推进城乡社区居家养老服务中心建设，通过政府补助、购买服务、协调指导、评估认证等方式，培育发展一批居家养老服务企业和机构，为居家老年人提供助餐、助浴、助急、助医等定制服务。支持有条件的居家养老服务企业和社会组织实现规模化、网络化、品牌化经营。到2020年，城乡社区居家养老服务实现全覆盖，城乡标准化社区居家养老服务中心分别达到80%和40%，以县（市）、区为单位的居家呼叫服务和应急救援服务信息网络全面建成。

为了促进居家养老服务社会化发展，满足居家老年人的养老服务需求，2016年，河北省制定《居家养老服务条例》，对居家养老的服务内容，政府在居家养老中应承担的责任以及城市养老服务设施建设等方面的内容作了详细规划。

2017 年，石家庄市人民政府印发《石家庄推进智慧城市建设行动计划（2017—2019 年）》，提出要整合全市医疗健康、社区养老等健康数据资源，构建石家庄“健康云”，面向居民、医院、健康管理等服务机构提供医疗、养老等信息服务，实现跨机构、跨部门、跨地区的信息互通和资源共享，推动医疗保健、公共卫生事业发展。建设养老服务综合管理平台，打造全人群覆盖、全方位服务、全过程管理、全天候响应的智慧养老体系，促进远程健康监护、居家安防、定位援助等养老服务新模式的应用。

2018 年石家庄市人民政府印发《石家庄市全面放开养老服务市场提升养老服务质量的若干措施》，明确指出要尽快破除石家庄市养老服务业发展瓶颈，激发各类市场主体活力，推动养老市场繁荣创新，有效提升养老服务质量；创新推进“互联网+养老”服务，实现全市养老服务行业资源整合，全市养老服务综合管理平台实现线上平稳运行。

二 经济环境

（一）石家庄市经济概况

在经济方面，石家庄市整体经济发展水平保持了较高的增长速度，其在 2018 年全国城市 GDP（经济总量）排名中位居第 31 位，拥有较大人口基数和省会城市优势，近年来一直保持较快发展势头，经济活力逐渐提升，是河北省第二经济大市。具体经济发展情况如表 8-2 所示。

表 8-2　新乡市 2010—2017 年经济情况

年份	GDP/亿元	人均 GDP/元	城镇居民人均可支配收入	农村居民人均可支配收入
2010	3401.0	33462	18290	6577
2011	4082.6	39715	20534	7822
2012	4500.2	43329	23038	8993
2013	4863.6	46828	25274	10066
2014	5100.2	48572	26071	10542
2015	5440.6	51248	28168	11442

续表

年份	GDP/亿元	人均 GDP/元	城镇居民人均可支配收入	农村居民人均可支配收入
2016	5857.8	54738	30459	12345
2017	6460.9	59910	32929	13345
2018	6082.6	56401	35563	14518

由表8－2可以看出，自2010年到2018年的这九年期间，石家庄市的GDP、人均GDP以及居民的可支配收入均实现了较快增长，经济平稳、持续、健康发展。石家庄市的经济水平在河北省11个地级市中排名第二，仅次于唐山市。就目前石家庄市的经济发展水平和人均可支配收入来说，适合市场化运营的养老方式和养老服务，对于收费性的居家智慧养老服务具有较高的经济承受能力。

（二）老年人平均养老金水平

截至2017年底，石家庄60周岁以上老年人达175万人，占全市总人口的17.98%。其中，80岁以上高龄老人21.1万人，占全市老年人口的12.35%。养老服务需求市场巨大，但老年人较低的收入，制约了老年人的消费水平，目前老年人的收入水平难以支付居家养老服务项目。以石家庄市某小型护理中心为例，老人护理共分为五个等级，从高到低收费标准依次为3000元、2800元、2600元、2400元、2200元，这只是基本的护理费用，不包括老人的日常生活用品费用，日常生活用品需要额外收费。2017年新乡市的人均收入仅够交纳低等级的护理费用。

（三）政府鼓励和引导民间资本进入养老服务领域

为缓解石家庄市养老服务供需不匹配的矛盾，积极推动智慧养老服务业的发展。政府应鼓励和引导民间资金投资养老服务领域，解决养老服务资金链的问题，进而解决迫切的养老问题。结合石家庄市当前养老服务发展的实际情况，石家庄市制定了《关于进一步推动“大健康、新医疗”产业发展实施意见》。该意见希望通过招标、市场购买等方式吸引企、事业单位积极参与养老服务，推动智慧养老服务健康可持续发展。社会组织或机构从事市中心社区居家养老服务的补贴标准，可参照非营利性养老组织和机构的优惠政策，给其相关的政策支持和资金优惠。金融部门对规模较大、运营规范、迎合市场需求的养老项目，要适当调整贷款要求，给予优惠的利率政策。

三　社会环境

（一）人均预期寿命

随着物质生活水平的不断提升，医学水平的不断提高，人类的生命周期也在很大程度上得到了延长。《河北省人口发展规划（2018—2035年）》中提出，2017 年河北省人均预期寿命为 76.37 岁，2020 年将达到 77 岁，2035 年将达到 80 岁。人口平均预期寿命的不断提高，必然导致老年人口整体数量的增加以及老年人对养老服务需求的增加。

（二）老年人口占户籍人口比重

石家庄市在 2000 年第五次人口普查时 60 岁及以上人口比重为 10.07%，已经进入老年社会。从 2010 年第六次人口普查以及 2015 年、2016 年时数据来看，全市 60 岁以上及 65 岁以上人口比重都呈现增长趋势，与 2010 年相比，2015 年 60 岁及以上人口增加 25.67 万人，65 岁及以上人口增加 43.96 万人，并且 2016 年 50 至 59 岁人口比重为 13.38%，与 2000 年、2010 年、2015 年相比分别增长 0.16、0.30、4.55 个百分点，呈现逐年提高的趋势。可以预见，未来随着这些人群陆续进入老年阶段，全市 60 岁及以上老年人口规模将持续扩大。从老年抚养比看，2015 年全市老年人口抚养比为 20.64%，比 2010 年提高 3.12 个百分点。劳动力人口抚养老年人口的压力增大，人口老龄化的加速会影响总人口抚养比提高。只有加快推进智慧养老产品和服务在养老市场的推广和发展，才能解决石家庄市养老供需不匹配的矛盾，满足老年人对养老服务以及家庭养老服务的巨大需求。

（三）老年人对智慧养老的认知

本次问卷调查把老年人对智慧养老服务的了解情况分为了 4 个层面，依次是“没听说过，不了解”“听说过，但不了解”“听说过，了解一些”“听说过，很了解”。本次在对 207 位老人的现场问卷调查中了解到，其中“没听说过，不了解”的老年人样本人数最多，为 112，占样本总数的54.11%；“听说过，但不了解”的人数为54，占样本总数的26.08%；“听说过，了解一些”的人数为38，占样本总数的18.36%；“听说过，很了解”的人数为3，占样本总数的1.45%。对以上数据的分析显示，一半以上的老年人没听说过智慧养老服务，接近四分之一的老人听说过智慧养老服务但是不了解，因此，有些老人甚至不知道自己所享受的服务就是智慧养老服务，对智慧养老的认知比较模糊，即使一些老年人了解智慧养老，大多数人也只是浅层面上的认知，对于具体的智慧养老内涵也不是很清楚，对智慧养老很了解的占据比例微乎其微。可能是宣传不到位或者其他方面的原因，有些老人没有接触过智慧养老服务，从而可看出，在某种程度上，智慧养老服务的推广还不到位，还有待提高。

四 技术环境

（一）网络的全面覆盖

根据国家发改委等八部委《关于印发促进智慧城市健康发展的指导意见的通知》《国务院关于积极推进“互联网+”行动的指导意见》，河北省委办公厅省人民政府办公厅《关于加快发展“大智移云”的指导意见》和《石家庄国民经济和社会发展第十三个五年规划纲要》，为充分运用物联网、云计算、大数据、空间地理信息集成等新一代信息技术，促进城市规划、建设、管理和服务智慧化，加快建设现代化省会城市，石家庄市人民政府印发《石家庄市推进智慧城市建设行动计划（2017—2019年）》，提出到2019年，石家庄要初步完成“一云一网一图一库”的架构，构建城市数据、应用、业务中的云中心，实现城市级数据融合、共享和开放；构建石家庄一张网，实现基础网络的集中管理、统一规划；构建时空信息云平台，形成地上地下空间全城可视；构建以智慧城市安全管理中心为核心的信息安全防护体系。

（二）便携式移动终端及电子设备的跨越式发展

目前，石家庄市从事智能养老产品生产的企业以及专门从事智能化产品软硬件开发的企业日渐增加，这些企业开发了各种智慧养老服务的软、硬件。软件方面主要包括各类养老服务系统，比如“居家养老系统”

“社区养老系统”“机构养老系统”，分别用于不同的养老组织和机构、社区。硬件主要是指各种各样的智慧养老产品，包括健康检测设备、紧急呼救设备、室内安全报警设备等。

第三节 河北省石家庄市智慧养老调查

一 调查对象与调查地点

（一）调查对象

为了解石家庄市老年人对智慧居家养老产品和服务的认知和需求，本次调查主要是以石家庄市60周岁及以上的老年人为调查对象。

（二）调查地点

调查地点主要选择石家庄市的3个城区，分别是：桥西区、新华区和裕华区。之所以选择这三个城区主要是因为新华区的宁安街道有智慧健康养老试点，石家庄市首批智慧社区微网站在裕华区设立，石家庄市12349居家网络服务中心在桥西区。具体分别选取了三个城区不同的街道中的社区进行调研，共发放9个社区的问卷。

二 调查内容

调查内容主要包括老年人的年龄、教育背景、收入状况、居住状况、自理能力和饮食起居的照料；老年人对智慧养老的认知情况，老年人对体验过智慧养老服务和产品的反馈；老年人对智慧养老服务和产品（生活照料、健康服务、精神慰藉、安全监护等）的需求情况以及影响老年人需求的因素。表8－3是石家庄市开展智慧养老的终端和服务内容。

表8－3　智能终端

智能终端	服务内容
手机（一键定制生活照料）	紧急救助、生活照料（助行、助餐、助洁、助浴等）、健康咨询等

把接受智慧居家养老服务的老年人每人配带的一部手机，作为老人的智能终端呼叫器与信息服务中心相连接，该手机可以提供紧急呼叫功能和救助功能，老年人可以通过按键享受精神慰藉、紧急救护、生活照料（助行、助餐、助洁、助浴等）多项养老服务。

三 问卷发放及回收

（一）问卷发放

样本选择主要采用随机抽样。结合智慧居家养老在石家庄市的发展情况，调研地点主要选择在石家庄市的3个主要城区（如表8－4所示），分别是：桥西区、新华区和裕华区。在每个城区分别随机抽取三个小区发放问卷，每个小区发放24份，总计发放问卷216份，共回收有效问卷207份，有效回收率为95.8%，通过对数据的归纳整理分析老年人对智慧养老的需求以及影响需求的因素。

表8－4 样本选取情况

城区	街道名称	调研小区	发放问卷
桥西区	红旗大街街道、新石中路街道	3	72
新华区	宁安路街道、和平路街道	3	72
裕华区	东苑街道、裕兴街道	3	72

（二）问卷信度分析

1. 信度分析方法

信度分析主要是为了表明问卷的可靠性。问卷主要是对于老年人对石家庄市智慧养老的认知和需求的调查，属于态度意见式问卷。由于α信度系数适用于态度意见式问卷，因此，选择使用α信度系数法。

α的公式为：α＝（k/k－1）＊（1－（∑Si^2）/ST^2）

公式中，K是问卷选项的总数量，Si^2是第i题得分的方差，ST^2为全部选项总得分的方差。

2. 问卷的信度分析

问卷的可靠性可以通过α信度系数反映，Cronbachα信度系数可以反映问卷的可靠性，一般认为该值在0—1之间。α信度系数越大，说明问卷的可信度越大，否则问卷的可信度越低。一般整份问卷的α在0.8以上是最好，α在0.7—0.8之间是可接受范围；问卷中某一部分的α信度系数最好在0.7以上，0.6—0.7之间是可接受范围。当α值低于0.6或者整份问卷的α值在小于0.8时，应重新修改问卷。本次调查问卷数据分析结果如下（表8-5）。

表8-5　整份问卷可信度检验

可靠性统计量	
Cronbach's Alpha	项数
0.806	25

从表8-5中可以看出，对石家庄市智慧养老的调查研究的25个题目的可靠性进行检验后，Cronbachα的结果值是0.806，根据上面所述知可信度指标本问卷符合可靠性的要求，所以题目是可靠的。

表8-6　个人基本情况题目可信度检验

可靠性统计量	
Cronbach's Alpha	项数
0.708	8

从表8-6中可以看得出来，对个人基本情况八道题目的可靠性进行调查检验后，Cronbachα的结果值是0.708，根据上面知可信度指标本部分问卷在可接受范围内，因此本部分题目是可信的。

表8-7　智慧养老认知的可信度检验

可靠性统计量	
Cronbach's Alpha	项数
0.794	6

从表8－7中可以看得出来，对智慧养老认知六道题的可靠性进行调查检验后，Cronbachα 的结果值是0.794，根据上面知可信度指标本部分问卷在可接受范围内，故本部分题目是可靠的。

表8－8　　智慧养老需求的可信度分析

可靠性统计量	
Cronbach's Alpha	项数
0.916	11

从表8－8中可以看得出来，通过对智慧养老需求及影响因素十一道题目的可信度进行检验，Cronbachα 的结果值是0.916，说明本部分问卷在理论上是很有意义的，所以本部分问卷题目是可信的。

对问卷进行信度分析后，从数据中可以看出，所有选项的α系数值都在0.7以上，这说明问卷所得的数据和设计的内容都可靠，因此问卷的整体信度比较好。

（三）问卷效度分析

1. 效度分析方法

问卷的效度检验主要根据KMO检验和Bartlett球体检验。KMO用于检查变量间的偏相关性，值在0—1之间。KMO值越接近于1，变量间的偏相关性越强，做因子分析的效果就越好。当KMO值大于0.7时，适合做因子分析；当KMO值小于0.5时，就不适合采用因子分析，应重新考虑变量结构或者使用其他分析方法。

SPSS检验结果显示Sig. <0.05（即 $p<0.05$）时，说明变量之间具有相关性，做因子分析具有有效性。因此，本问卷适合进行因子分析，并且效度结果较好。

2. 问卷的效度分析

对老年人的个人基本状况进行效度检验，得出的结果如表8－9所示。

表8-9　　个人基本情况效度检验

KMO和Bartlett的检验		
取样足够度的Kaiser-Meyer-Olkin度量	0.769	
Bartlett的球形度检验	近似卡方	1079.269
	Df	25
	Sig.	0.000
公因子方差		
	初始	提取
您了解智慧养老服务	1.000	0.595
您喜欢什么样的养老方式	1.000	0.691
您享受过哪些智慧养老服务	1.000	0.586
您觉得智慧养老带来了哪些便利	1.000	0.672
您在使用智慧养老时考虑的因素	1.000	0.690
您能接受的智慧养老服务的费用	1.000	0.682

提取方法：主成分分析。

表8-10

解释的总方差									
成分	初始特征值			提取平方和载入			旋转平方和载入		
	合计	方差的%	累积%	合计	方差的%	累积%	合计	方差的%	累积%
1	4.000	49.995	49.995	4.000	49.995	49.995	2.988	37.345	37.345
2	1.576	19.704	69.699	1.576	19.704	69.699	2.577	32.214	69.559
3	1.003	12.536	82.235	1.003	12.536	82.235	1.014	12.676	82.235
4	0.576	7.195	89.430						
5	0.357	4.464	93.894						
6	0.238	2.974	96.868						
7	0.130	1.631	98.499						
8	0.120	1.501	100.000						

提取方法：主成分分析。

根据表8-9的结果我们能够看出，个人基本情况表的KMO值为0.769，大于0.7，说明可以做因子分析。P值为0，小于0.05。从表8-9个人基本情况效度检验中看出本次因子分析中共提取三个公共因素，并且公因子方差表中所有变量的共同度都大于0.5，从解释总方差表中不难看出，第一个因子解释量是37.345%，第二个因子解释量是32.214%，第三个因子解释量是12.676%，解释量共计82.235%，大于60%，从这个结果中可以看出个人基本情况的效度检验比较好。

表8－11　智慧养老认知的效度检验

KMO 和 Bartlett 的检验		
取样足够度的 Kaiser－Meyer－Olkin 度量	0.717	
Bartlett 的球形度检验	近似卡方	209.476
	Df	25
	Sig.	0.000

表8－11对智慧养老产品需求的结构效度检验的数据显示，此表的KMO取值为0.717，大于0.7，同时P值为0，小于0.05，以上数据表明智慧养老产品需求的量表结构效度较好。

表8－12　智慧养老服务需求量表的结构检验

KMO 和 Bartlett 的检验		
取样足够度的 Kaiser－Meyer－Olkin 度量	0.875	
Bartlett 的球形度验	近似卡方	886.447
	Df	6
	Sig.	0.000

表8－12对智慧养老服务需求的结构效度检验的数据显示，此表的KMO取值为0.875，大于0.7，同时P值为0，小于0.05，表明智慧养老服务需求的量表结构效度较好。

四　样本分析

（一）样本基本情况

1. 年龄及性别结构

将接受问卷调查的老人的年龄段设为连续变量。从性别分布来看，女性多于男性，如图 8－1 所示，女性占 53.62%，男性占 46.39%。在老人年龄分布上，60—69 岁占比 49.27%，其中男性占比 23.19%，女性占比 26.08%；70—79 岁占比 40.58%，其中男性占比 17.39%，女性占比 23.19%；80—89 岁和 90 岁以上的占比 10.14%，80—90 岁的男性占 5.31%，女性占 4.35%。

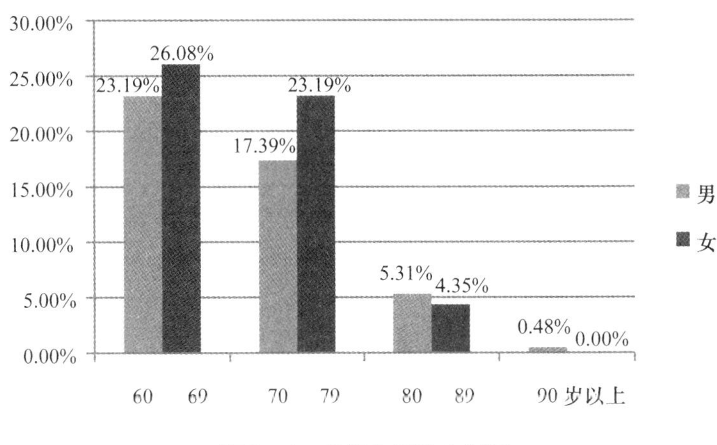

图 8－1 老年人年龄分布图

2. 文化背景

如图 8－2 所示，绝大多数老年人的文化水平主要集中在初中及以上水平，高中或中专占比最高，约为 37.90%，初中占比 33.11%，小学及以下学历的约为 21.33%，大专及以上学历的占比 7.66%。

3. 月收入情况

如图 8－3，本次调查把老年人月收入情况分为 4 个层面，分别为 3000 元以下、3001—4000 元、4001—5000 元、5001 以上。其中，3000 元以下的有 76 人，占样本的 36.71%；3001—4000 元的有 82 人，占样本的 39.61%；4001—5000 元的有 34 人，占样本的 16.43%；5001 以上的有 15 人，占样本的 7.25%。

（二）样本生活状况

1. 居住状况

从表 8－13 可以看出，一半以上的老年人与配偶同住，比例较大

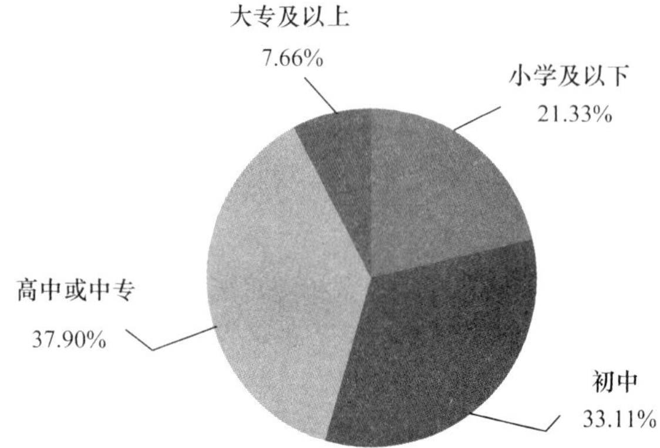

图 8-2　老年人教育背景分布情况

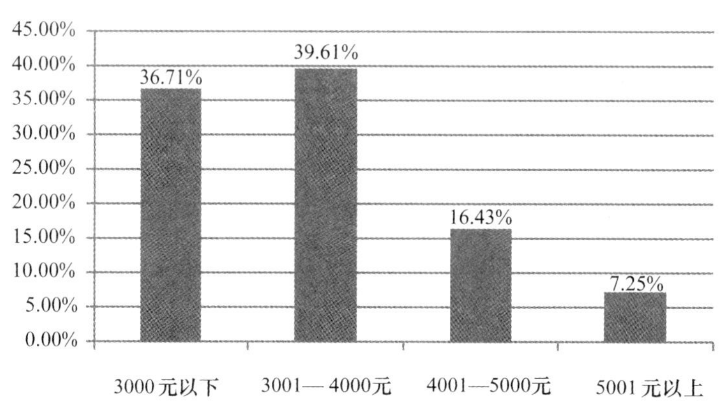

图 8-3　老年人月收入情况

为 52.66%；与子女同住的占比为 26.09%；老年人独自居住的占比为 14.97%；以其他方式居住的占比最少为 6.28%。对于独居老人而言，自己一人居住存在的安全风险隐患较大，和配偶一起同住在生活上可以互相照应。因此，独居老人居住存在的安全风险相对来说大于其他老人。

表8－13　　老年人居住状况

居住情况	人数	比例
独居	31	14.97%
与配偶同住	109	52.66%
与子女同住	54	26.09%
其他	13	6.28%

2. 自理能力

表8－14　　老年人自理能力情况

自理情况	人数	比例
完全自理	81	39.26%
基本自理	62	29.95%
需要别人帮助	39	18.84%
不能自理	25	12.07%

如表8－14显示，样本中大部分老人的生活自理能力都很好，其中，完全可以自理的老年人占比39.26%，基本可以自理的占比29.95%，需要别人帮助的老年人占比18.84%，完全不能自理的老年人占比12.07%。

3. 生活起居的照料

如图8－4对于老年人的生活饮食起居的照料分以下5种情况。绝大部分老年人是由自己或老伴照顾，占样本比例的66.18%。其次是由子女照顾，占比20.77%，在调查中发现，老人有时候宁可委屈自己也不愿给子女增加负担，麻烦子女，剩下的3种情况占比较小。由亲戚或邻里照顾的比例占据3.86%；由保姆或钟点工照顾的占样本比例的4.35%，由于人工成本的提升，请保姆增加生活成本的支出，老人选择这种情况的比例相对较少；其他情况占样本比例的4.83%。

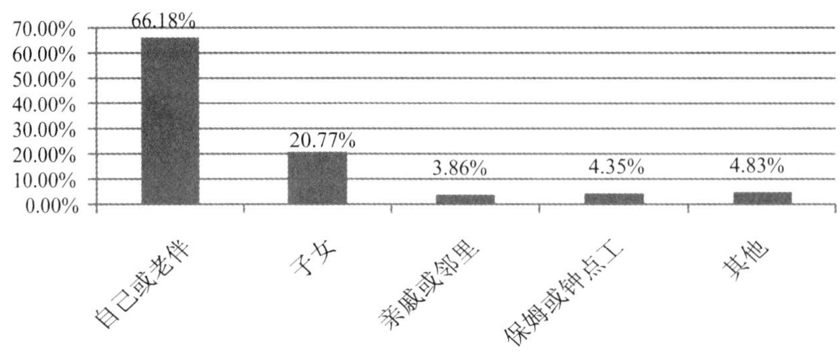

图8－4　生活起居的照料

（三）样本使用者的回馈

1. 您享受过哪些智慧养老服务

从调查数据来看，在已使用过智慧养老服务的62位老年人中，所接受的智慧养老服务多集中于生活照料和健康服务方面，健康服务占比最高为35.48%，其次，生活照料占比例为30.65%，精神慰藉占样本比例为17.74%，安全监护占比为16.13%。从中可以看出，老年人除了满足日常生活需求外，更加注重身体健康（见表8－15）。

表8－15　养老服务项目

项目	人数	百分比
生活照料	19	30.65%
健康服务	22	35.48%
精神慰藉	11	17.74%
安全监护	10	16.13%
总计	62	100%

2. 智慧养老服务给老年人生活带来的便利

在接受过智慧养老服务的62位老人中，被问到有关智慧养老对老年人的帮助，觉得智慧养老能够减轻子女负担的占比37.10%，觉得能丰富自己的老年生活的占比14.52%，觉得享受到较高质量养老服务的占比8.06%，觉得自己以及家人能了解自己健康状况的占比8.06%，觉得解决了自己做起来有困难的事情的占比32.26%（表8-16）。

表8-16 智慧养老服务给老年人生活带来的便利

给生活带来便利的项目	人数	百分比
减轻子女的负担	23	37.10%
丰富养老生活	9	14.52%
享受到优质的服务	5	8.06%
自己和家人能了解自己的健康状况	5	8.06%
解决了自己做起来有困难的事情	20	32.26%
总计	68	100%

3. 在使用智慧养老产品时，会考虑的因素

老人在使用智能养老设备时会考虑的因素：第一，易用性占32.68%；第二，有用性占30.71%，价格占26.13%，隐私信息安全性占10.48%（见图8-5）。以上数据表明，随着老年人年龄的增长，伴随着记忆力的衰退、认知和反应能力的下降，老年人很重视智慧产品使用的便利性。

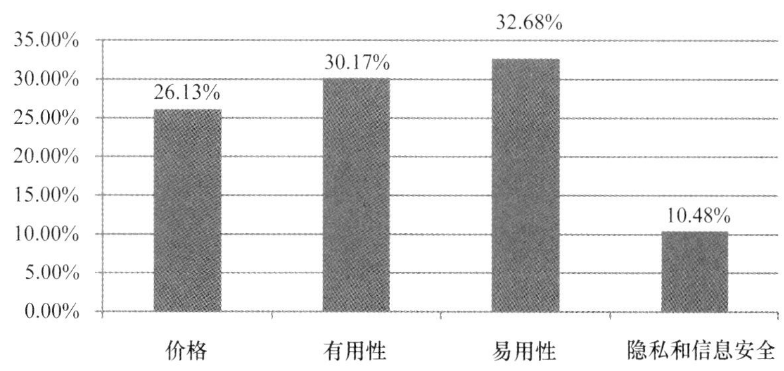

图8-5 使用智慧养老产品和服务时，老年人会考虑的因素

4. 老年人每月愿意接受养老服务的价格

在使用智慧养老产品和服务时，有些老人是不愿意支付相关费用的，愿意支付费用的老人大多是经济条件较好的老人。大部分老人能够接受的费用标准是每月100—500元，占74.36%；愿意接受501—1000元的费用的

老人占 24.87%；愿意接受 1001 元以上的费用的老人只占 0.77%（图 8－6）。

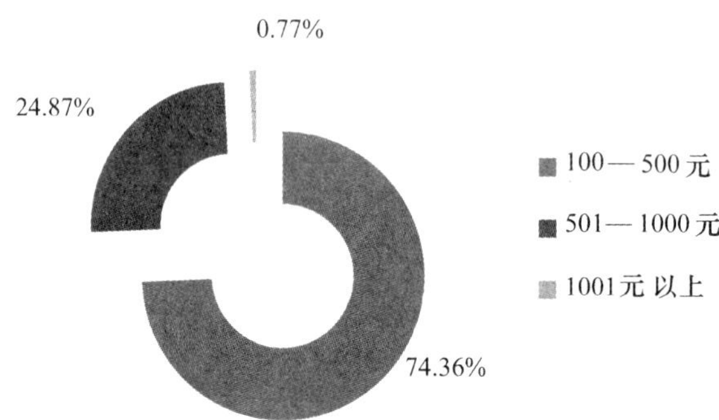

图 8－6　老年人每月能接受的智慧养老服务的费用

（四）调查小结

1. 低龄老人所占样本比例较大；文化程度主要分布在初中、高中或中专水平；一半以上的老人生活可以自理；大部分老人与配偶和子女居住。

2. 绝大部分老人不了解智慧养老服务，对智慧养老的认知较低，但是调查发现老人对智慧养老的接受度很高。一些老人甚至不知道自己所享受的服务就是智慧养老服务，相关部门需要加大智慧养老的宣传力度。

3. 老年人所接受的智慧养老服务多集中于生活照料和健康服务，说明老年人除了满足于日常生活需求外，更加注重身体健康，健康意识增强。接受过智慧养老服务的老人反映，智慧养老减轻了子女的负担、解决了自己做起来有困难的事情、丰富了自己的养老生活等。在实际使用中，智慧养老产品的便利性是老年人考虑的重点。关于智慧养老费用的问题，大部分老年人不愿自费或者能接受的费用很低。

五　老年人对影响智慧养老认知及需求因素的分析

通过以上对老年人基本情况和特征的分析，运用 SPSS 软件分析个人基本情况对智慧养老的认知及对智慧养老产品和服务需求的影响。

(一)老年人对智慧养老认知的影响因素的分析

表8-17 老年人喜欢什么养老方式的影响因素

		您喜欢什么样的养老方式	性别	年龄	教育背景	月收入状况	收入来源	居住状况	自理能力	您的饮食起居方面由谁照料
您喜欢什么样的养老方式	Pearson相关性	1	0.143	0.260*	0.452**	0.516**	0.369**	0.695**	0.648**	0.537**
	显著性(双侧)		0.080	0.036	0.000	0.000	0.002	0.000	0.000	0.000
	N	207	207	207	207	207	207	207	207	207

**. 在0.01水平(双侧)上显著相关。

*. 在0.05水平(双侧)上显著相关。

对影响个人基本情况的各个因素与“您喜欢什么样的养老方式”进行相关性分析的结果如表8-17所示。居住状况和自理能力与“您喜欢什么样的养老方式”有相关性,相关系数分别是0.695和0.648,并且$P<0.01$,说明居住状况和自理能力对其有显著影响。月收入状况和饮食起居的照料与其相关系数分别为0.516和0.537,且$P<0.01$,说明月收入状况和饮食起居的照料对“您喜欢什么样的养老方式”有显著性影响。教育背景影响相对较弱,相关系数为0.452。

表8-18 老年人对智慧养老了解的影响因素

		您了解智慧养老吗?	性别	年龄	教育背景	月收入状况	收入来源	居住状况	自理能力	您的饮食起居方面由谁照料
您了解智慧养老吗	Pearson相关性	1	0.110	0.579**	0.691**	0.487**	0.224**	0.397**	0.170**	0.119*
	显著性(双侧)		0.116	0.000	0.000	0.000	0.001	0.000	0.004	0.007
	N	207	207	207	207	207	207	207	207	207

**. 在0.01水平(双侧)上显著相关。

*. 在0.05水平(双侧)上显著相关。

对个人基本情况的各个因素与“您了解智慧养老吗?”进行相关性分析的结果如表8－18所示。年龄、教育背景与其有相关性，相关系数分别是0.579、0.691，并且 $P<0.01$，年龄、教育背景对“您了解智慧养老吗?”有显著影响，说明随着年龄和教育背景的增长对智慧养老的了解就会越多。月收入状况、居住状况与“您了解智慧养老吗”低度相关，相关系数是0.487、0.397，说明月收入状况在某种程度上会影响老人对智慧养老的认知。

表8－19　　　　老年人接受智慧养老服务的影响因素

		您享受过哪些智慧居家养老服务	性别	年龄	教育背景	月收入状况	收入来源	居住状况	自理能力	您的饮食起居方面由谁照料
您接受过哪些智慧养居家老服务	Pearson相关性	1	0.174	0.108**	0.070*	0.545**	0.225**	0.598**	0.620**	0.091*
	显著性（双侧）		0.291	0.027	0.000	0.000	0.000	0.000	0.000	0.000
	N	207	207	207	207	207	207	207	207	207

＊＊. 在0.01水平（双侧）上显著相关。

＊. 在0.05水平（双侧）上显著相关。

对个人基本情况的各个因素与“您享受过哪些智慧居家养老服务”进行分析的结果如表8－19所示。自理能力与其有相关性，相关系数是0.620，$P<0.01$，说明自理能力越差的人对智慧居家养老服务的需求越高。月收入状况和居住状况与其相关系数分别为0.545和0.598，且 $P<0.01$，说明月收入状况和居住状况对其有显著影响。其他因素对其的影响较弱。

表 8-20　智慧养老给老年人生活带来的便利的影响因素

		您觉得智慧养老给生活带来的便利	性别	年龄	教育背景	月收入状况	收入来源	居住状况	自理能力	您的饮食起居方面由谁照料
您觉得智慧养老给生活带来的便利	Pearson 相关性	1	0.165	0.073**	0.120**	0.267**	0.080**	0.523**	0.801**	0.674**
	显著性（双侧）		0.076	0.151	0.000	0.000	0.002	0.000	0.000	0.000
	N	207	207	207	207	207	207	207	207	207

＊＊. 在0.01 水平（双侧）上显著相关。

＊. 在 0.05 水平（双侧）上显著相关。

对“您在使用智慧养老产品和服务时给生活带来哪些便利”与个人基本情况的各个因素进行相关分析的结果如表 8-20 所示。自理能力与“您在使用智慧养老产品和服务时给生活带来哪些便利”相关性显著，呈高度相关，相关系数是0.801，并且 $P<0.01$，说明自理能力对其的影响显著，且自理能力越差，智慧养老带来的便利越明显。居住状况和生活起居由谁照料与“您在使用智慧养老产品和服务时给生活带来了哪些便利”呈中度相关，相关系数分别为 0.523 和 0.674，并且 $P<0.01$，独居、与老伴或与子女居住的老年人带来的便利的程度有所不同。

表 8-21　老年人接受智慧养老产品或服务的影响因素

		您在使用智慧养老时会考虑的因素	性别	年龄	教育背景	月收入状况	收入来源	居住状况	自理能力	您的饮食起居方面由谁照料
您在接受智慧养老产品或服务时会考虑的因素	Pearson 相关性	1	0.110	0.706**	0.375**	0.642**	0.446**	0.090*	0.663**	0.081**
	显著性（双侧）		0.082	0.000	0.000	0.000	0.000	0.001	0.000	0.005
	N	207	207	207	207	207	207	207	207	207

＊＊. 在 0.01 水平（双侧）上显著相关。

＊. 在 0.05 水平（双侧）上显著相关。

对“您在使用智慧养老产品和服务时会考虑的因素”与个人基本情况的各个因素进行相关分析的结果如表8－21所示。年龄、月收入状况和自理能力与其呈中度相关，相关系数分别是0.067、0.642和0.663，并且$P<0.01$，说明随着年龄的增长、身体各项机能的下降，老年人在使用智慧养老时考虑的因素相对更多，月收入状况的多少使得老年人在使用智慧养老服务时会考虑价格因素，自理能力的强弱会使老人考虑智能产品在使用时的易用性。教育背景和收入来源对其影响相对较弱，呈低度相关，其他个人情况与其相关性很弱，性别对其无影响。

表8－22　　老年人对智慧养老服务费用接受程度的影响因素

		您能接受的智慧养老服务的费用	性别	年龄	教育背景	月收入状况	收入来源	居住状况	自理能力	您的饮食起居方面由谁照料
您能接受的智慧养老服务的费用	Pearson相关性	1	0.058	0.091**	0.279**	0.831**	0.557**	0.174*	0.099**	0.127**
	显著性（双侧）		0.137	0.036	0.000	0.000	0.000	0.000	0.054	0.000
	N	207	207	207	207	207	207	207	207	207

**. 在0.01水平（双侧）上显著相关。

*. 在0.05水平（双侧）上显著相关。

对个人基本情况的各个因素与“您能接受的智慧养老服务的费用”进行相关性分析的结果如表8－22所示。月收入状况和收入来源与其有相关性，相关系数分别是0.831和0.557，并且$P<0.01$，说明月收入状况和收入来源对“您能接受的智慧养老服务的费用”有影响，月收入越高的老年人能够支付的费用就越高。其他因素对“您能接受的智慧养老服务的费用”影响较弱，性别跟“您能接受的智慧养老服务的费用”无关。

（二）老年人的智慧养老需求的影响因素分析

1. 对老年人影响智慧养老产品需求的因素的分析

把室内安全设备的需求与性别、年龄、教育背景、月收入状况、居住状况、自理能力以及饮食起居方面由谁照料进行相关性分析，结果如

表8-23所示：

表8-23　　老年人对室内安全设备需求的影响因素

		室内安全设备	性别	年龄	教育背景	月收入状况	收入来源	居住状况	自理能力	您的饮食起居方面由谁照料
室内安全设备	Pearson相关性	1	0.057	0.613**	0.205**	0.747**	0.227**	0.438**	0.108**	0.156**
	显著性（双侧）		0.286	0.000	0.000	0.000	0.002	0.000	0.000	0.000
	N	207	207	207	207	207	207	207	207	207

**. 在0.01水平（双侧）上显著相关。

*. 在0.05水平（双侧）上显著相关。

老年人对室内安全设备的需求与年龄和月收入状况有显著相关性，并且呈正相关性，相关系数分别是0.613和0.747，并且它们的显著性都小于0.01，可能的解释是随着老年人的年龄增长记忆力逐渐减弱，其对室内安全设备的需求会逐渐增加；月收入对于老年人对室内安全设备的需求也有显著影响；居住状况与老年人对室内安全设备需求的相关系数是0.438，属于低度相关。

表8-24　　老年人对及时定位器需求的影响因素

		及时定位器	性别	年龄	教育背景	月收入状况	收入来源	居住状况	自理能力	您的饮食起居方面由谁照料
及时定位器	Pearson相关性	1	0.104	0.271**	0.218**	0.634**	0.220**	0.581**	0.806**	0.098**
	显著性（双侧）		0.147	0.000	0.001	0.000	0.000	0.000	0.000	0.007
	N	207	207	207	207	207	207	207	207	207

**. 在0.01水平（双侧）上显著相关。

*. 在0.05水平（双侧）上显著相关。

从表8-24可以看出，老年人对及时定位器的需求与自理能力有显著相关性，它们的相关系数是0.806，并且显著性小于0.01，也就是说自理能力越差的老年人对于及时定位器的需求越高。月收入状况和居住状况与老年人对及时定位器的需求呈中度相关，它们的相关系数分别是0.634和0.581，并且显著性小于0.01，在调查中发现独居老人对及时定位器的需求较高。

表8-25　　　　老年人对急呼叫器需求的影响因素

		紧急呼叫器	性别	年龄	教育背景	月收入状况	收入来源	居住状况	自理能力	您的饮食起居方面由谁照料
紧急呼叫器	Pearson相关性	1	0.069	0.193**	0.378**	0.574**	0.205**	0.589**	0.798**	0.184**
	显著性（双侧）		0.321	0.004	0.000	0.000	0.000	0.000	0.000	0.001
	N	207	207	207	207	207	207	207	207	207

**. 在0.01水平（双侧）上显著相关。

*. 在0.05水平（双侧）上显著相关。

从表8-25可以看出，老年人对紧急呼叫器的需求与月收入状况、居住状况和自理能力呈中度相关，它们的相关系数分别是0.574、0.589和0.798，并且它们的显著性 $P<0.01$，这说明老年人的月收入、居住状况和自理能力影响着老年人对紧急呼叫器的使用，子女忙于工作无暇顾及老人和自理能力差的老年人对紧急呼叫器的需求高。老年人对紧急呼叫器的需求与教育背景呈低度相关，并且 $P<0.01$，这说明教育背景对紧急呼叫器的需求有影响，但是相对较弱。

表8－26　老年人对智能腕表需求的影响因素

		智能腕表	性别	年龄	教育背景	月收入状况	收入来源	居住状况	自理能力	您的饮食起居方面由谁照料
智能腕表	Pearson相关性	1	0.201	－0.524**	0.280**	0.612**	0.175**	0.254**	0.590**	0.139**
	显著性（双侧）		0.130	0.004	0.000	0.000	0.002	0.000	0.000	0.001
	N	207	207	207	207	207	207	207	207	207

＊＊. 在0.01水平（双侧）上显著相关。

＊. 在0.05水平（双侧）上显著相关。

从表8－26可以看出，对于老年人对智能腕表的需求与个人基本情况的各个因素进行的相关性分析表明，年龄、月收入状况、自理能力与老年人对智能腕表的需求有相关性，它们的相关系数分别是－0.524、0.612、0.590，并且 $P<0.01$，说明年龄、月收入状况、自理能力对于老年人对智能腕表的需求有显著影响，并且年龄与老年人对智能腕表的需求呈负相关，说明随着年龄的增长老年人对智能腕表的需求下降；性别与老年人对智能腕表的需求无相关性，其他几个因素的相关性都很弱。

表8－27　老年人对健康监测设备需求的影响因素

		健康监测设备	性别	年龄	教育背景	月收入状况	收入来源	居住状况	自理能力	您的饮食起居方面由谁照料
健康监测设备	Pearson相关性	1	0.142	0.821**	0.378**	0.585**	0.179**	0.478**	0.786**	0.472**
	显著性（双侧）		0.083	0.000	0.000	0.000	0.002	0.000	0.000	0.000
	N	207	207	207	207	207	207	207	207	207

＊＊. 在0.01水平（双侧）上显著相关。

＊. 在0.05水平（双侧）上显著相关。

从表8－27可以看出，对健康监测设备的需求与个人基本情况的各个因素进行的相关性分析表明，老年人对健康监测设备的需求与年龄和自理能力具有显著性关系，相关系数分别是0.821和0.786，显著性 $P<0.01$，说明随着年龄的增长身体各项机能的下降，老年人对健康监测设备的需求增加。教育背景、月收入状况、居住状况以及饮食起居由谁照料与老年人对健康监测设备的需求呈低度相关，性别和收入来源与老年人对健康监测设备的需求无显著影响。

2. 对老年人智慧养老服务需求的影响因素的分析

表8－28　　老年人对生活照料需求的影响因素

相关性										
		生活照料	性别	年龄	教育背景	月收入状况	收入来源	居住状况	自理能力	您的饮食起居方面由谁照料
生活照料	Pearson 相关性	1	0.075	0.621**	0.174**	0.541**	0.085**	0.568**	0.843**	0.631**
	显著性（双侧）		0.126	0.000	0.000	0.000	0.002	0.000	0.000	0.000
	N	207	207	207	207	207	207	207	207	207

**. 在0.01水平（双侧）上显著相关。

*. 在0.05水平（双侧）上显著相关。

把生活照料与个人基本情况的各个因素进行相关性分析，从表8－28中可以看出，自理能力与老年人对生活照料的需求呈高度相关，相关系数是0.843，并且 $P<0.01$，说明自理能力越差的老年人对生活照料的需求越多。年龄、月收入状况、居住情况以及饮食起居由谁照料与老年人对生活照料的需求呈中度相关，相关系数分别为0.621、0.541、0.568、0.631。

表8-29 老年人对远程医疗会诊需求的影响因素

		远程医疗会诊	性别	年龄	教育背景	月收入状况	收入来源	居住状况	自理能力	您的饮食起居方面由谁照料
远程医疗会诊	Pearson相关性	1	0.093	0.173**	0.228**	0.492**	0.076*	0.249**	0.791**	0.278**
	显著性（双侧）		0.164	0.000	0.000	0.000	0.002	0.000	0.000	0.000
	N	207	207	207	207	207	207	207	207	207

**. 在0.01水平（双侧）上显著相关。

*. 在0.05水平（双侧）上显著相关。

从表8-29可以看出，通过对远程医疗会诊与个人基本情况的各个因素进行相关性分析，可以得出老年人对远程医疗会诊的需求与老年人的自理能力有显著关系，相关系数是0.791，并且显著性 $P<0.01$。老年人由于身体原因出行不便，故其对远程医疗会诊的需求比较显著。同时，老年人对远程医疗会诊的需求也受其月收入状况的影响，但与其他因素的相关系数较弱。

表8-30 老年人对紧急救护需求的影响因素

		紧急救护	性别	年龄	教育背景	月收入状况	收入来源	居住状况	自理能力	您的饮食起居方面由谁照料
紧急救护	Pearson相关性	1	0.069	0.234**	0.106*	0.297**	0.142**	0.378**	0.658**	0.542**
	显著性（双侧）		0.083	0.025	0.000	0.000	0.000	0.000	0.000	0.000
	N	207	207	207	207	207	207	207	207	207

**. 在0.01水平（双侧）上显著相关。

*. 在0.05水平（双侧）上显著相关。

从表8－30中可以看出，通过对紧急救护与个人基本情况的各个因素进行相关性分析，可以得出自理能力、饮食起居方面由谁照料与老年人对紧急救护的需求呈中度相关，相关系数分别是0.658、0.542，并且 $P<0.01$，说明自理能力、饮食起居方面由谁照料对于老年人对紧急救护的需求影响显著。居住状况对于老年人对紧急救护的需求影响相对较弱，年龄、教育背景、月收入状况、月收入来源与老年人对紧急救护的需求的相关系数都很弱，性别与老年人对紧急救护的需求不相关。

表8－31　　老年人对康体锻炼需求的影响因素

		康体锻炼	性别	年龄	教育背景	月收入状况	收入来源	居住状况	自理能力	您的饮食起居方面由谁照料
康体锻炼	Pearson相关性	1	0.102	0.641**	0.085**	0.574**	0.253*	0.297**	0.739**	0.264**
	显著性（双侧）		0.064	0.000	0.007	0.000	0.000	0.000	0.000	0.000
	N	207	207	207	207	207	207	207	207	207

＊＊. 在0.01水平（双侧）上显著相关。

＊. 在0.05水平（双侧）上显著相关。

从表8－31中可以看出，通过对康体锻炼与个人基本情况的各个因素进行相关性分析，可以得出月收入状况和自理能力与老年人对对紧急康体锻炼的需求相关性显著，相关系数分别是0.574、0.739，并且 $P<0.01$，说明月收入和自理能力对于老年人对康体锻炼的需求影响显著。老年人对康体锻炼的需求与其他因素的相关系数都很弱。居住状况和饮食起居的照料对于老年人对康体锻炼的需求也有一定的影响，但是很弱，性别对康体锻炼的需求没有影响。

表 8-32　　老年人对文体娱乐活动需求的影响因素

		文体娱乐活动	性别	年龄	教育背景	月收入状况	收入来源	居住状况	自理能力	您的饮食起居方面由谁照料
文体娱乐活动	Pearson 相关性	1	0.057	0.641**	0.277**	0.479**	0.105*	0.693**	0.524**	0.186**
	显著性（双侧）		0.325	0.000	0.000	0.000	0.003	0.000	0.000	0.001
	N	207	207	207	207	207	207	207	207	207

＊＊. 在 0.01 水平（双侧）上显著相关。

＊. 在 0.05 水平（双侧）上显著相关。

从表 8-32 中可以看出，通过对文体娱乐活动与个人基本情况的各个因素进行相关性分析，可以得出老年人对文体娱乐的需求与居住状况相关性显著，相关系数是 0.693，并且 $P<0.01$，也就是说老年人的居住方式对于老年人对文体娱乐活动的需求有显著影响。年龄与老年人对文体娱乐活动的需求也有显著相关性，相关系数是 0.641，$P<0.01$，随着年龄增长老年人的闲暇时间越来越多，其对文体娱乐活动的需求也逐渐增加。月收入状况和自理能力与老年人对文体娱乐活动的需求分别呈低度相关和中度相关，性别与老年人对文体娱乐活动的需求不相关，其他因素与之相关性很弱。

表 8-33　　老年人对心理护理需求的影响因素

		心理护理	性别	年龄	教育背景	月收入状况	收入来源	居住状况	自理能力	您的饮食起居方面由谁照料
心理护理	Pearson 相关性	1	0.142	0.756**	0.289**	0.508**	0.241*	0.670**	0.801**	0.394**
	显著性（双侧）		0.091	0.000	0.000	0.000	0.003	0.000	0.000	0.000
	N	207	207	207	207	207	207	207	207	207

＊＊. 在 0.01 水平（双侧）上显著相关。

＊. 在 0.05 水平（双侧）上显著相关。

从表8-33中可以看出，通过对心理护理与个人基本情况的各个因素进行相关性分析，可以得出年龄和自理能力与老年人对心理护理的需求相关性显著，相关系数分别是0.756和0.801，并且$P<0.01$，随着年龄的增长和身体素质的下降，老年人的心理压力增加，这使老年人对心理护理的需求增加。居住状况与老年人对心理护理的需求也有相关性，相关系数是0.670，显著性$P<0.01$，这是由于老年人独居等情况容易使其产生孤独感等。月收入状况和饮食起居由谁照料与老年人对心理护理的需求分别呈中度相关和低度相关，相关系数分别是0.508和0.394，教育背景和收入来源与老年人对心理护理的需求相关性很弱。

（三）调查小结

1. 老年人对智慧养老的认知

（1）随着年龄的增长以及各项需求的增加，老年人对智慧养老的了解越多；老年人受教育水平越高、知识面越广，其对智慧养老的了解越多。

（2）自理能力越差的老人越需要智慧居家养老服务，并且智慧养老给自理能力越差的老年人带来的便捷性越明显。

（3）在居住状况中，独居、与老伴或者子女居住的老年人，智慧养老给其带来的便利程度有所不同。

（3）在使用智慧养老产品和服务时，年龄越大、自理能力越差的老人考虑得越多，说明随着年龄的增长，身体各项机能的下降，老年人在使用智慧养老时考虑的因素越多。月收入状况使得老年人在使用智慧养老服务时会考虑价格因素，自理能力的强弱会使老人考虑智能产品在使用时的易用性。

（4）月收入越高的老年人能够支付的费用越高。

2. 老年人基本情况和特征对智慧养老产品需求的影响

（1）月收入状况对于老年人对智慧养老产品的需求有不同程度的影响，收入较高的老年人对智慧养老的需求相对较多。

（2）随着年龄增长老年人的记忆力逐渐下降，其对室内安全设备的需求增加。独居的老年人对室内安全设备的需求较高。

（3）居住情况、自理能力对于老年人对及时定位器的需求有影响，也就是说自理能力越差的老年人对于及时定位器的需求越强，独居老人对于及时定位器的需求较强。

（4）老年人的居住状况和自理能力影响着老年人对紧急呼叫器的使用。子女忙于工作无暇顾的老人以及自理能力差的老年人对紧急呼叫器的需求较高。

（5）年龄、自理能力对于老年人对智能腕表的需求有显著影响，并且年龄与老年人对智能腕表的需求呈负相关，这说明随着年龄的增长老年人对智能腕表的需求会下降。

（6）随着年龄的增长、身体各项机能的下降以及健康意识的增加，老年人对健康监测设备的需求也增加。

3. 老年人的基本情况和特征对智慧养老服务需求的影响

（1）自理能力越差的老年人对生活照料的需求越多。老年人由于身体原因出行不便，对远程医疗会诊的需求比较显著。

（2）健康意识越强和自理能力越差的老人对康体锻炼的需求越明显。

（3）年龄对文体娱乐活动的需求有显著影响，可解释为，随着年龄增长、空闲时间越来越多，老年人对文体娱乐的需求会相应增加，独居的老人对文体娱乐活动的需求较多。

（4）年龄和自理能力对于老年人对心理护理的需求影响显著。随着年龄的增长和身体素质的下降，老年人心理压力的增加使老年人对心理护理的需求增加，居住状况对于老年人对心理护理的需求也有影响。

第九章

继续发挥家庭养老在农村养老保障体系中的主导作用

第一节　社会转型时期家庭养老存在的必要性

家庭养老在农村养老中的主体地位和主渠道作用将长期存在，但由于受到缘于社会转型各方面的冲击，其传统的内容将会更新。新型的家庭养老仍将是养老社会化之前农村最主要的养老方式。

在当前社会正经历深刻转型的背景下，家庭养老体制确实面临何去何从的问题。家庭养老虽然面临困境，但与社会养老相比，却更加适合农村的实际情况，更具有生命力。农村家庭养老不仅应该保留，而且还应该持续存在。

一　农村养老模式的合理选择

回顾中华人民共和国成立以来我国农村的养老模式，大致可以将其划分为以下三种模式：第一种模式是20世纪50年代初期的家庭养老保障模式，第二种模式是人民公社时期的农村集体保障模式，第三种模式是20世纪80年代至今的以家庭保障为主的多元化模式。[①] 农村养老模式以家庭养老为主，也是当前农村老人对养老保障模式的合理选择。

---

① 张仕平、刘丽华：《建国以来农村老年保障的历史沿革、特点及成因》，《认可学刊》2000年第5期。

（一）安土重迁的传统文化依然根深蒂固

费孝通在其《乡土中国》一书中运用“差序格局”概念很好地阐释了中国社会的乡土性，认为蕴含中华传统文化和自然法则的“乡土”是每一个中国人骨子里具有的天性，也使中国形成了不同于西方个人社会的“熟人社会”。[①] 现阶段的农村老人正是从这样一个传统的乡土文化中生活过来的，对家庭的情感依赖性很强。在“差序格局”的农村社会范围内，村民遵循共同的习俗、观念和礼仪，处在以一定血缘连接起来的人际关系网中。在熟悉的社会环境与相互联系的人际关系网络中，农村老人能找到自己的精神慰藉，符合老年人“落叶归根”的传统养老观念。尤为重要的是，赡养父母在中国传统文化中被视为天经地义之事，去敬老院、养老院则容易给人留下子女不孝顺的印象。

中国传统社会尤为重视“孝”“仁”“德”，以礼治维系传统家庭养老模式，并在制度层面给予保证。北魏孝文帝《本纪》中有言“民八十以上者，一子不从役”。唐律规定，子孙应孝养父母、祖父母。“供养有阙”为“不孝”之一种，而“不孝”则被列为十恶之罪。[②] 为了使子女能够更好地赡养父母，唐律规定：“诸祖父母、父母在，而子孙别籍异财者，徒三年。若祖父母、父母令别籍及以子孙妄继人后者，徒二年；子孙不坐。祖父母、父母老疾无侍，委亲之官者”要被“徒一年”。《中华人民共和国老年人权益保障法》对家庭成员的养老责任做了相应的规定，如：“老年人养老主要依靠家庭，家庭成员应当关心和照料老年人”；“赡养人应当履行对老年人经济上供养、生活上照料和精神上慰藉的义务”。中国传统社会在制度保障与舆论约束中共同塑造了老年人的权威，依靠儒家文化所构建的礼治体系又使得家庭养老由可能变为现实。

（二）国家与市场在农村养老上的“双失灵”

为了向广大农村老龄人口提供基本生活保障，实现城乡一体化的社会养老保险制度，在2009—2012年期间，我国开始实施新型农村社会养老保险。随着生活成本的上升，农民所领取的基础养老金难以满足农村

---

① 费孝通：《乡土中国 生育制度》，北京大学出版社1998年版，第57页。

② 长孙无忌：《唐律疏议》，中华书局1983年版，第117页。

老人的养老需要。根据国家统计局发布的信息，截至2018年，我国城乡居民基本养老保险基础养老金的标准仅为每人每月88元；截至2017年底，全国农村养老服务机构共15006个，床位数176.7万张，远远满足不了农村老人的需求。在供需不平衡的背景下，进入农村社会养老机构的门槛也不断抬高；私人设立的养老机构因按市场价格提供养老服务，农村老人一般很难承受。而农村家庭养老既能享受国家政策的关怀，又能获得情感上的慰藉，因而成为绝大多数农村老人的养老选择。

家庭养老背后还蕴含了理性选择的文化认同。农村家庭养老具有很深的文化根基，日渐内化为人们的敬老意识和养老行为。按照马林诺夫斯基以及L. A. 怀特等人的观点，文化具有传承性，可以从一个有机体传输给另一个有机体。[①] 所以，子女会自觉内化农村家庭养老文化观念，并将之转化为敬老养老的实际行动，引导后代遵循家庭养老模式。正是因为家庭养老文化的传承，即便在改革开放后各种文化价值观的冲击下，个人主义与崇尚自我价值的观念在不断泛化，对养老文化也做了诸多的批判，但其却难以消除人们头脑中深厚积淀的家庭养老文化。正如迪尔凯姆所说："当我履行我的合同时我实施的是从外部规定着我本人行动的法律、习俗也就是文化，而不是其他什么。"[②]

二 家庭养老是符合我国农村形势的最优选择

（一）家庭养老是适应农村经济发展现状的必然选择

经济条件是养老的首要保障。一切养老的资金无非来源于国家、单位或集体、个人。从国家层面来看，快速老龄化导致的老年人口急剧膨胀使得养老负担比迅速增加，给国家财政带来了沉重的压力。虽然我国已经跃升为世界第二大经济体，但仍然是发展中国家。在目前还不富裕的国情下，国家一年给予几百元不等的养老补贴只是一种缓冲之计；从集体层面来看，由于农村普遍实行家庭联产承包责任制，农村集体经济几乎全面解体，集体无法承担养老的责任；就农民个人而言，农村经济

---

① ［美］L. A. 怀特：《文化的科学》，沈原译，山东人民出版社1988年版，第261页。

② ［法］迪尔凯姆：《社会学方法的规则》，胡伟译，华夏出版社1999年版，第93页。

普遍落后，特别是贫困地区的农村，老年农民为了家庭生活、子女教育和婚嫁等奋斗了一辈子根本就无积蓄可言。在国家无财力、集体无实力、个人无能力的情况下，农村老人只能选择家庭养老。机构养老费用较高，老人无力承担；与之相反，家庭养老成本较低。除了高龄或重病老人之外，大部分老人还进行劳动，老人的劳动收入基本上能够满足日常生活的需要，部分低龄老人的收入较高，还能补贴子女。

（二）家庭养老是弘扬传统文化增进社会和谐的内在要求

家庭养老本身就是传统“孝”文化观念的产物，历经千载仍然具有生命力，其中原因之一就在于家庭养老具有坚实的文化根基。作为我国传统文化主流的儒家思想提出孝是德之本、是一切教化的源泉，并把孝视为仁的基础，所谓“百善孝为先”。不仅如此，孝也是统治阶级治理国家的工具，《论语》里说：“其为人也孝悌，而好犯上者，鲜矣；不好犯上，而好作乱者，未之有也。”另一方面，家庭作为社会的细胞，是传递、践行价值观的基本单元，在弘扬传统文化中具有不可替代的作用。以中国为代表的东方社会，主要将人作为“家庭人”而存在，按照自然秩序，面临生、老、病、死风险时，人通常获得家庭成员提供的物质帮助，还由于这种基于亲情关系的物质保障，其同时也拥有了精神上的依托与慰藉。[①] 孝道也具有社会规范的作用，因为一个具有家庭责任感的孝子也会具有社会责任感。当前中国正处于一个老龄化快速发展的社会，要应对其所带来的一系列问题不仅需要经济、行政手段，也需要借助文化手段。传承“孝道”等传统文化，弘扬孝亲敬老传统美德，不仅有利于巩固家庭养老的文化基础，而且有利于建立长幼有序、孝亲敬老的和谐家庭和社会。[②]

（三）家庭养老是满足老年人精神需求提高幸福指数的主要途径

随着年龄的增长，老年人心理上不可避免会产生失落、孤独和寂寞，这些导致了他们对家庭养老的依赖，尤其是高龄老人身体机能很弱，加上部分老人丧偶，他们更希望能够得到子女的关心和照料。家庭养老不仅为

---

① ［英］古登斯：《现代性与自我认同》，赵旭东等译，生活·读书·新知三联书店 1998 年版，第 9 页。

② 韦加庆：《新时期农村家庭养老的可持续性思考》，《江淮论坛》2015 年第 5 期。

老年人提供养老的经济支持，更能凭借独特的血缘亲情优势为老年人提供精神依托、人格尊重和心灵慰藉。一方面老人曾经在子女抚养、老人赡养、家风家业等方面为家庭做出过贡献，另一方面在长期生产生活实践活动中老人积累了丰富的经验。曾经的贡献为家庭的延续和发展奠定了基础，取得的经验对子女成长具有指导意义，因此，老年人理所当然应得到家庭成员的尊重。同时，老人生活在自己熟悉的家庭环境和乡村环境中，便于生活和交流，使他们更具有安全感和归属感。子女在吃穿住行等生活方面给予照顾和爱护使他们感受亲情的温暖，子女成家立业的成就和发展前景使他们得到心灵上的慰藉，子孙绕膝的天伦之乐使他们得到精神上的愉悦。总之，家庭养老无论是过去还是现在，都是一个永远弥漫着温馨、驻守着亲情的养老方式。即便是在21世纪老龄化高峰到来时，中国农村已建立起较为完善的社会养老保险，但在生活照料和精神慰藉方面，家庭养老在养老保障体系中仍有着不可替代的作用。

（四）家庭养老是应对人口老龄化的现实需要

与其他国家相比，我国人口老龄化呈现出未富先老、基数大、速度快、农村老年人口比重大等特点。《中国农村扶贫开发纲要（2011—2020年）》提出，到2015年我国实现新型农村社会养老保险制度的全面覆盖。尽管如此，由于我国人口基数大，国家还不富裕，政府无力承担养老的全部责任，农村社会养老保险水平低的局面将长期存在。同时，社区养老在农村严重缺位，因而老年人必须依赖家庭养老。即使将来社会养老水平有较大提高，也并不能完全取代家庭养老，家庭养老仍然是不可或缺的养老方式之一。因为急剧的老龄化会引来“爆发式”增长的养老需求，全靠社会养老会使政府不堪重负，也会降低养老水平。另外，养老改革是世界各国普遍面临的棘手问题，没有现成的模式可循，实现这一目标还有很长的路要走。坚持家庭养老，发挥家庭养老的作用，不仅可以有效减轻政府的压力，便于政府探索改革、科学设计、深入求证，而且能为改革过程中出现的失误甚至失败“兜底”，发挥后盾的作用，避免养老改革过程中出现的社会震动，便于社会的平稳过渡与和谐发展。①

① 牟宗三：《中国哲学的特质》，上海古籍出版社2007年版，第12页。

第二节　增强农村家庭养老可持续能力的对策

应建立社会养老保险取代农村家庭对养老的经济支持，成为许多学者的共识。但就目前中国农村的情况而言，短期内这一目标尚难以实现。集体经济普遍较弱，无力承担社会保障基金的主要部分。农民收入偏低，无力支付社会保障基金的个人部分。至于老年生活服务方面，更无力用社会集中服务取代分散的家庭服务，加之长期家庭养老形成的老年人对子女及家庭支持的依赖心理惯势较强，社保意识较弱，故家庭养老在农村的主体地位和主渠道作用在一个相当长的时期内不会改变。当然，这并不意味着家庭养老一如旧制，一成不变。事实上，随着经济的发展，部分农村地区已经出现了家庭养老变动的迹象，如集体经济较强、公共积累较多的华西村、刘庄、马陆乡、洪林村等普遍实行老年退休制度，在经济方面减轻家庭养老的压力。虽然这些退休制度尚待完善，对于偌大的中国农村而言，其覆盖面也太低，但他们代表着中国农村养老的未来，这有助于我们看到未来农村家庭养老的趋向：经济支持将更多地甚至全部来源于家庭之外；老年人的生活照料主要来源于家庭，但可获得社区养老服务支持；老年人的情感慰藉将从单一地由子女提供转向在老年人与子女、社区及同龄老人的互动中实现。

一　推动家庭养老规范化和法律化

家庭养老的规范化和法律化是改善和巩固农村家庭养老的主要措施。目前在《中华人民共和国刑法》《中华人民共和国民法》《中华人民共和国老年人权益保障法》等法律中都有专门的保护老年人权益的条款。这些法律对家庭养老规定的原则性比较强，但由于对不履行责任的处罚措施规定不明确，因此可操作性很差。针对这一情况，在立法时我们要制定出操作性较强的法律条文，通过法律的不断完善把农村家庭养老落到实处。

家庭养老固然能够减轻政府的财政压力，修复家庭关系，形成温馨、甜蜜的亲情氛围，但却与子代的生存发展利益相悖。由于财富、精力、时间等资源的稀缺，人们不得不在照护亲代与谋求自身生存发展机会之间进行选择，有时出于某种自私的权衡利弊的选择，人们会放弃养老的责任，因此必须通过改变选择机会的收益或成本以达到改变人们选择的目的，这样政府就必须采取必要的措施激励子代对亲代进行家庭养老。纵观各国经验，激励家庭养老主要从两个方面入手。

（一）增加不养老的成本

增加不养老的成本是指通过增加不养老行为的成本以降低此行为的发生，达到养老的目的。可采用通过立法确立子代的照护义务，对不履行照护义务的子代施行法律制裁等。如新加坡 1995 年 11 月颁布的《赡养父母法》规定，凡是拒绝资助处于贫困的年迈父母者，其父母可以向法院起诉，如发现被告子女确实未遵守《赡养父母法》，法院将判决对其罚款 1 万新加坡元或判处一年有期徒刑。1996 年 6 月，根据该法律新加坡又设立了赡养父母仲裁庭，仲裁庭由律师、社会工作者和公民组成，地方法官则担任主审。仲裁程序是先进行调解，若调解不成再由仲裁法庭开庭审理并进行判决。

我国现有《中华人民共和国宪法》《中华人民共和国老年人权益保障法》《中华人民共和国婚姻法》等都规定了子女赡养父母的义务，《中华人民共和国刑法》第二百六十一条规定：对于年老、年幼、患病或者其他没有独立生活能力的人，负有抚养义务而拒绝抚养，情节恶劣的，处五年以下有期徒刑、拘役或者管制。然而，在实施过程中，却面临以下问题的困扰：一是法律规定与传统的养老习俗的冲突，部分抵消了法律的执行效力。例如法律规定赡养的主体——儿子与女儿——义务平等，但在现实农村生活中，赡养父母的主体是儿子，要求儿媳协助儿子履行赡养义务，一般不要求出嫁的女儿对父母承担同等的赡养责任。二是法律判决难以执行。现行法律对不履行赡养义务的子女判决后的执行缺乏有效的保障，同时，对不承担养老责任子女的处罚没有明确的规定，只要其行为未达到遗弃罪，处罚一般很难实施。

如何落实法律规定的赡养义务？首先，应进行老年人权益的宣传，加强老年人的自我保护意识。其次，应进一步完善养老方面的法律法规，实现法律与习俗的有效衔接。例如，明确规定儿媳和女婿有赡养对方父母的义务，既可减少家庭纠纷，又符合我国当前农村良好的风俗习惯。最后，应充分利用法律之外的约束力量协助保障老年人的权益。例如，不少农村社区要求子女与父母签订“家庭赡养老人协议书”，确保农村老年人“老有所养、老有所医、老有所乐”，由村委会、村老年人协会等部门协管监督执行，当子女不按照协议书善待老人时，村委会或村老年人协会将会帮助老年人维权。

（二）增加养老的收益

增加养老的收益是指通过增加养老行为的收益以增加该行为出现的概率，达成养老的目的。主要可以通过以下手段来完成：通过减免税收、优先供房、优惠贷款、提高声誉、现金给付等方式，补助照护老人的家庭或个人。增加养老收益是激励家庭养老的常用手段，发达国家较为常见。日本规定，“所得税抵免适用于赡养 70 岁和 70 岁以上、收入低于一定水平的老年人的所有纳税人。当老年人是纳税人的父母亲或纳税人配偶的父母亲，与纳税人同住在一个家中，减免数量增加。当老年人孱弱时，照料者有资格享受额外的税赋抵免”。瑞典对于将长期照护的老人留在家庭中照护的家庭，给付现金和实物，并且让每一个接受照护者的家人在不减薪的条件下，享受 30 天的休假。[①] 新加坡建屋局规定：“年轻的单身男女不得购买组屋；如与父母同住购买条件可以放宽；如三代同堂可优先解决住房问题”[②]。韩国政府 1989 年修订的《老年福利》规定：对赡养 60 岁以上的老年人的直系亲属者，或在亲属中，有和 65 岁以上的老年人共同生活者都可享受每年免除 48 万韩元所得税的优惠；父母和子女有各自的住房，过去没有生活在一起，然后又重新合在一起生活者的，可免除其一方住房出租或出售的所得税；本人或其配偶与直系亲属的老人共同生活两年以上者，可优先获得政府贷款，用来新建或购置、改造住房。韩国原来规定最优先提供住房的对象是到海外就业的人员，其次是 10 年以上的无事故司机，再次就是做了绝育手术的人。1992 年开始，

① ALBER J, “Residential care for the elderly”, *HealthPolit Police Law*, Vol. 17, No. 2, January 1992.

② 马志刚、刘健生：《新加坡的社会管理》，群众出版社 1993 年版，第 99 页。

改为以赡养老年父母的人为第一位，其他向后顺延。从1995年7月开始，韩国政府对公务员实行“行孝休假日”，凡公务员的父母及岳父母或公婆的生日，可准假一日为老人过生日，如不与老年同住在一个城市，还可放宽休假日。韩国法务部还颁布了民法中家族继承法修正案，规定侍奉父母的子女应比其他子女多继承50%的财产。

我国现有的激励主要有探亲假的激励，五好家庭、模范家庭的声誉激励，以及各地零星开展的一些对一定年龄老人家庭成员的物质奖励。如何进一步完善现行的激励机制将影响我国家庭养老的可持续发展。

首先，完善现行的《继承法》，对于隔代养老，在财产继承等经济利益方面适当倾斜。中国目前《继承法》规定的法定继承人，第一顺序为配偶、子女、父母；第二顺序继承人为兄弟姐妹、祖父母、外祖父母。孙辈并不在法定继承人的范围之内，只在其父、母先于祖父母、外祖父母死亡时，才有对祖父母、外祖父母的代位继承权。尤其在隔代抚养成为普遍现象的农村，隔代养老有良好的社会基础，若在财产继承方面考虑养老的因素，将进一步激励孙辈的养老行为。

其次，改革现有的探亲、休假制度，建立“三假合一”的新探亲假制度。1981年3月公布的《国务院关于公布职工探亲待遇规定的通知》规定：未婚职工探望父母（省外），每年给探亲假期20天；已婚职工每四年给探亲假20天，这一规定与当前社会发展已不相适应。2007年12月7日，国务院常务会议通过《职工带薪年休假条例》，在原有的双休、法定假日、探亲假之外再增加带薪年休假。然而，这一规定也并未考虑用人单位的实际难处，导致在实施中，很多企业无法落实。应建立“三假合一”的新探亲制度，真正让探亲假中的赡养老人意义得以体现。

最后，继续鼓励有条件的县、乡镇、村组对养老家庭进行现金奖励，同时开展“五好家庭”“文明家庭”评选活动，创建“孝亲敬老模范村”“孝亲敬老模范集体”。政府的政治利益诱导在农村社区也能起到一定的激励作用，如在入党、提干、晋级、选举等方面对农村社区那些敬老爱老的先进典型予以适当倾斜。

当然，从长远来看，弘扬孝亲敬老文化的确是治本之策。“尽管大多数子女热爱自己的父母，但是他们这种爱的强度逐渐减弱。这种不对称的现象在生物学上是可以解释的。将大量资源用于上了年纪的没有生育能力、没有实际或潜在生产能力的人，无助于促进包容适应性”①。然而，“在这个世界上，只有我们，我们人类，能够反抗自私的复制基因的暴政”②。从这一点上看，养老的宣传与教化是必不可少的，且必须经历不中断的长期浸润。两千多年的封建社会，农耕文明一直居于主导地位，孝愈来愈强化，孝作为一种制度安排在促成家庭养老这种合约履行过程中不可或缺，使得子代对亲代的赡养行为由社会他律慢慢转变为个人的自觉，然而，这种自觉从历史角度看，只是长期农耕文明养老模式的结果，而不是家庭养老的原因。相对于人类欲求的生存与发展本性来说，人类还具有另一个非凡的其他动物不具备的特征——表现真诚无私的利他行为的能力。然而，孝这种“利他的远见”相较于生存的本性总是表现得更为脆弱，大脑对基因本性的反叛需要漫长的过程与坚强的意志，不然就难以解释为什么农耕文明向工业文明演进的过程中，即使是有着两千多年孝文化传统的中国，家庭养老也依然遭受到猛烈的冲击。这也正是中国当下农村家庭养老陷入困境的原因——农耕文明向工业文明转变的过程中，家庭养老所依赖的物质条件被破坏，因此养老问题就突显出来。③

二　构建向善的文化

任何社会秩序，其实都是文化秩序。任何人类共同体，都是文化共同体。文化价值，编织了人类的意义世界，支撑了人类对秩序运行的认同。内生于乡村社会的乡村文化，以生态智慧建设着美好家园的生活秩序，以道德交往维系着心灵家园的精神秩序，更用约定俗成的非制度性规范促使人们形成自觉秩序。

---

① ［美］波斯纳：《衰老与老龄》，周云译，中国政法大学出版社2002年版，第242—243页。

② ［英］里查德·道金斯：《自私的基因》，卢允中译，吉林人民出版社1998年版，第386页。

③ 余飞跃：《家庭养老的困境与出路——兼论孝与不孝的理性》，《重庆大学学报》（社会科学版）2011年第5期。

秩序的基础是制度，制度的背后反映的是文化。“人们为之工作和奋斗的目标是由文化决定的”。传统社会中的孝文化曾是我们珍视的道德价值，是做人的基本标准。虽然每个人都会衰老，但是当人们预见到自己晚年可以享受家人和社会很好的照料时，就不会感到不安和焦虑。而在现代社会中，我们扔掉了曾经珍视的孝亲敬老价值，但我们依然感受到来自衰老的威胁。孝文化重构的根本目的，是要保障老人“老有所养”。在我国绝大多数农村地区，由于观念和经济能力的限制老年人目前仍然依靠家庭养老而非社会养老。国家作为政策制定者，应该从发掘乡村孝道文化的内生性资源角度去优化养老问题，而不是打破主体互动的关系去重新构建新的秩序。不论是对传统文化的再认同还是对新的乡村文化进行构建，中国新的乡村建设理应成为“文化中国”的一部分。而从国家文化建设与新农村建设战略的交集中，不难看出国家对包括文化在内的文化建设与秩序重构的意志。

通过宣传，拓展人们的孝文化理念。首先，在重视孝养的基础上要特别强调孝敬的现代意义，让人们认识到“精神养老”的深刻内涵和重要意义。其次，在强调“子孝”的同时也应宣传“父慈”的观念。现代孝文化要实现从单向性向互益性的转变，“强调‘父慈’和‘子孝’的并举和互益，是一种双向度的调节代际关系的规范”。再次，要宣传孝文化是一种社会性美德的观念和“大家庭”的观念。富含正能量的孝文化是一种能驱动社会成员用善意和爱心来对待社会中的老年人的文化。理查德·怀斯曼在他的《正能量》一书中阐释了正能量对人的影响，提倡通过一系列的训练方法提升人内在的信任、豁达、愉悦、进取等正能量，规避猜疑、沉郁、沮丧、消沉等负能量。孝文化对家庭养老的持续存在具有一系列正面的影响，应增强这类影响的作用，以正能量来推动家庭养老的良性运行。[①]建构向善的孝文化，将会促进社会的养老走向爱老、尊老和敬老，也将在社会中树立起不把养老当作一种负担，而把养老视为一种主动的、乐于奉行的行为的风尚。敬老、养老既是社会问题，也

---

① 翟绍果、杨竹莉：《乡土文化变迁与农村养老保障演进思考——以来自关中C村的质性研究为例》，《社会保障研究》2014年第1期。

是道德问题。在这对伦理范畴中，敬老偏重于价值本体，养老偏重于实践本体。价值是在实践活动中客体为主体所用，实践是有目的的活动，是对价值的自觉追求。儒家更看重“敬老”，认为“敬老”比“养老”更有道德意义，“孝”本来的含义是“善事父母”，敬老是通过尽心尽力赡养父母表现出来的。一般来说，敬老主要是满足老年人的精神文化生活需要，通过肯定其为家庭和社会所做贡献及亲情慰藉和丰富老年人的精神文化生活而实现；而养老则是通过更多地满足老年人的吃穿用度等物质供给和日常生活照料的需要而完成。人们常说的“吃饱穿暖”并非完全是老人所需，精神慰藉的满足才是老人的心中所需，所以敬老要把精神慰藉放在第一位，是更高要求的养老，是养老质量提高的体现。

孝文化作为家庭伦理规范是用来调整家庭成员关系，以营造温馨和睦的家庭氛围的，其最高的价值取向是支撑子女对父母的养老功能。延续了数千年的家庭养老模式，在现阶段陷入了尴尬境地，在社会养老保障体系尚不完善的情况下，以社会舆论的力量强化孝文化对家庭养老的支撑作用，无疑是现阶段完善农村养老保障的最好办法。

（一）有助于营造和睦的家庭环境，构建农村养老的思想基础，维护农村社会的稳定

儒家倡导“修身、齐家、治国、平天下”，修身与齐家相连，加强自身修养，提高自身素质，就是要尊老爱老、关心子女、友爱兄弟朋友，所谓“入则孝，出则悌”。作为社会稳定的调节器，孝文化直接指导家庭成员处理父母和子女、长辈和晚辈之间的伦理关系，实现家庭和谐美满。但是，近年来，随着我国城镇化水平的不断推进，农村劳动力大规模向城市流动，原来联系紧密的代际关系由于空间距离的增大而疏远，家庭成员分居于城市和乡村，老年本应该享受天伦之乐，却因为子女的离场而不得不自我照料，更有甚者，还要照顾子女留在农村的孩子。因此，要做到正确处理家庭之间、父母子女之间、长辈与晚辈之间的关系，构建融洽和谐的代际关系，使老年人安享晚年，就要弘扬“老吾老以及人之老，幼吾幼以及人之幼”“仁民爱物”“民吾同胞，物吾与也”的思想，把自己家庭成员之间的爱延伸到其他家庭乃至整个社会，用孝文化思想来调节家庭人伦关系，从而使敬老、养老、送老、侍老的伦理道德

观念深入千家万户，成为农村家庭养老的道德根基并直接转化为家庭成员自觉遵守的道德准则与行为规范。

（二）有助于农村家庭成员修身养性、明礼诚信，提高农村养老的内在动力

现阶段，家庭养老在农村遇到了前所未有的困境和问题。信息时代的农村与农业时代、工业时代的农村相比发生了巨大的变化，日渐发达的交通、通信网络将分散广阔的农村日益拉入现代化的场域中，农民的生活方式和思想观念也发生的巨大的变化，他们衣着时尚、个性张扬，怀揣着致富梦想。年轻人不再像父辈一样守在父母身边行孝，“父母在，不远游”的习俗已被颠覆，更多的年轻人选择外出创业谋生，对家庭的依赖感和责任感不再像传统社会那样强烈，而是更注重追求个人的价值和实现个人的人生目标，因此他们的传统孝道观念日渐淡薄，传统孝文化推崇的敬老、养老、助老、送终的价值目标也失去了吸引力。他们认为守在父母身边尽孝使他们失去了到外面闯荡的机会，回家看望父母又要损失一大笔路费，事事以金钱来衡量行孝。事实上，孝敬父母不能与赚钱画上等号，不能把父母作为自己谋取利益的手段，父母生养我们就是我们最大的利益。诚然，个人可以有利益上的考虑，但是敬老、养老、送老本身就是社会的道德目标，与利益没有必然的逻辑关系。基于以上分析，研究孝文化对农村养老的作用，既要认识到孝道是达到其他目的的手段，又要看到孝道本身也是目的。反思孝文化支撑农村家庭养老的功能不强的原因之一是把行孝当作手段而不是目的，仅仅从行孝是否得利这个角度来认识孝的价值，来强调孝的重要性和必要性，这无疑会淡化孝应有的价值和其丰富的内涵，淡化孝文化中道德因素的含量，最终将是难以达到以孝养老的目标的。因此，在农村进行孝文化宣传教育，引导农民秉持以孝养老，本身就是一种高尚的道德境界，有助于农村家庭成员修身养性、明礼诚信、诚心养老，做新时代农民。[①]

---

① 刘险峰、唐骏：《中国高龄老人的社会保障问题初探》，《中国行政管理》2011 年第6 期。

（三）有助于农村家庭资源的合理调配，构建农村养老的物质基础

当前我国正在不断完善农村社会养老保障体系，努力保障广大农村老年人“老有所养”，但我国大部分农村目前仍以家庭养老为主，农村社会化养老目标的实现困难重重。农村家庭结构正在由主干家庭、联合家庭向核心家庭转变，家庭中新生子女数量逐渐减少，家庭关爱的重心发生转移，家庭成员把更多的关爱和资源倾注到“小公主”“小皇帝”身上，出现“重幼轻老”的代际倾斜。农村盛行“养儿防老”，若没有儿子只有女儿，女儿的出嫁就使得家庭养老的功能逐步削弱，一些家庭便让女儿在家招婿上门，这样可以部分解决养老资源不足的问题。所以，应在农村进行孝文化的宣传和教育，合理分配养老资源。养女也是传后人，女儿赡养父母也可以继承遗产。出生子女数量减少，独子成家后要负担双方老人的养老，养老资源捉襟见肘，而婆媳关系的处理又是处理家庭关系的一大难题，很多家庭就是因为婆媳关系处理不好，导致老人得不到赡养。孝文化的宣传一定要注意到婆家与娘家养老资源的分配，而且对父母生前的遗产要合理分配，赡养与遗产分配自然作为孝文化宣传和教育的重要内容。尊重老人对财产的处分权也应该是孝的当然要求，因为老人作为财产所有者，有权处分属于自己的财产，支配自己的养老资源。目前，农村不少老人在年轻时积累了一定量的财产，可年老时却无依无靠，一个重要的原因就是子女不尽孝，侵吞甚至霸占父母的财产，成为“啃老一族”。除此以外，孝敬父母还包括尊重父母婚姻自由的权利，但在现实生活中，子女仅要求父母尊重自己的婚姻选择，而自身却很少尊重父母离婚和再婚的自由。父母离婚和再婚是对养老资源的“合理融资”，只要关系处理恰当，尊重父母的婚姻选择在物质和精神上对父母是一大关怀。因此，在家庭结构转变的新形势下，宣传孝文化可以合理调配家庭养老资源，为家庭养老保障筑起一道厚实的城墙。[①]

（四）有利于保障农村老年人的合法权益，提高农村老年人的社会地位

农村老年人逐渐成为社会的弱势群体，在社会群体中的经济地位上

---

① 谭国清：《毛泽东的党员党性观对中国传统理想人格观的创造性转化》，《毛泽东研究》2014 年第 3 期。

逐渐被边缘化，主要靠子女供给生活来源，一些老人有财产积累或退休金，子女赡养的负担会轻一些，而一些老人既没有退休金又无积蓄，在子女心中老人变成了包袱、累赘，子女随意打骂虐待老人的现象在农村不乏少数。农村征地拆迁补偿时老人的钱财被子女强行占有瓜分，丧偶老人的婚姻选择权遭遇到子女的蛮横干涉，老人的合法权益屡屡被侵犯。在农村进行孝文化的宣传时，要结合养老问题普及法律知识，让子女明白赡养父母不仅是法定义务，还是道德义务，羊羔尚能跪乳，乌鸦尚能反哺，人类安能不赡养父母？因此，赡养父母、孝敬老人应该是农村孝文化宣传的出发点和归宿。①

当今中国农村老年人的社会地位岌岌可危，合法权益屡被侵犯，已经引起社会各界的广泛关注。加快农村经济的发展，依靠法律的威慑力惩戒不孝之子，自然是解决问题的办法，但仅仅如此并非解决农村养老问题的根本之策。在处理家庭矛盾和冲突的办法中，更应该倾向于利用社会道德解决养老问题，只有大力弘扬中华民族优秀传统文化，发扬敬老爱老的优秀美德，敦促子女自觉尽孝，农村老年人的合法权益才能得到有效保障。②

在精神养老被明确写入《中华人民共和国老年人权益保障法》之后，孝文化就不仅是一种传统美德，更是建设法治国家的要求，所以，现代孝文化乃是美德教育和法制教育共同的题中之义。这就要求家庭、学校和社会，将孝文化作为传统美德和现代法治教育的内容，从教育内容和教育方法角度进行设计和推广，施行德法同构孝文化教育，有助于建设幸福康乐家庭，形成尊重和保障老年人权益的和谐社会。③

三 不断完善居家养老服务

2016 年 5 月 27 日，习近平总书记在中共中央政治局第三十二次集体学习时强调，要“构建以居家为基础、社区为依托、机构为补充、医养

① 潘剑锋、刘峰：《论传统孝道中的养老思想及其对当前中国农村养老的启示》，《江淮论坛》2015 年第 3 期。

② 衣艳芳、孟庆民：《我国独生子女家庭养老问题探讨》，《长白学刊》2012 年第 2 期。

③ 周留建：《养老机构建设和运营管理》，南京大学出版社 2012 年版，第 22 页。

结合的养老服务体系”。十二届全国人大四次会议通过的“十三五”规划纲要明确提出要建立多层次养老服务体系，巩固和加强居家养老服务的基础地位。

居家养老服务是指以家庭为基础，在政府主导下，以城乡社区为依托，以社会保障和社会服务制度为支撑，由政府提供基本公共服务，企业、社会组织提供专业化服务，基层权重性自治组织和志愿者提供公益互助服务，满足居住在家老年人的社会化服务需求的养老服务模式。

传统上，我国农村老年人养老所需的经济支持和服务提供主要来自家庭成员，这就是通常所说的“养儿防老”。随着社会保障体系的建立完善和家庭小型化、空巢化带来的家庭服务功能弱化，养老的经济来源中除了赡养人、抚养人的经济供养外，社会保险金、政府福利补贴、低保五保救助等所占比例越来越高。服务的提供者也不再限于家庭成员，而更多来自家庭以外，包括政府提供的基本公共服务、企业提供的市场服务、社会组织提供的慈善服务等。

（一）居家养老服务的优势

1. 发展居家养老服务符合我国农村民情

我国农村老年人更注重累世同堂、天伦之乐。学者们以往的研究表明，在农村倾向于居家养老的老年人占绝大多数，居家养老更方便家庭成员继续按照传统方式照顾老年人。在老年人晚年入住养老机构比较常见的西方国家，因为享受家庭和社区氛围的老年人精神和身体状态更好，近年来也逐渐兴起“原居安老”的潮流，政府则注重依托各类非营利组织，大力完善社区照顾系统。

2. 发展居家养老服务能产生更大的经济社会效益

首先，能减轻家庭成员的养老负担。据统计，我国目前已有超过4000万失能、半失能老人。一个家庭如果有失能老人需要照顾，子女势必分散很大一部分时间和精力，很难全身心地投入工作。在农村雇请保姆照顾失能老人不仅不现实，而且也超出了绝大多数家庭的经济承受能力。居家养老服务以日间托老所为依托，组织社工、志愿者、医护人员等将养老服务延伸到社区和家庭，不仅能切实改善这些失能老人的生活品质，也普遍降低了照护成本。

其次，与机构养老相比，居家养老服务是一种投入小、经济和社会效益较高的养老方式。机构养老需要兴建或租赁基础设施，居家养老却能最大程度地利用老年人家庭的住房资源，相当于建起了“没有围墙的养老院”。

（二）进一步发展农村居家养老服务的建议

1. 在我国养老服务体系中优先发展居家养老服务

一是提高居家养老服务支持政策的“含金量”。加大居家养老服务的投入力度，明确各级政府每年对农村居家养老服务的投入比重，确保资金落实到位。每个村委会都应建立居家养老服务设施，既要重建设，也要重视运营情况。全面建立针对农村家庭经济困难的高龄、失能老人的补贴制度。二是精准施策，细分居家养老服务对象。按照农村老人的年龄、经济状况、身体状况、子女情况，摸清服务需求层次。重点提高居家养老服务在满足失能和部分失能老年人需求方面的能力。三是整合资源，形成合力。要统筹规划下沉到社区的各类公共服务，实现资金投入、场所设施、人力资源的互联互通。四是积极总结地方实践中形成的好经验、好办法，将之尽快上升为全国性政策。

2. 多管齐下，因地制宜，发展农村居家养老服务

一是加大统筹力度，推进城乡基本公共服务均等化。各级政府用于养老服务的财政资金和彩票公益金应重点向农村倾斜，加强农村居家养老服务设施建设，提高覆盖范围，由现在的重点向农村低保老人、五保老人提供服务转为向所有老人提供居家养老服务。二是出台投融资、土地供应、税费优惠、财政补贴方面的特殊政策，为社会资本进入农村养老服务领域提供盈利空间。三是从实际出发优化资源配置。在满足特困人员集中供养的前提下，鼓励、支持有条件的五保供养机构积极为农村其他低收入、高龄、独居和失能老人提供养老服务；支持农村集体组织帮扶和邻里互助；鼓励慈善组织和志愿者深入农村为留守老人提供照料服务和精神慰藉。

3. 全面放开养老服务市场，撬动社会资本参与，提高居家养老服务供给能力

一是有效发挥财政资金对民间资本的撬动作用。进一步提高社区老年日间照料中心建设补贴标准，吸引社会投资；建立健全政府购买养老

服务机制，吸引社会组织参与居家养老服务；设立养老服务产业政府引导基金，加快培育居家养老服务产业优质项目。二是探索政府与民间资本的多种合作方式。政府在农村投资兴建的服务设施，可交由企业或社会组织运营管理，给予同等待遇。可以通过股权合作、PPP 等多种方式，将社区居家养老服务项目整体打包与民间资本进行合作开发和经营。三是完善优惠政策。在市场准入、政府补贴、税费减免、金融支持等方面，尽可能给予优惠，并对执行情况进行督查，确保落实到位。四是有针对性地培育居家养老服务主体。建立居家养老服务信息平台，开展“互联网 +”养老行动，推进养老智慧社区建设，引导各类商业服务在社区落地；鼓励居家养老服务机构连锁化、品牌化经营，形成规模效应，推动市场主体公平竞争，增加优质养老服务产品供给。

4. 完善配套制度，优化居家养老服务发展环境

一是逐步提高老年人的消费能力，形成对居家养老服务的有效需求。建立长期护理保险制度，吸引更多的社会资本进入。二是制定医护人员为居家老人提供上门服务的服务规范和技术规范，在社区层面推进医疗服务和养老服务的结合。三是推进社区老年宜居环境建设，加强社区适老无障碍改造。四是弘扬中华民族敬老、养老优良传统，创造条件让家庭成员更多服务老人，更好地衔接家庭照料与社会养老服务；鼓励子女与老年人共同居住。五是进一步完善养老保险转移接续、医疗保险异地就医报销结算制度。六是鼓励邻里互助和老年人之间相互帮助。

四 增强老人的自我养老能力

自我养老可以减轻子女负担，缓解社会养老压力，是家庭养老、社会养老的有益补充。因此，应积极创造条件鼓励有劳动能力的老人自养。

（一）土地养老

一些学者将土地自养划归至家庭养老的范畴，认为土地是家庭获得养老的经济支柱。[①] 还有学者认为伴随着工业化和城镇化的推进，土地的

---

① 李佳穗、冶联凤：《从土地养老到联合养老：文化影响与法制保障》，《农村经济》2012 年第 7 期。

质和量都面临着严重威胁，土地养老存在弱化趋势。[①] 但也有学者对土地养老持支持态度。如：李迎生认为，除了自行耕种土地获取劳动收入之外，农村老人在面对子女难以承担养老责任、自身又没有其他条件满足基本需求时，可以采用住房抵押方式来实现自养，即“房产抵押，终身支用”。[②] 戴冰洁等通过调查发现，城镇化提高了土地的价格，对于一些近郊的村民而言，“房租红利”让他们的生活变得更加休闲，许多老人的生活质量在不断提高。自古以来，农民主要以土地为生，因此土地的使用权、经营权、流转权以及土地上所建房屋的租赁权、产权等都可以为农村老人的自我养老提供物质保障，老人可以通过掌握这些经济资源来满足自我养老的需求。在一些偏远或资源匮乏的地区，土地养老显得尤为重要，许多身体健康的老人仍然可以劳动，可以此获得自我养老的经济收入。即便有家庭成员参与耕作，但只要老人在农业生产中做出了贡献，土地养老在本质上仍属于自我养老的范畴，是农村老年人获取养老资源的重要手段。而国家所要做的就是稳定现行的农村土地制度，让有劳动能力的老人凭借自己的劳动获得稳定的经济来源，如土地被征用，让被征地的农户将土地补偿金留出应有的一部分作为老人的养老金。

（二）互助养老

目前，村庄人口流动频繁，村庄的封闭状态早已被打破，乡土气息虽依旧存在，但是村民的凝聚力和对村庄的认同感逐渐弱化，人情因素开始被经济理性所取代，由此村庄对老人的道义援助减少。为了驱除因孤独而带来的消极情绪，一些农村老人会通过参与休闲活动或宗教信仰来寻求互助替代资源。[③] 由此看来，互助方式也是农村老人主动寻求自我养老的路径之一，而其中最有效的便是夫妻之间的互助，夫妻之间不仅

① 肖来付、苏振芳：《论家庭人口变动与社会主义新农村建设》，《科技与经济》2007 年第 5 期。

② 李迎生：《立足现实，面向未来：农村养老保障制度改革的“过渡模式”设计》，《毛泽东邓小平理论研究》2005 年第 10 期。

③ 贺聪志、安苗：《发展话语下我国农村留守老人的福利之“痛”》，《中国农业大学学报》（社会科学版）2011 年第 3 期。

可以彼此照顾饮食起居，而且也可以通过相互陪伴来实现老人所需要的情感慰藉。因此，子女不应仅要求父母尊重子女的婚姻自由，子女也要尊重老人的再婚选择，这样无论是在生活照料还是精神慰藉上老人都会受益。[①] 除此之外，也有一些学者提出了企业式自我养老方式，即依据自愿参与的原则，由政府牵头将一些无法得到家庭养老和社会养老的农村老人聚集在一起，构建一个老年人的企业。老年人在企业中依据企业的性质，进行养殖、栽培、手工制作等生产活动，通过自己的劳动所得来养活自己。[②] 这种方式的互助意义在于：一方面，以企业的形式为老人建立了互助网络；另一方面，企业与老人之间也建立了互助关系。总的来看，政府应增加对农村老人的服务力度，加强村民的参与度，缓解压力体制对互助养老的阻碍。[③]

互助养老最大的优势便是精神上的满足，通过夫妻之间、邻里之间、社区之间的相互扶持，低龄帮助高龄、健康帮助残疾、富裕帮助贫困等互助自养方式，不仅可以为农村老人提供养老资源，同时也有利于建设农村文化，促进乡风文明。[④]

（三）储蓄养老

所谓储蓄养老就是老人在年轻时为自己积攒将来年老时的养老资金，防止“老无所依”带来的风险。有研究发现，一般有经济生活来源和充裕储蓄的农村老人比较偏向于自我养老。[⑤] 伴随着社会交往范围的扩大和交往方式的多元化，老人拥有足够的储蓄，除了能保障自己的物质生活外，也能为老人的情感交流提供必要的资金支持。对此，农村老人需要提高自我保障意识，在年轻时就开始积攒养老金，而国家在这方面应制

---

① 潘剑锋、刘峰：《论传统孝道中的养老思想及其对当前中国农村养老的启示》，《江淮论坛》2015 年第 3 期。

② 马亚静：《企业式自我养老：农村社会保障的补充形式》，《开放导报》2006 年第 6 期。

③ 赵志强：《农村互助养老模式的发展困境与策略》，《河北大学学报》（哲学社会科学版）2015 年第 1 期。

④ 李俏、陈健：《农村自我养老的研究进路与类型诠释：一个文献综述》，《华中农业大学学报》2017 年第 1 期。

⑤ 程启军：《博弈与理性：农村养老方式的选择》，《华南农业大学学报》（社会科学版）2005 年第 1 期。

定满足农村现状、符合农民意愿、利于未来农村老人自我养老的过渡性计划或措施，以“个人养老储蓄计划”作为“社会养老保险计划”的补充，从而使农村老年人在年迈时能从“个人养老储蓄计划”中获得养老资金。[①] 储蓄自养属于经济支持的范畴，一方面老人可以用储蓄直接供养自己，另一方面也可以利用储蓄购买服务来满足养老需求。但是储蓄自养在中国农村存在着明显的地区差异，在偏远地区，许多老人从年轻时就被贫困所困扰，并不具备积攒养老金的条件。因此，政府在储蓄自养的制度扶持上应给予更多的关怀。

（四）再就业自养

再就业自养不同于上面所述的土地自养，它是指老人以雇员身份从事非农工作来获取养老资源的方式。再就业自养也不同于企业式自养，雇主原则上不具有福利性质，雇员不仅局限于农村老人。一般身体条件较好、知识水平和技术水平较高的老人符合再就业自养的条件。相关研究发现，很多65岁以上的农村劳动力，依然在从事各种工作。在少子化浪潮下，社会劳动力会存在供不应求的情况，而老年人可以弥补这一缺陷。老年劳动力大部分是为了获得经济收入而就业，实际上并不具备市场竞争力。据国家统计局调查，从2009年到2014年农民工总量每年以3.59%的速度增长，其中50岁以上的农民工的数量以平均12.32%的速度增长，老年农民工在农民工总量中所占的比重逐渐增加。由此可见，社会少子化、老龄化现象为农村老人的再就业自养提供了客观条件，但由于农村老人年龄较大、文化水平偏低，社会不应当鼓励农村老年人向城市流动。政府和企业应当通过“资本下乡”的方式来提高农村老年人的就业机会，为他们提供培训和就业平台。同时，对于在城市中工作的老年农民工，在健康和医疗方面应给予更多的人文关怀，积极发展适合老人特点的服务业，努力为有劳动能力的老人提供合适的就业机会，让老人部分或完全依靠自己的劳动所得养活自己，为这些老年农民工的就业营造良好的环境和提供生活便利。

---

① 李迎生：《立足现实，面向未来：农村养老保障制度改革的“过渡模式”设计》，《毛泽东邓小平理论研究》2005年第10期。

五　非营利性社会组织参与农村养老

农村老龄化加剧，养老保障的对象逐步扩大，而农村社会化养老水平落后，非营利社会组织专业化服务水平高，可以通过多种形式为农村养老服务，更好地满足老年人多层次的需求。为贯彻落实中央关于发展老龄事业的精神和《中华人民共和国老年人权益保障法》，2013 年 9 月，国务院颁布《关于加快发展养老服务业的若干意见》，明确提出："激发社会活力，充分发展社会力量的主体作用，健全养老服务体系"。2015 年 2 月，民政部、发展改革委等 10 部门联合印发《关于鼓励民间资本参与养老服务业发展的实施意见》，明确了鼓励和支持民间资本参与养老服务业发展的政策措施。此外，有关部门还制定了《养老机构许可办法》《养老机构管理办法》，放宽市场准入，简化许可程序，减轻办事负担。

2015 年中央层面安排 66.1 亿元资金支持养老服务发展。"十二五"以来，各级民政部门将每年留存的福彩公益金按不低于 50% 的比例用于老年福利类项目建设。地方各级财政和福彩公益金累计投入约 1000 亿元支持社会养老服务体系建设，撬动社会力量投入养老服务。鼓励地方申报国家级 PPP 模式示范项目，初步形成了公建民营、民办公助、政府购买服务、特许经营等政府和社会资本合作的 PPP 模式。国家发改委公布的首批 1043 个 PPP 项目中，涉及养老、健康养生类的项目共有 46 个，总投资近 300 亿元，各地也对社会力量举办养老机构实行建设和运营补贴。

（一）非营利性社会组织参与农村养老的可行性

随着改革开放的深入和发展，我国的非营利性社会组织也在不断壮大。在计划经济体制时期，公权力高度集中和政企不分的管理方式，导致我国社会组织发展缓慢。改革开放以来，我国进行了广泛而深刻的政治、经济体制改革，建立和完善了社会主义市场经济体制。同时，中国与世界的联系也日益密切，文化和人员的交往也日益频繁，这些都为非营利性社会组织的发展奠定了基础。改革开放以来，非营利性组织越来越多地进入公共领域，尤其是公共服务领域，如教育、医疗、科研、扶贫等方面，在维护社会公平方面发挥着不可或缺的作用。在广大农民急需而政府又未全部承担的农村社会保障领域，非营利性社会组织也必将发挥很重要的作用。

从世界范围来看，一般来说，在工业化发展到一定程度的时候，农村才开始建立社会保障体系。并且，农户的保障水平低于城镇职工的保障水平，且差距达到几十年。如美国在1935年开始实行职工养老保险，50年后才全面开展农村养老保障计划；日本在1941年建立厚生年金保险，30年后才建立农民年金保险。我国在2000年的人均GDP已达到发达国家建立农民养老金的经济发展水平，从理论上说，国家的财力可以承担农村养老保障体系的支出。但一方面从世界水平来看，我国政府的财政支出用于社会保障的比例偏低，另一方面绝大多数的社会保障支出被仅占少数的城镇居民所享有，这就导致现有的农村养老保障水平不能满足农村老年人的需求，而农村人口的加速老龄化，又使这一矛盾更加突出，这就为非营利性社会组织进入农村养老保障领域提供了广阔的空间。

很多国家和地区进行了非营利性社会组织参与农村养老保障的实践，积累了一些成功的经验。如德国在1964年制定了专门的法律，以法律的形式规定非营利性社会组织开展活动的方式。“二战”后，德国政府积极支持非营利性社会组织的发展并对其进行补贴来推进整个社会的福利。在日本农村，农协的人身共济保障在农民养老保障方面发挥了巨大的作用。中国台湾从1985年开始以基层农会为基础投保单位开展农民健康保险，为农村老年人提供医疗保障和生活照料。以上提到的德国农村养老保险机构总联合、日本的农协和中国台湾的农会都是非营利性社会组织。

非营利性社会组织能够广泛吸纳农村的养老资源，可以在很大程度上降低农村养老的社会成本。非营利性社会组织在提供农村养老服务方面有着政府无法替代的优势。一方面非营利性社会组织参与农村养老可以弥补家庭养老功能的不足。随着农村老年人数量的增加和家庭类型的核心化，传统的家庭养老在为老年人提供生活照料和精神慰藉方面的功能逐渐弱化。许多老年人或是因为生活不能自理，或是为了消除心理上的孤独感而选择机构养老，在此情况下，非营利性养老机构应运而生，而这些非营利性养老机构是由非营利性社会组织来运营的。另一方面非营利性社会组织参与农村养老保障可以优化农村社会资源。目前，农村养老院的资金主要来源于政府的财政拨款，这就在一定程度上限制了农村养老机构的发展。在农村也有很多养老机构愿意为农村老年人提供养老服务，但由于资金的问题而运营困难。这些养老机构通过向老年人收费来解决资金问题，这违背了福利机构发展的宗旨。非营利性社会组织可以从福利机构的社会性出发，联系热心于社会公益事业的单位、企业和其他机构，开拓农村养老资源的新渠道。

（二）在农村养老保障中非营利性社会组织与政府合作关系的构建

1. 政府要在法律和政策层面上对非营利性社会组织进行支持

国家对非营利性社会组织的认可程度越高，非营利性社会组织就越能在农村养老保障领域发挥积极作用。国家认可的表现形式通过法律和政策的支持为其发展提供了良好的外部环境。国家应完善法律，确定非营利性社会组织的社会功能、社会地位和社会责任，明确界定其与市场、政府之间的关系，这种关系在法律上应该是平等的，以便保障非营利性社会组织的基本权益，提高其合法地位，从而使其得到社会的普遍认可。受我国传统行政体制的影响，很多非营利性社会组织自治化水平较低且有明显的官方色彩。这就需要政府对其给予引导，逐步割断其在人事和利益上与政府的直接联系，使其成为独立的社会组织。相关主管部门要变直接管理为间接管理，注重政策的引导和经济监督。同时非营利性社会组织也要转变观念，提高社会服务的能力，成为农村养老保障供给的独立主体，充分发挥自身独特的作用。

2. 转变政府的职能，创新体制机制

现阶段在我国农村养老保障供给方面政府占绝对主导地位，为了实现农村养老的社会化，必须改变这种局面。只有进一步转变政府职能，才能使非营利性社会组织在农村养老保障供给方面发挥积极的作用。政府应该把管理和具体执行区分开来，明确在公共行政管理中，政府是政策的制定者，而不是政策的执行者。对于那些需要由非营利性社会组织履行的职能，社会福利管理机构要做出明确的安排，把这些职能及时转让出去。在这个过程中，政府一方面应着眼于保障养老基本公共服务，发挥兜底功能。应通过购买服务、公建民营、股权合作、PPP 等方式，引导并支持社会力量参与养老服务业，促进养老服务管理运行机制从政府

主办向政府主导、多元主体参与转变。另一方面在职能转变过程中要加强监督管理，提高服务水平。要健全政府领导、民政牵头、相关部门参与的工作机制，形成齐抓共管、合理促进社会力量进入养老服务业的工作格局；完善养老机构设立许可办法，健全养老服务的准入、退出、监管制度和运营评估机制；制定和完善养老机构分类管理制度，针对不同机构、不同服务项目，制定针对性的管理考核标准；放开养老服务市场，促进公平竞争。养老服务机构也要完善内部治理结构，提高服务质量，为老年人提供人性化的多样服务。

3. 完善投融资政策，加大资金投入

政府应该采取积极的措施广泛调动农村养老保障资源，在农村养老保障领域探索政府与非营利性社会组织间的良性互动。现在存在政府对非营利性社会组织管得过多的问题，因此要打破现有的控制和繁杂的手续规定，放松对非营利性社会组织的规制，给予其更多的自主权。通过鼓励有条件的地区设立专项扶持资金和养老产业发展引导基金，带动社会资本加大投入，支持发展社会化养老服务产业。积极探索拓展养老服务业市场化融资渠道，引导和鼓励金融机构创新金融产品和服务方式，增加对养老服务业及其建设项目信贷投入。拓宽信贷抵押担保物范围。①

4. 完善政策措施，落实税费优惠

对非营利性社会组织举办的公益慈善类养老服务机构及其取得的收入依法给予税收优惠。进一步落实国家扶持小微企业相关税收优惠政策，积极推进供水、供气、供热等价格改革，落实水电气热费用优惠政策，破解社会力量兴办养老服务设施的难题，鼓励非营利性组织兴办规模化、连锁化的养老服务机构，培育一批带动力强的龙头企业和知名度高的养老服务业品牌，形成一批产业链长、覆盖领域广、经济社会效益显著的产业集群。总结推广委托经营和建立信息平台实现供需对接等经验，不断创新服务机制。

① 全国人大内务司法委员会调研组：《关于应对人口老龄化与发展养老服务的调研报告》，《社会保障评论》2017 年第 1 期。

（三）非营利性社会组织提高养老保障能力建设

1. 建立多元化的养老保障资金筹集渠道

为了保证非营利性社会组织参与农村养老保障的顺利进行，非营利性社会组织要扩充福利资金的来源，建立多元化的资金筹集渠道。一是要加强与政府合作，获得政府的财政支持；二是要从提高农村养老服务中获得收入，增强发展的可持续性；三是要整合社会资源，通过公益捐赠和社会募捐的方式获得社会慈善资源的支持，这一方面需要非营利性社会组织不断提高经营管理水平，增强民众的信任，另一方面还需要社会成员慈善意识的不断增强。

2. 培养专业化的养老服务人才队伍

一是要改革现有的教育体制，建立、完善养老保障相关学科的建设；二是要对非营利性社会组织的内部人员进行培训，提高其素质。培训内容不仅包括业务水平方面，还包括思想道德素质方面。对于管理者来说，不仅要善于经营管理之道，更要有高尚的道德和慈善精神，乐于为非营利性社会组织的事业奉献。对于一般工作人员来说，不仅要有专门的养老服务技能，更要有一颗乐于助人的心。对于非营利性社会组织来说，不仅需要高素质的普通工作人员，更需要高素质的管理者。

3. 构建非营利性社会组织的养老保障自律机制

非营利性社会组织是社会公益的化身，但是面对各种社会诱惑的侵蚀，有可能出现社会道德伦理丧失的现象。非营利性社会组织的违规违法行为会对社会产生巨大的负面影响。非营利性社会组织肩负的特殊社会责任要求其不断加强参与农村养老服务的思想道德建设，建立自律机制。领导者是组织的灵魂，增强领导者的自律尤为重要。同时要提高工作人员的整体素质，为工作人员提供必要的物质生活保障的同时也要对其加强培训工作。更为重要的是要建立科学合理的选人、用人机制，有利于有志于慈善事业的优秀人员进得来，留得住。

参考文献

一　古文献

［1］《大清民律草案》，吉林人民出版社 2002 年版。

［2］《张家山汉墓竹简·二年律令·户律》，文物出版社 2006 年版。

二　中国学者著作

［1］戴卫东：《长期护理保险——理论、制度、改革与发展》，经济科学出版社 2014 年版。

［2］邓大松、刘昌平：《新农村社会保障体系研究》，人民出版社 2007 年版。

［3］樊增祥：《樊山政书》，中华书局 2007 年版。

［4］费孝通：《乡土中国》，生活·读书·新知三联书店 1985 年版。

［5］洪国栋：《关于家庭养老与居家养老——中国的养老之路》，中国劳动出版社 1998 年版。

［6］李森：《城市社区建设概论》，山东大学出版社 2001 年版。

［7］李绍光：《养老金制度与资本市场》，中国发展出版社 1998 年版。

［8］李银河：《一爷之孙——中国家庭关系的个案研究》，上海文化出版社 2001 年版。

［8］李珍：《社会保障理论》，中国劳动社会保障出版社 2001 年版。

［9］马志刚、刘健生：《新加坡的社会管理》，群众出版社 1993 年版。

［10］沈云龙：《近代中国史料丛刊三编·第 78 辑》，台北文海出版社 1994 年版。

［11］牟宗三：《中国哲学的特质》，上海古籍出版社 2007 年版。

［12］穆光宗：《家庭养老制度的传统与变革》，华龄出版社 2002 年版。

［13］瞿同祖：《法学论著集》，中国政法大学出版社 1998 年版。

［14］司马云杰：《文化社会学》，山东人民出版社 1990 年版。

［15］宋健：《中国农村人口的收入和养老》，中国人民大学出版社 2006 年版。

［16］台恩普：《宏观政策：框架性解决中国养老问题的必由之路——中国的养老之路》，中国劳动出版社 1998 年版。

［17］王跃生：《社会变革与婚姻家庭变动》，生活·读书·新知三联书店 2006 年版。

［18］邬沧萍：《社会老年学》，中国人民大学出版社 1999 年版。

［19］肖忠群：《孝与中国文化》，人民出版社 2001 年版。

［20］阎云翔：《私人生活的变革：一个中国村庄里的爱情、家庭与亲密关系（1949—1999）》，上海书店出版社 2006 年版。

［21］杨善华：《经济体制改革和中国农村的家庭与婚姻》，北京大学出版社 1995 年版。

［22］杨一凡、王旭：《古代榜文告示汇存》，社会科学文献出版社 2006 年版。

［23］翟胜明：《农村养老特征与对策——中国的养老之路》，中国劳动出版社 1998 年版。

［24］张文范：《坚持和完善家庭养老积极创造居家养老的新环境——中国的养老之路》，中国劳动出版社 1998 年版。

三 译著

［1］［丹麦］考斯塔·艾斯平－安德森：《福利资本主义的三个世界》，郑秉文译，法律出版社 2003 年版。

［2］［美］波斯纳：《衰老与老龄》，周云译，中国政法大学出版社 2002 年版。

［3］［英］里查德·道金斯：《自私的基因》，卢允中译，吉林人民出版社 1998 年版。

［4］［美］W. 古德：《家庭》，魏章玲译，社会科学文献出版社 1986 年版。

［5］［美］卡罗尔·恩贝尔、梅尔文·恩贝尔：《文化人类学》，周云水等译，电子工业出版社 2016 年版。

［6］［英］吉登斯：《现代性与自我认同》，赵旭东等译，生活·读书·新知三联书店 1998 年版。

［7］［德］马克思：《资本论（第三卷）》，郭大力等译，上海三联出版社 1975 年版。

［8］［德］马克思：《〈政治经济学批判〉序言》，人民出版社 1996 年版。

［9］［美］亚伯拉罕·马斯洛：《动机与人格》，许金生译，中国人民大学出版社 1987 年版。

［10］［法］马塞尔·莫斯：《礼物——古式社会中交换的形式与理由》，汲喆译，上海人民出版社 2002 年版。

［11］［美］莫迪利亚尼：《莫迪利亚尼文选》，林少宫译，商务印书馆 1993 年版。

［12］［英］亚当·斯密：《道德情操论》，谢宗林译，中央编译出版社 2011 年版。

［13］［美］约翰·B. 威廉姆森、弗雷德·C. 帕姆佩尔：《养老保险比较分析》，马胜杰等译，法律出版社 2002 年版。

四　期刊、报纸

［1］蔡昉：《未富先老与中国经济增长的可持续性》，《国际经济评论》2012 年第 1 期。

［2］曹惟纯、叶光辉：《高龄化下的代间关系——台湾民众孝道信念变迁趋势分析（1994—2011）》，《社会学研究》2014 年第 2 期。

［3］程亮：《老由谁养：养老意愿及其影响因素——基于 2010 年中国综合社会调查的实证研究》，《兰州学刊》2014 年第 7 期。

［4］陈红：《北京发展商业长期护理的必要性及途径》，《人口与经济》2012 年第 6 期。

［5］陈赛权：《养老资源自我积累制初探》，《人口学刊》1999 年第 5 期。

[6] 陈友华：《居家养老及其相关的几个问题》，《人口学刊》2012 年第 4 期。

[7] 程启军：《博弈与理性：农村养老方式的选择》，《华南农业大学学报》（社会科学版）2005 年第 1 期。

[8] 崔恒展：《居家养老的缘起演变及其内涵探究》，《山东社会科学》2015 年第 7 期。

[9] 杜守东：《自立养老：不可或缺的养老资源》，《齐鲁学刊》2002 年第 6 期。

[10] 费孝通：《家庭结构变动中的老年赡养问题——再论中国家庭结构的变动》，《北京大学学报》1983 年第 3 期。

[11] 高晓路、颜秉秋、季钰：《北京市城市居民的养老模式选择及其合理性分析》，《地理科学进展》2012 年第 10 期。

[12] 郭于华：《代际关系中的公平逻辑及其变迁——对河北农村养老事件的分析》，《中国学术》2001 年第 4 期。

[13] 海龙、尹海燕、张晓囡：《中国长期护理保险政策评析与优化》，《宏观经济研究》2018 年第 12 期。

[14] 何兰萍：《生命周围视角下的农村家庭养老》，《理论与现代化》2011 年第 5 期。

[15] 贺聪志、安苗：《发展话语下我国农村留守老人的福利之“痛”》，《中国农业大学学报》（社会科学版）2011 年第 3 期。

[16] 侯佳伟、黄四林：《中国人口生育意愿变迁：1980—2011》，《中国社会科学》2014 年第 4 期。

[17] 黄宗智：《中国的现代家庭：来自经济史和法律史的视角》，《开放时代》2011 年第 5 期。

[18] 黄黎若莲：《祖国大陆和香港社区照顾模式比较》，《社会工作研究》1995 年第 5 期。

[19] 蒋承、赵晓军：《中国老年照料的机会成本研究》，《管理世界》2009 年第 10 期。

[20] 康学伟：《论孝观念形成于父系氏族公社时代》，《松辽学刊》1992 年第 7 期。

[21] 李毅、罗建平、牛星：《复合生态系统视角下土地流转风险管理》，《农村经济》2014 年第 1 期。

[22] 李迎生：《立足现实，面向未来：农村养老保障制度改革的“过渡模式”设计》，《毛泽东邓小平理论研究》2005 年第 10 期。

[23] 李俏、陈健：《农村自我养老的研究进路与类型诠释：一个文献综述》，《华中农业大学学报》2017 年第 1 期。

[24] 李佳穗、冶联凤：《从土地养老到联合养老：文化影响与法制保障》，《农村经济》2012 年第 7 期。

[25] 李俏、王建华：《转型中国的养老诉求与代际项目实践反思》，《学习与实践》2017 年第 10 期。

[26] 李志宏：《国家应对人口老龄化战略研究总报告》，《老龄科学研究》2015 年第 3 期。

[27] 刘险峰、唐骏：《中国高龄老人的社会保障问题初探》，《中国行政管理》2011 年第 6 期。

[28] 卢德平：《略论中国的养老模式》，《中国农业大学学报》（社会科学版）2014 年第 12 期。

[29] 陆杰华、郭冉：《从新国情到新国策：积极应对人口老龄化的战略思考》，《国家行政学院学报》2016 年第 5 期。

[30] 栾文敬、郭牧琦：《社会保险与养老方式选择：参保是否会影响农民养老方式?》，《西北人口》2012 年第 6 期。

[31] 罗婧、罗玉茹、鞠梅：《国外“医养结合”照护模式介绍及经验启示》，《中国老年学杂志》2019 年第 5 期。

[32] 马亚静：《企业式自我养老：农村社会保障的补充形式》，《开放导报》2006 年第 6 期。

[33] 穆光宗：《中国传统养老方式的变革和展望》，《中国人民大学学报》2000 年第 5 期。

[34] 穆光宗、姚远：《探索中国特色的综合解决老龄问题的未来之路——“全国家庭养老与社会化养老服务研讨会”纪要》，《人口与经济》1999 年第 2 期。

[35] 穆光宗：《低生育时代的养老风险》，《华中科技大学学报》2018 年

第 1 期。
[36] 穆光宗：《转折中的中国人口——〈国家人口发展规划（2016—2030）〉解读》，《中国社会工作》2017 年第 5 期。
[37] 穆光宗、张团：《我国人口老龄化的发展趋势及其战略应对》，《华中师范大学学报》（人文社会科学版）2011 年第 5 期。
[38] 穆光宗、茆长宝：《人口少子化和老龄化关系探析》，《西南民族大学学报》（人文社科版）2017 年第 6 期。
[39] 潘剑锋、刘锋：《论传统孝道中的养老思想及其对当前中国农村养老的启示》，《江淮论坛》2015 年第 3 期。
[40] 祁峰：《英国的社区照顾及启示》，《西北人口》2010 年第 6 期。
[41] 马驭、秦光荣等：《关于应对人口老龄化与发展养老服务的调研报告》，《社会保障评论》2017 年第 1 期。
[42] 任保平：《马克思主义的社会保障经济理论及其现实》，《当代经济研究》1999 年第 4 期。
[43] 任德新、楚永生：《伦理文化变迁与传统家庭养老模式的嬗变研究》，《江苏社会科学》2014 年第 5 期。
[44] 石金群：《中国当前家庭养老的困境与出路》，《中央民族大学学报》（哲学社会科学版）2013 年第 4 期。
[45] 石琤：《居家养老概念辨析、热点议题与研究趋势》，《社会保障研究》2018 年第 5 期。
[46] 谭国清：《毛泽东的党员党性观对中国传统理想人格观的创造新转化》，《毛泽东研究》2014 年第 3 期。
[47] 唐利平、风笑天：《第一代农村独生子女父母养老意愿实证分析——兼论农村养老保险的效用》，《人口学刊》2010 年第 1 期。
[48] 田北海、雷华等：《生活境遇与养老意愿——农村老年人家庭养老偏好影响因素的实证分析》，《中国农村观察》2012 年第 2 期。
[49] 王跃生：《中国家庭代际关系的理论分析》，《人口研究》2008 年第 4 期。
[50] 王跃生：《个体家庭、网络家庭和亲属关系圈家庭分析——历史与现实相结合的视角》，《开放时代》2010 年第 4 期。

[51] 王跃生：《历史上家庭养老功能的维护研究——以法律和政策为中心》，《山东社会科学》2013 年第 3 期。

[52] 王学义、张冲：《农村独生子女父母养老意愿的实证分析——基于四川省绵阳市、德阳市的调研数据》，《农村经济》2013 年第 3 期。

[53] 汪润泉：《“社会养老”是否淡化了“子女责任”观念？——来自中国农村居民的经验证据》，《社会保障研究》2016 年第 5 期。

[54] 王群、汤未、曹慧媛：《我国长期护理保险试点方案服务项目的比较研究》，《卫生经济研究》2018 年第 11 期。

[55] 王杰秀、安超：《全球老龄化：事实、影响与政策因应》，《社会保障评论》2018 年第 4 期。

[56] 韦加庆：《新时期农村家庭养老的可持续性思考》，《江淮论坛》2015 年第 5 期。

[57] 吴海涛、王晶：《从传统到现代——积极老龄化视域下养老文化的思考》，《东北师范大学学报》（哲学社会科学版）2014 年第 4 期。

[58] 肖来付、苏振芳：《论家庭人口变动与社会主义新农村建设》，《科技与经济》2007 年第 5 期。

[59] 杨善华：《中国当代城市家庭变迁与家庭凝聚力》，《北京大学学报》（哲学社会科学版）2011 年第 2 期。

[60] 杨善华：《以“责任伦理”为核心的中国养老文化——基于文化与功能视角的一种解读》，《晋阳学刊》2015 年第 5 期。

[61] 杨善华、贺常梅：《责任伦理与城市居民的家庭养老 以“北京市老年人需求调查”为例》，《北京大学学报》（哲学社会科学版）2004 年第 1 期。

[62] 姚远：《对中国家庭养老弱化的文化诠释》，《人口研究》1998 年第 5 期。

[63] 姚远：《对家庭养老概念的再认识》，《人口研究》2000 年第 9 期。

[64] 姚远：《从宏观角度认识我国政府对居家养老方式的选择》，《人口研究》2008 年第 2 期。

[65] 衣艳芳、孟庆民：《我国独生子女家庭养老问题探讨》，《长白学刊》2012 年第 2 期。

[66] 于长水：《农民对“养儿防老”观念的态度的影响因素分析——基于全国10个省份1000余位农民的调查数据》，《中国农村观察》2011年第3期。

[67] 余飞跃：《家庭养老的困境与出路——兼论孝与不孝的理性》，《重庆大学学报》（社会科学版）2011年第5期。

[68] 于卫华、林丹、陈雪羚：《医养结合型长期照护的研究现状》，《中国护理管理》2013年第13期。

[69] 翟绍果、杨竹莉《乡土文化变迁与农村养老保障演进思考——以来自关中C村的质性研究为例》，《社会保障研究》2014年第1期。

[70] 张恺悌：《转型期中国养老体系的矛盾分析》，《老龄问题研究》1997年第9期。

[71] 张奇林、赵青：《我国社区居家养老模式发展探析》，《东北大学学报》（社会科学版）2011年第5期。

[72] 张勇：《实现“两个一百年”目标必须跨越“三大陷阱”》，《理论月刊》2015年第2期。

[73] 赵晓芳：《健康老龄化背景下“医养结合”养老服务模式研究》，《兰州学刊》2014年第9期。

[74] 赵志强：《农村互助养老模式的发展困境与策略》，《河北大学学报》（哲学社会科学版）2015年第1期。

[75] 郑功成：《全面理解党的十九大报告与中国特色社会保障体系建设》，《国家行政学院学报》2017年第6期。

[76] 周丽娟：《培育发展民间组织，实现居家养老民营化》，《科学教育》2007年第11期。

[77] 韩燕琴：《英国：社区照顾》，《中国社会报》2013年9月25日第6版。

五 外文文献

[1] Davis deborah and Stevan Harrell, eds., *Chinese Families in the Post-Mao Era*, Bekeley: University of California Press, 1993, p. 56.

[2] Henk N. and Philip C. B, *Integrating services for older people: A resource*

book for managers, Dublin: European Health Management Association, 2004, p. 168.

[3] William L. Parish and Martin King Whyte, *Villarsity and Family in Contemporary China*, Chicago: University of Chicago Press, 1978, p. 166.

[4] Yan Yunxiang, *Private Life under Socialism: Love, Intimacy and Family China in a Chinese Village*, 1949 –1999, Palo Alto: Stanford University Press, 2003, p. 156.

[5] Ben-Ner A and Van Hoomissent, "Nonprofit organizations in the mixed economy", *Annals of Public and Cooperative Economics*, Vol. 16, No. 4, August 1991.

[6] Barr and Nicholas, "Long-term care: A Suitable Case for Social Insurance", *Social policy & administration*, Vol. 15, No. 4, August 2010.

[7] Chadha, "N. K. Understanding Intergenerational Relationships in India", *Journal of Intergenerational Relationships*, Vol. 3, No. 2, June, 2004.

[8] Edmonds E and Mammen K, "Rearranging the family? Income support and elderly living arrangements in a low income country", *Journal Human Resources*, Vol. 40, No. 1, January 2005.

[9] Theobald H., Szebehely M. and Saito Y., "Marketisation Policies in Different Contexts: Consequences for Home-Care Workers in Germany, Japan and Sweden", *International Journal of Social Welfare*, Vol. 6, No. 5, October 2017.

[10] Alber J., "Residential care for the elderly", *HealthPolit Police Law*, Vol. 17, No. 2, January 1992.

[11] Mcgarry K and Schoeni R F, "Social security, economic growth, and the rise in elderly widows independence in the twentieth century", *Demography*, Vol. 17, No. 2, February 2000.

[12] Nobuko Kanaya, Hiromasa Takahashi and Junyi Shen, "The Market Share of Nonprofit and for Profit Organizations in the Quasi Market: Japan' s Long Services Market", *Annals of Public and Cooperative Economics*, Vol. 5, No. 2, February 2015.

[13] Roodin, "P. A. Global intergenerational research, programs and policy: What does the future hold?" *Journal of intergenerational Relationships*, Vol. 3, No. 2, Feb, 2004.

[14] Marvin Sussman, "The Isolated Nuclera Family: Fact or Fiction", *Social Problems*, Vol. 18, No. 6, June 1959.

[15] Cortes Ta and Sullivan-Max EM, "A case exemplar for national policy leadership: expanding Program of All-Inclusive Care for the Elderly (PACE)", *Gerontol Nurs*, Vol. 12, No. 3, September 2016.

[16] Hildegard Theobald, "Combining welfare mix and New Public Management: The case of long-term care insurance in Germany", *International Journal of Social Welfare*, Vol. 12, No. 21, November 2012.

[17] Yan, Yunxiang, "Intergenerational intimacy and descending familyism in rural China", *American Anthropologist*, Vol. 18, No. 2, Feb, 2016.